"Se você somente ler um livro neste ano, que seja este. É assim tão importante"
Rick Warren, pastor, Saddleback Church, Lake Forest, Califórnia.

"Este livro, como o próprio evangelho, esclarece, convence, consola e compele ao mesmo tempo. Convido-o de todo coração a ler, a ser sobrepujado pela misericórdia e majestade de Deus nas Escrituras, e então gastar a vida tornando o evangelho explícito em todas as áreas de sua vida e a todos os confins da terra!"
David Platt, autor do *bestseller Radical*; pastor titular, Igreja *Brook Hills*, Birmingham, Alabama.

"Matt Chandler é um dos melhores pregadores da Bíblia sobre a terra e um dos homens mais piedosos que conheço. Estou encantado por ver o lançamento deste livro. Leia-o. Compre alguns exemplares extras para dar a outros".
Mark Driscoll, pastor, Igreja *Mars Hill*, Seattle; Presidente, *Resurgence* e Rede de Plantação de Igrejas Atos 29.

Por vezes demais, quando o evangelho é presumido, há uma falha em firmar raízes profundas. O evangelho explícito transforma indivíduos, igrejas e nações à medida que a missão de Deus é levada adiante. Matt Chandler tem dotado a igreja com poderosa ferramenta para combater esse evangelho presumido. O *Evangelho Explícito* é séria ameaça ao deísmo moralista e terapêutico que enfraquece a vida de tantas pessoas. Recomendo este livro tanto para crentes quanto para descrentes".
Ed Stetzer, Presidente, *LifeWay Research*; editor contribuinte, *ChristianityToday*.

"Que o evangelho não seja claramente ensinado pelo liberalismo clássico é desanimador, mas não nos surpreende. É inquietante e surpreendente que com frequência o evangelho não seja ensinado nas congregações evangélicas. Evangélicos não o negam abertamente, mas o renegam enquanto falam sobre qualquer outra coisa em nome do verdadeiro evangelho – e isso é trágico. Matt Chandler faz um forte chamado para tornar o evangelho *explícito*, para fazer dele parte central de nossa pregação – e se esforça para demonstrar com o quê isso se parece. Amém e Amém".

D. A. Carson, professor de pesquisa do Novo Testamento, *Trinity Evangelical Divinity School*.

"Matt Chandler apresenta o evangelho de forma equilibrada, cheia de esperança, e muito, muito séria – sempre com seu bom humor característico de Matt. Ainda mais fiel do que engraçado, Matt insulta-nos a todos (incluindo ele mesmo) de modo estranhamente edificante, e assim, eu oro, levará você a entesourar ainda mais a Cristo".

Mark Dever, Pastor Titular, *Capitol Hill Baptist Church*, Washingotn, DC; Presidente, autor do livro *9 Marcas de uma Igreja Saudável*.

"*O Evangelho explícito* é um mapa e um chamado ao despertamento para que nossa geração aprenda a história plena, expansiva e verdadeira do evangelho. Matt é uma voz que lidera, grande expositor das Escrituras, apaixonado por Jesus, sério quanto ao evangelho e tornar Deus conhecido. Quando ele fala, eu escuto, e quando ele escreve, eu leio. Este livro reflete a mensagem clara e central da vida, liderança e paixão de Matt por uma geração faminta pela verdade".

Brad Lomernick, Diretor Executivo, *Catalyst*.

"As pessoas que encaram a morte face a face são os melhores evangelistas. Tenho de crer que é por isso que meu amigo Matt Chandler é tão apaixonado por uma apresentação clara e bíblica do evangelho. A vida é curta. A eternidade é longa. Que este livro o impulsione à maior clareza na pregação do evangelho de Jesus Cristo que salva a vida."

James MacDonald, Pastor Titular, *Harvest Bible Chapel*, Chicagoland; professor na rádio, *Walk in the Word*.

Evangelho Explícito

Matt Chandler
e Jared Wilson

FIEL
Editora

Dados Internacionais de Catalogação na Publicação (CIP)
(Câmara Brasileira do Livro, SP, Brasil)

Chandler, Matt
    O evangelho explícito / Matt Chandler com Jared Wilson ; [tradução Elizabeth Gomes]. -- São José dos Campos, SP : Editora Fiel, 2013.

Título original: The explicit Gospel.
ISBN 978-85-8132-124-0

1. Igrejas Protestantes - Doutrinas 2. Redenção - Cristianismo 3. Redenção - Doutrina bíblica 4. Salvação (Teologia) - Cristianismo 5. Salvação (Teologia) - Doutrina bíblica I. Wilson, Jared. II. Título.

13-00197   CDD-230

Índices para catálogo sistemático:
1. Teologia cristã : Religião 230

Evangelho Explícito

Traduzido do original em inglês
The Explicit Gospel
por Matt Chandler

∎

Publicado por Crossway Books,
Um ministério de publicações de
Good News Publishers
1300 Crescent Street
Wheaton, Illinois 60187, USA.

Copyright © 2012 Editora Fiel
Primeira Edição em Português: 2013

Todos os direitos em língua portuguesa reservados por Editora Fiel da Missão Evangélica Literária
PROIBIDA A REPRODUÇÃO DESTE LIVRO POR QUAISQUER MEIOS, SEM A PERMISSÃO ESCRITA DOS EDITORES, SALVO EM BREVES CITAÇÕES, COM INDICAÇÃO DA FONTE.

∎

Diretor: Tiago J. Santos Filho
Editor: Tiago J. Santos Filho
Tradução: Elizabeth Gomes
Revisão: Márcia Gomes
Diagramação: Rubner Durais
Capa: Rubner Durais
ISBN impresso: 978-85-8132-124-0
ISBN e-book: 978-85-8132-240-7

Caixa Postal 1601
CEP: 12230-971
São José dos Campos, SP
PABX: (12) 3919-9999
www.editorafiel.com.br

Para Lauren

Nem um dia sequer passa sem que eu me maravilhe com a obra do evangelho em você. O profundo amor de Jesus por você, manifestado em sua paixão por ele e paciência comigo, é evidência da graça de Deus em minha vida. Sou mais grato do que consigo expressar por estar caminhando nessa jornada com você.

SUMÁRIO

Prefácio 11

PRIMEIRA PARTE | O EVANGELHO NO CHÃO

1. Deus 23
2. Homem 45
3. Cristo 61
4. Resposta 73

SEGUNDA PARTE | O EVANGELHO NO ALTO

5. Criação 105
6. Queda 131
7. Reconciliação 159
8. Consumação 183

TERCEIRA PARTE | IMPLICAÇÕES E APLICAÇÕES

9. Perigos do evangelho no chão por tempo demasiado 207
10. Perigos do evangelho no alto por tempo demasiado 225
11. Moralismo e a cruz 241

Apêndice: O Evangelho Presumido Ou Explícito? 265

INTRODUÇÃO

*O evangelho é o coração da Bíblia. Tudo na Escritura
ou é preparação para o evangelho ou apresentação do
evangelho ou participação no evangelho.*[1]
DAVE HARVEY

As minhas preocupações começaram em um sábado à noite em um "Fim de semana de celebração" há diversos anos. Nossa igreja – *The Village* – estava batizando muitos homens e mulheres que professavam publicamente sua fé em Jesus Cristo como Senhor e Salvador. Ao entrar em nosso pequeno auditório, fui cumprimentado por um homem grande na casa dos vinte anos. Ele me abraçou e passou a me falar de uma moça que ele trouxe para ouvir os testemunhos. Com certa animação nervosa, me informou que a moça era feiticeira e que ele não havia contado antes para onde a estava levando. Sorrindo, disse-me que ela estava muito zangada e ele queria que eu soubesse disso "para o caso de acontecer alguma coisa".

Sentei na primeira fileira e, com certa ansiedade, orei pedindo que Deus me desse sabedoria se essa coisa virasse um cenário de *Harry Potter: Versão não autorizada*. Sou bom intérprete da Escritura e homem apaixonado pelo evangelho, mas no assunto de maldições, mandingas e

---

1 Dave Harvey, *When Sinners Say "I Do"* (Wapwallopen, PA: Shepherd's Press, 2007), 24.

manifestações demoníacas, tenho experiência suficiente para saber que não sei o bastante e preciso de mais oração, estudo e discipulado. Mas essa é outra história, assunto para outro livro diferente.

A essa altura, a tela que obstrui o batistério foi erguida e na água estavam duas mulheres na casa dos trinta anos. Karen começou a compartilhar seu testemunho.[1] Disse-nos que nos últimos quinze anos de sua vida estivera muito envolvida em ocultismo e feitiçaria, e começou a alistar todas as razões pelas quais Cristo era melhor, mais poderoso e mais amável do que qualquer outra coisa ou pessoa, especialmente quando comparado com aquilo que ela vira e participara no ocultismo. Aliviado, respirei, e soube que Deus estava operando entre nós. Um jovem na casa dos vinte anos foi o seguinte. Ele falou de ateísmo, alcoolismo, budismo, drogas e dúvidas, e então contou como, mediante a paciência e persistência de um amigo, o Espírito Santo lhe abrira os olhos para a verdade da vida em Cristo e perdão mediante a cruz.

Mas os quatro batismos seguintes me incomodaram. Uma após a outra, cada pessoa desceu às águas contando alguma variação da mesma história: "Cresci na igreja; íamos todos os domingos pela manhã e à noite; frequentávamos o culto de quarta-feira, escola bíblica de férias, e acampamento da mocidade. Se as portas estivessem abertas, lá estávamos nós. Fui batizado aos seis, sete, oito anos de idade, mas não compreendia o que era o evangelho, e depois de um tempo perdi o interesse pela igreja e por Jesus e comecei a andar abertamente em pecado. Alguém recentemente me fez sentar e explicou ou convidou-me para *The Village*, onde ouvi o evangelho pela primeira vez. Fiquei impressionado. Como pude ter ignorado isso?" Ou então eles diziam: "Ninguém nunca me explicou isso antes".

Eu já ouvira isso antes, mas aquela noite era véspera do nascimento de nosso filho, Reid. Minha filha contava três anos e fiquei impressio-

---
1 Não é esse seu nome verdadeiro.

nado com o fato de que meus filhos estariam crescendo na igreja. Pela primeira vez perguntei-me "Como alguém pode crescer frequentando a igreja toda semana e *não* ouvir o evangelho?" Entendi que essas pessoas ouviram o evangelho, mas não tinham ouvidos espirituais para ouvi-lo *de verdade*, a fim de recebê-lo.

Felizmente, o Espírito Santo não deixaria por menos. Essa pergunta começou a me incomodar. Resolvi ter algumas conversas e entrevistas com as pessoas, homens e mulheres, que chamamos "des-igrejadas", frequentadores de *The Village*. Algumas confirmaram o que eu supunha. Podiam voltar atrás e ler diários e anotações de sermões do tempo quando eram adolescentes ou estudantes universitários e perceber que realmente ouviram o evangelho. Contudo, o que mais me alarmou foi o número de homens e mulheres que não conseguiam fazer isso. Seus velhos diários e as Bíblias de estudo estavam cheias do que Christian Smith, em seu excelente livro: *Soul Searching*, chama "Deísmo moralista terapêutico cristão".[2]

A ideia por trás do deísmo moralista terapêutico cristão é que somos capazes de ganhar o favor de Deus e nos justificar diante dele em virtude de nosso comportamento. Tal modo de pensar é religioso, até mesmo "cristão" em seu conteúdo, mas trata mais de autoatualização e autorrealização, afirmando um Deus que não intervém nem redime – mas basicamente fica nos bastidores, animando e dando vivas às suas características, esperando que você pegue as pistas deixadas por ele e se torne o melhor que consegue ser.

O deísmo moralista e terapêutico, que passa por cristianismo em muitas das igrejas em que esses jovens adultos cresceram, inclui conversas sobre Jesus, sobre ser bom e evitar o mal – especialmente sobre sentir-se bem quanto a si mesmo – e Deus está no meio disso tudo, mas a mensagem do evangelho simplesmente não estava ali. Descobri que para muitos

---

2 Christian Smith com Melinda Lundquist Denton, *Soul Searching: The Religious and Spiritual Lives of American Teenagers* (Oxford: Oxford University Press, 2009), 118.

jovens na casa dos vinte ou trinta anos, o evangelho era apenas *presumido*, não ensinado ou proclamado como sendo central. Não era explícito.[3]

NADA DE NOVO

Esse pressuposto tem precedente histórico. Lemos a esse respeito nas páginas da Escritura e nas crônicas da história da igreja. Considere as palavras de Paulo em 1Coríntios 15.1-4:

> Irmãos, venho lembrar-vos o evangelho que vos anunciei, o qual recebestes e no qual ainda persevarais; por ele também sois salvos, se retiverdes a palavra tal como vo-la preguei, a menos que tenhais crido em vão. Antes de tudo, vos entreguei o que também recebi: *que Cristo morreu pelos nossos pecados, segundo as Escrituras, e que foi sepultado e ressuscitou ao terceiro dia, segundo as Escrituras.*

Paulo lembra os crentes a respeito do evangelho. Está dizendo: "Não se esqueçam dele! Vocês foram salvos por ele, serão por ele sustentados. Atualmente vocês estão em pé por causa desse evangelho".

Por alguma razão – ou seja, devido à nossa depravação – temos a tendência de achar que a cruz nos salva de pecados passados, mas depois que fomos salvos, temos de assumir e limpar-nos a nós mesmos. Tal tipo de pensamento é devastador para a alma. Chamamo-lo de "evangelho presumido", e ele floresce quando mestres, líderes e pregadores bem intencionados buscam ver vidas primeiramente, e acima de tudo, conformadas a determinado modelo de comportamento (religião), ao invés de vidas transformadas pelo poder do Espírito Santo (evangelho).

---

[3] Emprestei o título "O evangelho explícito" de Josh Patterson, um dos pastores líderes em *The Village*. Ele escreveu um curto blog com o mesmo título uns dois anos atrás. Você pode ler o conteúdo deste blog no apêndice deste livro.

INTRODUÇÃO

O apóstolo Paulo enxergou como esse mau ensino e má prática acontece frequentemente e atacou essa posição frontalmente:

> Admira-me que estejais passando tão depressa daquele que vos chamou na *graça de Cristo* para outro evangelho, o qual não é outro, senão que *há alguns* que vos perturbam e querem perverter o evangelho de Cristo. Mas, ainda que nós ou mesmo um anjo vindo do céu vos pregue evangelho que vá além do que vos temos pregado, seja anátema. Assim, como já dissemos, e agora repito, se alguém vos prega evangelho que vá além daquele que recebestes, seja anátema. (Gl 1.6-9)

> Logo, já não sou eu quem vive, mas Cristo vive em mim; e esse viver que, agora, tenho na carne, vivo pela fé no Filho de Deus, que me amou e a si mesmo se entregou por mim. Não anulo a graça de Deus; pois, se a justiça é mediante a lei, segue-se que morreu Cristo em vão. Ó gálatas insensatos! Quem vos fascinou a vós outros, ante cujos olhos foi Jesus Cristo exposto como crucificado? Quero apenas saber isto de vós: *recebestes o Espírito pelas obras da lei ou pela pregação da fé? Sois assim insensatos que, tendo começado no Espírito, estejais, agora, vos aperfeiçoando na carne?* Terá sido em vão que tantas coisas sofrestes? Se, na verdade, foram em vão. Aquele, pois, que vos concede o Espírito e que opera milagres entre vós, porventura, o faz pelas obras da lei ou pela pregação da fé? (Gl 2.20-3.5)

A idolatria existente no coração humano sempre quer conduzir para longe do Salvador e de volta à autoconfiança, por mais deplorável que essa autoconfiança seja ou quantas vezes ela o tenha traído. A religião geralmente é a ferramenta usada pelo homem que confia em sua própria justiça para exaltar a si mesmo. Isso também não é novidade; o apóstolo Paulo expõe em Filipenses 3.4-9 sua prática e seu *pedigree* religioso, como exemplo do que um homem consegue realizar com disciplina e trabalho duro. Nessa passagem, Paulo declara que todos os seus esforços religiosos, sua lista exaustiva de tudo que havia realizado, não vale nada em comparação com a suprema grandeza de Cristo. E vai um passo adiante, chamando-os de "lixo" ou "esterco".

Pense nisto: toda sua frequência à igreja, todas as suas atividades religiosas, suas medalhas de assiduidade na escola dominical, seus diários, fazer "hora silenciosa", leitura das Escrituras – é tudo em vão se você não tiver Cristo. Quando lemos juntos os textos de Paulo, percebemos seu ataque ao deísmo moralista terapêutico cristão de sua época. Somos salvos, santificados e sustentados por aquilo que Jesus fez na cruz e por meio do poder da ressurreição. Se acrescentarmos ou subtraímos da cruz, mesmo que seja para incluir práticas religiosas biblicamente ordenadas tais como oração e evangelismo, estaremos furtando de Deus a sua glória e de Cristo a sua suficiência. Romanos 8.1 nos diz que não há condenação para nós, não por causa de todas as grandes coisas que fizemos, mas porque Cristo nos libertou da lei do pecado e da morte. Meu pecado passado? Perdoado. Minhas lutas atuais? Cobertas. Minhas falhas futuras? Plenamente pagas pela graça maravilhosa, infinita, incomparável que se encontra na obra expiatória da cruz de Jesus Cristo.

EVANGELHO?

Tenho sido encorajado e fortalecido pelo número de clamores em prol de ministério centrado no evangelho que ocorrem no evangelicalismo. Desde livros até *blogs*, conferências e DVDs, tem havido uma conclamação para retornar ao que é de "primeira importância" (1Co 13.3). Mas quero gastar meu tempo com você certificando-me de que quando empregamos o vocábulo *evangelho*, estamos falando a respeito da mesma coisa. Infelizmente, existem falsos evangelhos, como você já observou nos escritos de Paulo. Quero ter certeza de que estamos na mesma página aqui – ou seja, a página de Deus – falando sobre o que *ele* está falando quando menciona o evangelho nas Escrituras.

A Bíblia estabelece duas molduras referenciais para o mesmo evangelho. Chamo esses dois pontos de vista de "chão" e "ar". Neste livro vamos ver como juntos, eles compõem o evangelho explícito. Na primeira parte, "O evangelho no chão", traçaremos a narrativa bíblica de Deus, Homem, Cristo, Resposta. Veremos o poder da graça para a transformação humana. Começando com a autossuficiência e a independência de Deus e culminando com a resposta do pecador às boas-novas, facilitada pelo Espírito, veremos como a glória divina reina suprema sobre todos os pontos do plano de Deus para o ser humano. Quando consideramos o evangelho visto do chão, vemos claramente a obra da cruz em nossa vida e na vida daqueles que nos cercam, cativando e ressuscitando corações mortos. Vemos o evangelho estendido dessa forma quando Jesus e seus profetas chamam os indivíduos ao arrependimento e fé.

Ao chegarmos à segunda parte, "O evangelho no Alto", veremos como o apóstolo Paulo conecta a salvação humana à restauração cósmica em Romanos 8.22-23. Aqui observaremos a metanarrativa, tantas vezes ignorada, da história bíblica da redenção. Paulo escreve:

> Porque sabemos que toda a criação, a um só tempo, geme e suporta angústias até agora. E não somente ela, mas também nós, que temos as primícias do Espírito, igualmente gememos em nosso íntimo, aguardando a adoção de filhos, a redenção do nosso corpo. (Rm 8.22-23)

Se o evangelho sobre a terra é o evangelho em microcosmo, o evangelho no alto é a história no macrocosmo. Aqui encontramos uma história *tour de force*[4] da criação, queda, reconciliação e consumação – um grandioso

---
[4] N.E: expressão francesa que significa uma grande proeza.

espetáculo da glória de Deus em seus propósitos abrangentes de sujeitar todas as coisas à supremacia de Cristo. Ao examinarmos o evangelho no alto veremos, através do testemunho das Escrituras sobre a obra expiatória de Jesus, que o evangelho não é apenas pessoal: é também cósmico. Quando consideramos o evangelho do ar, a obra redentora de Cristo culmina e revela-nos o grande quadro do plano de Deus de restauração, que vai desde o início até ao final dos tempos e a redenção de toda sua criação. Podemos ver o evangelho estendido dessa forma na declaração de Jesus em Apocalipse 21.5 de que ele está "tornando novas todas as coisas".

Vemos esses dois pontos de vista posicionados juntos em Romanos 8.22-23. Nessa passagem, vemos que o evangelho é o cumprimento do anseio de toda a criação caída, mas também (e principalmente), o cumprimento do anseio dos seres humanos, únicas criaturas criadas à imagem de Deus.

Um evangelho, dois pontos de visão. Ambos necessários para que comecemos a ver o tamanho e peso das boas-novas, a maravilha, que abrange toda a eternidade, da obra completa de Cristo. Ambos são necessários para que não sejamos reducionistas ao definirmos o que Deus está fazendo em nossos corações e em todo o Universo a nosso redor. Se o evangelho for reduzido às nossas preferências ou mal-entendimentos, deixamo-nos abertos a heresias e a atacar nossos cobeligerantes.

Na maior parte do tempo, cada um de nós vê a mesma gloriosa verdade de um ponto de vista particular. Talvez seja útil pensarmos em como alguém que anda em um quarteirão da cidade de New York enxerga a cidade, em contraposição a quem a sobrevoa a dez mil metros de altura. Os dois diriam: "Esta é New York", e ambos estariam certos. Que discussão tola seria se tentassem negar um ao outro o direito de falar e proclamar as grandezas da cidade!

Começaremos nossa abordagem com o evangelho no chão, porque sem um entendimento do chão e da atração da gravidade espiritual nessa direção, poderíamos rodopiar pelo ar para o espaço sideral.

PRIMEIRA PARTE
O EVANGELHO NO CHÃO

CAPÍTULO 1
O EVANGELHO NO CHÃO
DEUS

A obra de Deus na cruz de Cristo nos marca com deslumbrada inspiração somente depois que formos sobrepujados pela maravilhosa glória de Deus. Assim, se quisermos falar sobre o alcance da cruz, teremos primeiramente de falar sobre quem Deus é. Como é ele? Que tamanho ele tem? Quão profundo e amplo é o seu poder? A cruz nos oferece acesso para que nos relacionemos com Deus, mas sempre devemos nos relacionar com ele à luz de quem ele é, não apenas com base em quem achamos ou esperamos que seja. Conforme James Stewart: "Por trás do Calvário está o trono do céu".[5]

Se isso for verdade, quanto mais nos aprofundarmos na glória de Deus, mais nos aprofundaremos na obra preciosa de Cristo sobre a cruz, e vice-versa. Com certeza os anjos almejam olhar o evangelho da obra expiatória de Cristo (1Pe 1.12), porque a glória de Deus está em profunda e brilhante exibição ali. A grande mensagem que chamamos de evangelho começa, portanto, não conosco ou por causa de nossa neces-

---

5 James S. Stewart, *A Faith to Proclaim* (Vancouver, BC: Regent College Press, 2002), 102.

sidade, nem mesmo com o suprimento dela, mas com o autor da notícia e remetente de seus arautos: o próprio Deus.

Vemos tal necessidade demonstrada vivamente em Romanos 11 quando, nos versículos 33-36, encontramos a grande cartilha sobre a glória de Deus. O apóstolo Paulo, pelo poder do Espírito Santo, escreve:

> Ó profundidade da riqueza, tanto da sabedoria como do conhecimento de Deus! Quão insondáveis são os seus juízos, e quão inescrutáveis, os seus caminhos! Quem, pois, conheceu a mente do Senhor? Ou quem foi o seu conselheiro? Ou quem primeiro deu a ele para que lhe venha a ser restituído? Porque dele, e por meio dele, e para ele são todas as coisas. A ele, pois, a glória eternamente. Amém!

Basicamente, Paulo está citando um cântico nesta passagem, e esta canção em especial é algo que chamamos de "doxologia". O vocábulo *doxologia* vem de duas palavras gregas que, juntas, em essência, significam "palavras de glória". Se você tem origem em igreja, deve ter cantado no culto algo chamado de "doxologia" – "A Deus supremo benfeitor, anjos e homens deem louvor, a Deus o Filho a Deus o Pai, e ao Deus Espírito, glória dai".

Deixe que eu diga por que é tão interessante encontrar a doxologia neste lugar e proveniente desse autor. O apóstolo Paulo não é um homem dado a poesia. Não é o Paulo do conjunto popular *Peter, Paul and Mary*. Este Paulo é um intelectual incrível que pode nos confundir. Mesmo a Bíblia afirma que Paulo é uma leitura difícil. Se for até 2Pedro 3.15-16, por exemplo, Pedro diz: "Sei que vocês estão lendo as cartas de Paulo. Boa sorte com isso" (claro que essa é a minha paráfrase do texto). Encontramos hinos e poemas em toda a Bíblia, mas em geral, Paulo não usa esse método. Seus escritos, muitas vezes, são de êxtase, com longas frases e um acúmulo de sentenças, mas não é o tipo de escritor dado a cantarolar. Portanto, é interessante que de repente, no fim do capítulo onze de Romanos, ele rompa em canção: "Ó profundidade da riqueza e sabedoria de Deus!"

O que havia na mensagem do evangelho de Jesus Cristo, exposto de maneira tão épica e brilhante no livro de Romanos, a ponto de Paulo romper em canção?

A TRANSCENDENTE CRIATIVIDADE DE DEUS

No primeiro século, quando o livro de Romanos foi escrito, os adoradores teriam citado no templo este pedaço de poesia para transmitir a riqueza da soberania de Deus: "Pois são meus todos os animais do bosque e as alimárias aos milhares sobre as montanhas" (Sl 50.10). Esse modo de emoldurar as "riquezas" fazia sentido no templo, porque os adoradores que para lá acorriam eram de uma sociedade baseada na agricultura e agropecuária.

Eu nasci em Seattle, me mudei para São Francisco e depois para Houston. Então Deus ficou irado comigo e fui morar em Abilene durante sete anos. Finalmente acabei indo para Dallas. Sou, consequentemente, um cara da cidade. Não sei muito sobre o campo e a agricultura, mas isto eu *sei*: o dono do gado é quem manda na comunidade das fazendas. Não se pode arar nem fertilizar o solo sem os bois. Sendo assim, nas sociedades agrícolas como as existentes em todos os períodos bíblicos, dizer que "pertence ao Senhor os milhares de montanhas e todo o gado sobre elas" comunica as riquezas de Deus que abrangem todas as coisas.

Hoje, é claro, na metrópole, as vacas são compradas e colocadas nas terras pelas quais não queremos pagar impostos.[6] É possível que tal espécie de linguagem não coadune muito com nossa situação. A maioria das pessoas das igrejas de hoje não entende a importância de saber que Deus é dono de todos os bois da terra. Podemos até escrever isso nas camisetas e canecas de café, mas o Salmo 50.10 é um texto que os crentes

---

6 No Texas, criar gado na terra resulta na isenção de alguns impostos agrícolas.

modernos têm de mastigar um pouco para decifrar, pois vivemos em uma época onde podemos lançar coisas ao espaço e podemos enxergar muitos anos-luz de distância.

Todo animal da floresta pertence a ele. O gado sobre milhares de outeiros pertence ao Senhor. Ele é o dono de todas as vacas, e dos montes. Ambos são criação de Deus.

Talvez o gado não seja o que lhe interessa. As riquezas de Deus são mais vastas. Deuteronômio 10.14 diz o seguinte: "Eis que os céus e os céus dos céus são do Senhor, teu Deus, a terra e tudo o que nela há". Leia de novo e veja se consegue ouvir o que isso está afirmando. De acordo com a Escritura, todo céu, em todo planeta, em todo sistema solar, em todo canto do Universo pertence a Deus. Ele é proprietário e criador de tudo, e soberano sobre tudo. Nada que existe pertence a outro senão a Deus. Como o famoso Abraham Kuyper disse: "Não há uma polegada quadrada em todo o domínio de nossa existência humana sobre a qual Cristo, soberano sobre todas as coisas, não clame: 'Meu'!"[7]

Presumindo reconhecer esta verdade, ainda teremos de fazê-lo em nível mais profundo do que meros fatos. Eis o que estou dizendo: você e eu somos bloqueados em nossa própria criatividade. Só podemos criar como sub-criadores, e assim mesmo, nossas melhores obras serão apenas sub-criações. A mente humana é uma imaginadora fenomenal, e as mãos humanas têm se provado surpreendentemente hábeis. Mas somos incapazes de criar a matéria original.

Se você for escritor, só poderá escrever tão bem quanto entender a linguagem, dicção, gramática e a arte geral de escrever. Se quiser pintar um quadro, só poderá pintar à medida que tiver desenvolvido sua habilidade, utilizando as tintas que lhe estão disponíveis, nas cores e combinações já existentes. Dá para ver para onde vou com isso?

---

[7] Abraham Kuyper, "Sphere Sovereignty," In: *Abraham Kuyper: A Centennial Reader*, ed. James D. Bratt (Grand Rapids, MI: Eerdmans, 1998), 488.

Se quiser construir uma casa será cercado por sua linha de crédito, os equipamentos que você tem condições de comprar e a matéria bruta que já existe. Somos excelentes em criar, mas nossa criação é sempre dependente. Isso não se aplica a Deus.

Deus cria qualquer coisa que quiser e quanto ele quiser, e o faz do *nada*. Não precisa de matéria prima. Ele *faz* a matéria prima. Deus não é limitado como eu e você. Nós sempre somos limitados pelo que está disponível e dependemos de considerações e constrangimentos externos. Quando Deus criou o Universo não foi como se os anjos chegassem para ele dizendo: "Olhe, Deus, tem montanhas por todo lado. Tem planetas e cabritos e avestruzes e pedras. O Senhor precisa tirá-los daqui – não temos espaço para jogar bola" e então Deus disse: "Bem, onde vocês querem que eu coloque essas coisas? Eu sei – *no Universo*".

Estamos nos aproximando do impulso que fez com que Paulo cantasse: "Ó profundidade das riquezas e da sabedoria de Deus!"

De sua própria criatividade transcendente e autossuficiente, Deus disse às hostes celestiais: "Criarei o Universo". Claro que as hostes perguntaram: "e o que vem a ser Universo?" Depois que ele os informou sobre o novo espaço criativo que seria morada de novas obras criativas, eles disseram: "Isso é maravilhoso, mas do que vai criá-lo?" Ao que Deus respondeu: "De mim mesmo, ao dizer 'Universo'". E o Universo foi formado. Quem sabe então disse ele: "vou criar alguns planetas" e os anjos disseram: "Planetas? O que é um planeta?" E Deus disse "Planeta" e *"puff!"*, os planetas apareceram.

A criatividade de Deus é tão rica, expansiva e acima de nós que ele simplesmente diz "Quero isto!", e lá está. Esta é apenas a ponta do *iceberg* quanto às coisas de Deus que estão muito além de nós. Você e eu estamos presos pelo que podemos pagar, ajuntar, e o que já foi criado. Talvez você tenha ouvido falar de cientistas que criam vida no laboratório, mas isso simplesmente não acontecerá. Nenhum cientista poderá ou será capaz de olhar para uma placa de Petri vazia e desejar que o nada nela existente se torne em algo. O que for feito pelos cientistas será resultado de materiais brutos já criados.

Nada restringe a Deus. Sua criatividade é transcendente porque seu ser é transcendente. Tudo que *é e existe* é dele, e ele pode fazer mais de qualquer coisa que queira, simplesmente do nada. Não existe categoria humana para tal riqueza. Isso faz de Bill Gates um pobretão, de Rockefeller um mendigo, e um daqueles xeiques donos de ilhas fabulosas do Oriente Médio uns sem teto. Não sei o que faz de mim e de você, mas com certeza nos move à perspectiva assombrosa que Deus merece. Temos agora um vislumbre do que levou Paulo a cantar "ó profundidade das riquezas e da sabedoria de Deus!"

O CONHECIMENTO SOBERANO DE DEUS

Quão profunda é a sabedoria e o conhecimento de Deus? Deus conhece todas as palavras, em todas as línguas, em toda sentença, em todo parágrafo, em todo capítulo, de todos os livros já escritos. Conhece cada fato da história passada e futura, cada partícula de verdade descoberta e ainda não descoberta, e cada prova de ciência, conhecida ou desconhecida.

Em nossa era, a ciência e a fé são lançadas uma contra a outra, como se fossem *yin* e *yang*, como se não se sobrepusessem e como se tivéssemos de escolher entre uma ou outra. As Escrituras não apresentam a verdade dessa maneira. Deus é dono de tudo e se encontra e está acima, tão acima de nossas mentes mais brilhantes que elas parecem, em comparação, mentes avariadas. Lemos em 1Coríntios 3.18-23:

> Ninguém se engane a si mesmo: se alguém dentre vós se tem por sábio neste século, faça-se estulto para se tornar sábio. Porque a sabedoria deste mundo é loucura diante de Deus; porquanto está escrito: Ele apanha os sábios na própria astúcia deles. E outra vez: O Senhor conhece os

pensamentos dos sábios, que são pensamentos vãos. Portanto, ninguém se glorie nos homens; porque tudo é vosso: seja Paulo, seja Apolo, seja Cefas, seja o mundo, seja a vida, seja a morte, sejam as coisas presentes, sejam as futuras, tudo é vosso, e vós, de Cristo, e Cristo, de Deus.

Isso significa que a verdade nunca, jamais, é nossa inimiga. Não precisamos ficar atônitos quanto a pessoas que dizem ter descoberto a verdade. Se for verdade *verdadeira*, Deus é dono dela e já a resolveu. Conquanto nada verdadeiro contradiga a Palavra revelada de Deus, a verdade descoberta, às vezes, contradiz as palavras dos cristãos. Não precisamos temer a isso, pois Deus sabia antes de qualquer outra pessoa e, de qualquer modo, a descoberta depende de sua soberania. A verdade é que a verdade é *nossa*; toda verdade nos pertence porque somos de Cristo e Cristo é do Deus soberano.

Passe isso por seu cérebro por um pouco, pois é mais explosivo do que parece em sua simplicidade: Deus sabe *tudo*. Sabe tudo a nível macro. Conhece a temperatura em que certas estrelas queimam. Conhece as linhas orbitais dos planetas. Conhece toda montanha em toda cordilheira sobre este planeta bem como sobre todos os outros planetas. Conhece as profundezas de todo oceano. Conhece-os no seu nível maior.

Mas Deus também conhece tudo no nível micro. Conhece cada átomo e cada molécula. Sabe suas posições, sua localização, suas funções. Vê e governa cada instante da mitose, que, caso você tenha estado fora da escola por algum tempo, é quando uma célula se torna em duas. Temos um Deus que conhece tudo a nível macro, e também conhece tudo a nível micro.

Além desse conhecimento exaustivo e profundo está a amplitude do conhecimento de Deus. Deus sabe todo evento que já aconteceu e que acontecerá, e conhece de maneira completa como cada acontecimento afeta outros eventos, que criam ainda mais eventos, que rolam para outros e assim em diante, *ad infinitum*. Desde a velocidade das asas de cada borboleta até a quantia exata de magma, e até o micrograma que flui de cada vulcão acima e abaixo do nível do mar, ele avalia a tudo simultaneamente e precisamente. Se uma árvore cai na floresta onde ninguém viu, faz barulho? Eu não sei. Mas Deus sabe.

Ele o sabe sem nenhuma anotação ou lembrete ou barbante amarrado no dedo. Ele segura todas as coisas coesas, enxerga tudo e conhece tudo, puramente da realidade de seu querer. Isso é o mínimo que significa ser Deus.

Se tudo isso é verdadeiro, por que nesse nosso mundo, com nossos *nanossegundos* de existência sobre a terra, queremos ainda julgar, por presunção, como Deus opera? O clamor de Paulo "Oh profundidade da riqueza e da sabedoria e conhecimento de Deus!", se firma (e digno de louvor) com respeito à duradoura realidade do mistério divino. A tentativa de entender a Deus é como tentar pegar peixes no Oceano Pacífico com uma polegada de fio dental. É um ato tolo, predicado sobre uma tola sobreestima do intelecto e da capacidade humana.

Nos anos de 1950 e 1960, o racionalismo começou a minar os estudiosos evangélicos, desde os da academia até os mais simples, resultando em uma teologia liberal que se arrastou pelos seminários e igrejas. Como manobra defensiva, os conservadores agarraram o pêndulo e o inclinaram totalmente para o lado da direita, querendo crer que conseguiram colocar "Deus" na ciência, tornando explicáveis seus pensamentos e caminhos, como se fosse matemática. Mas Romanos 11.33 nos diz que Deus é incompreensível, insondavelmente imenso, de excedente expansividade e eterno poder, de tal maneira que, vez após vez, nossa resposta a muitas coisas a respeito de Deus deveria ser "Eu não sei". Em vez de explicar a incalculável qualidade de Deus com nossas réguas de cálculo e fluxogramas, seria melhor que o adorássemos com assombro e reverência. Como Deus pode ver, saber e fazer tudo que é e faz? Eu não sei.

No âmbito da eternidade, nossa vida é um *blipe* – uma crista de um eco. Tiago escreve: "Sois, apenas, como neblina que aparece por instante e logo se dissipa" (Tg 4.14). Essa verdade essencial está na raiz da confissão surpreendente de Paulo em Romanos 11.33: "Quão inescrutáveis seus caminhos!" Como alguém poderia colocar Deus sob escrutínio? Em que base achamos que escrutinar Deus é um ato legítimo? Toda vez que encontramos algo tentando escrutinar Deus nas Escrituras, a resposta divina é uma repreensão com tom de incredulidade. Quando Jó tentava abarcar tudo que Deus fazia por meio do sofrimento na sua vida, Deus disse:

> Quem é este que escurece os meus desígnios com palavras sem conhecimento?
> Cinge, pois, os lombos como homem,
> pois eu te perguntarei, e tu me farás saber.
> Onde estavas tu, quando eu lançava os fundamentos da terra?
> Dize-mo, se tens entendimento. (Jó 38.2-4)

Noutras palavras: "Quem, você pensa que é?" Este é um dos exemplos mais surpreendentes de Deus colocando o questionador em seu lugar. "Você se acha tão sabido? Você estava ali quando criei o mundo? Não, acho que não. Conheça seu lugar, filho". Amo o negócio de ele dizer "cinja os lombos [vista-se] como um homem!" É como se Deus estivesse dizendo: "Ai que bonitinho! Agora se aprume, porque é hora de ser um menino grandinho".

Quando, em Romanos 9, Paulo proclama as verdades gloriosas, mas duras, relacionadas à predestinação, prevê questionamentos da parte dos leitores quanto à justiça de Deus, e assim, escreve: "Quem és tu, ó homem, para discutires com Deus?! Porventura, pode o objeto perguntar a quem o fez: Por que me fizeste assim?" (Rm 9.20).

Certa vez minha família fez uma viagem de Dallas à região de San Antonio para o aniversário de minha esposa Lauren. No caminho, minha filha Audrey, que naquela época tinha quatro anos de idade, matracava do banco de trás:

– Papai, você sabe para onde vai?

Eu me senti insultado. Lauren começou a dar risada. Riu e então perguntou:

– E então, sabe? – Repliquei:

– Por favor, estou na I-35. A gente vai direto para lá. – Ao que Lauren anunciou:

– Acho que você está perdido. – Eu disse:

– Acho que você vai apanhar... (Brincadeira!)

A situação toda era cômica. Audrey de quatro anos já havia se perdido em casa. De verdade. E nossa casa não é assim tão grande. Essa era a menininha que se apavorava se descobrisse estar sozinha no quintal. Era uma menina sem o mínimo senso de direção, sem saber que rumo tomar para chegar a qualquer lugar, e estava no banco de trás do carro, presumindo perguntar se eu sabia para onde ia e dizendo que achava que estávamos perdidos.

Eu disse:

– Bem, ãã, você não sabe escrever seu nome. E daí?

Na verdade eu também não disse isso. Mas é o tipo de coisa que acontece quando tentamos colocar Deus sob o microscópio de nossa avaliação, nossa lógica, nossas pré-concepções de como ele deveria ser ou o que ele deveria fazer.

"Quão insondáveis são seu juízos e inescrutáveis os seus caminhos!" É o jeito de Deus dizer, através de Paulo: "Está falando sério? Você ousa escrutinar como eu governo? Sabe o quanto você é insignificante? Sabe o quanto inadequado você é para entender mesmo a sua própria vida? Você não compreende nem avalia suas próprias fraquezas, suas falhas, porque você é atraído para o pecado e porque certas coisas o dominam, e quer *me* avaliar?" Somos a criança de quatro anos no banco traseiro do carro dizendo ao papai que ele não sabe para onde vai.

O conhecimento soberano de Deus vai tão além de nosso controle e conhecimento que quando agimos como se fôssemos o seu GPS ou ele fosse nosso pajem particular não é apenas risível, é pecado. Em Romanos 11.34, Deus aparece aterrador: "Quem, pois, conheceu a mente do Senhor? Ou quem foi o seu conselheiro?" A resposta é: *ninguém*.

Achamos assustador tal aspecto da soberania divina. Mais frequentemente, queremos que ele tenha asas de fadinha e jogue *pó de pirlimpimpim* e brilhe como uma estrelinha especial, nada dispensando sobre todos exceto bons tempos, como se fosse uma mistura da fada Sininho com o gênio da lâmpada de Aladim. Mas o Deus da Bíblia – o Deus de Abraão, Isaque e Jacó – é pilar de fogo e coluna de fumaça. A sua glória cega. Ela *desfaz* as pessoas. Desmonta e aniquila. "Horrível coisa é cair nas mãos do Deus vivo" (Hb 10.31).

Ele é maravilhoso, e absolutamente aterrador. O deus do evangelicalismo pode, às vezes, parecer domesticado e cansado, mas o Deus da Bíblia é *poderoso*. "Pois quem conheceu a mente do Senhor, e quem é seu conselheiro?"

Em certo grau, temos revelação proveniente de Deus, portanto, conhecemos alguma coisa da mente do Senhor. Ele nos deu a Escritura. Ele nos fala em sonhos e visões e em palavras de sabedoria – mas de nenhuma maneira contrária às Escrituras. A Bíblia nos diz que ele nos fala através de sua criação (Sl 19.1-2; Rm 1.20). Assim, em certo sentido, Deus tem se revelado a você e a mim, mas não a ponto de algum dia podermos aconselhá-lo. Ele revelou o suficiente de seu caráter e atributos para nos salvar, e tira a nossa desculpa pela irresponsabilidade de não sermos salvos, mas jamais nos deu informações suficientes para que, com qualquer partícula de integridade, contrariemos o que ele diz.

Ninguém aconselha Deus. Ninguém pode dar-lhe o próprio parecer. Ninguém ouse endireitar os caminhos de Deus. Ninguém.

A PERFEITA AUTOSSUFICIÊNCIA DE DEUS

Paulo continua em Romanos 11.35: "Ou quem primeiro deu a ele para que lhe venha a ser restituído?" Se tudo pertence a Deus, você não tem nada a dar que já não pertença a ele. Isso quer dizer que não poderá fazer que ele lhe deva alguma coisa. Alternadamente, Deus não deve nada a nenhum ser humano. Nossa existência foi-nos dada por sua graça.

Conquanto lamentemos as aparentes injustiças de dores e sofrimentos, quantas vezes nos esquecemos de que todas as coisas boas que existem num mundo caído são inteiramente dons da misericórdia e graça de Deus? Ousamos questionar a Deus quando cai uma ponte, mas não nos maravilhamos por todas as pontes que não caíram. Cada acesso de riso, cada bocada gostosa de comida, cada sorriso que se dá é resultado de sua misericórdia e graça – ele não nos deve absolutamente nada.

Deixa-me dizer por que isso é tão aterrador. Se isto é a verdade, nada temos para negociar com Deus – não temos como barganhar com ele. Entretanto, tenho observado que a maioria dos evangélicos acredita estar em posição de negociar com Deus. Carregamos um insidioso evangelho da prosperidade em nossos pequenos e escuros corações. Julgamo-nos merecedores. Aproximamo-nos do trono dizendo: "Eu farei isso se o Senhor fizer aquilo. Se eu fizer isto, com certeza o Senhor fará o que quero".

No final Deus diz: "Você tenta me pagar com aquilo que já é meu". Alguns de nós tentamos negociar até com nossas vidas. Mas Deus diz: "Por favor, eu tomo essa vida se eu quiser. Sou Deus".

Temos presunção quanto a nosso serviço. "Deus, eu te servirei", dizemos. Mas ele replica: "Não sou servido por mãos humanas como se precisasse de alguma coisa" (Atos 17.25). O que você fará – me dará algo para comer? O que fará? Pintará a minha casa? O que você me dará, como se eu necessitasse de alguma coisa?

O resultado proveitoso dessa troca é a revelação da idolatria e do orgulho que existem em nós. Queremos viver como se a vida cristã fosse uma troca de cinquenta por cento com Deus, como fé em alguma espécie de máquina de vendas cósmicas. Somos reforçados nessa idolatria por maus pregadores, pastores que não têm respeito pelas Escrituras, professores que falam o que vêm à cabeça, das suas emoções e não do texto, coçando os ouvidos sem evidente temor de Deus, o Deus que amaldiçoa os que trazem evangelhos alternativos (Gl 1.8-9). Ele não nos deve nada.

E nós nada temos que já não pertença totalmente a Deus.

A resposta costumeira para isso, claro, é perguntar sobre o lugar de seguir a Deus e servir a sua causa. Existe bastante disso na Bíblia. Mas a realidade é que tudo que Deus tem de fazer é revelar-se a nós, e nós felizmente faremos parte da missão a serviço de seu reino. Ele não força a questão; simplesmente revela-se como é: maravilhoso, poderoso, gracioso, amável e radicalmente salvador. Ninguém volta a comer bolacha de água e sal depois de receber filé *mignon*.

Mesmo esta verdade é revelação da graça de Deus, porque mostra que ele não precisa de nós – ele nos *quer*. Quando nós que nos chamamos de cristãos percebermos quão totalmente autossuficiente Deus é em si mesmo – os três em um – o dom de Cristo a nós e por nós tornar-se-á ainda mais surpreendente. Desejaremos que seja assim, pois um Deus que é mais focado em sua própria glória estará no trabalho de restaurar-nos, nós que somos imagens quebradas dele. Sua glória exige isso. Temos de ser gratos por um Deus todo suficiente cuja visão de si mesmo é gloriosa.

A GLORIOSA AUTOESTIMA DE DEUS

Paulo continua em Romanos 11.26, proclamando: "Porque dele, por meio dele e para ele são todas as coisas". É uma declaração inequívoca de que a origem última de tudo que existe e que *virá* a existir pode ser traçada às mãos de Deus e nada mais.

A maioria de nós ouviu falar que Deus criou o Universo, tudo que existe dentro dele, empregando a profundidade de sua onipotência para criá-lo porque desejava comunhão com o ser humano. Você já ouviu antes essa linha de pensamento? É uma ideia muito doce e seria ótimo lema para um pôster motivacional cristão, não fosse verdade o que a Bíblia *realmente ensina*, e que torna tal ideia quase blasfema. Devemos acreditar que Deus – em sua perfeição infinita – estava se sentindo solitário? E que a resposta a essa solidão foi criar uma turma de ladrões de sua glória? Seria essa a solução do Deus infinito ao hipotético desequilíbrio em seu bem-estar relacional? É o que muitos foram levados a acreditar. Por nossa percepção pessoal, queremos imaginar que um Deus santo, glorioso, esplêndido – total e unicamente perfeito na maravilha de sua Trindade – quis se colocar em uma sala de cores aconchegantes, aumentar a música romântica de fundo, olhar para nós e dizer: "Você me faz completo".

Não. Não fomos criados como algum elo perdido na experiência emocional de Deus. Pensar assim seria tornar-nos o centro do enigma do Universo. Porém, não estamos nem próximos a esse centro!

Há, essencialmente, duas formas de ver as Escrituras. Uma é vê-las principalmente como um guia para a vida diária. Temos perguntas. Certamente, a Bíblia é um livro de referência confiável. Perguntamos: Devemos tomar bebidas alcoólicas? Vamos ver o que diz a Bíblia. Pergunto: devo ou não devo assistir a determinado filme? Procuramos alguns textos sobre não comer alimentos sacrificados aos ídolos e acabamos um pouco mais confusos, porém sentindo-nos mais religiosos. De repente, transformamos a Bíblia em nossa *bola mágica de oito opções*. Claro que não a chamamos assim. Dizemos que é nosso "mapa na estrada da vida".

Ora, a Bíblia não contém riquezas de sabedoria para a vida prática? Sim, sem dúvida. Ela responde especificamente toda pergunta que você tem? Não, nem por aproximação. Acima disso, o ponto central da Bíblia não é responder nossas perguntas práticas.

Talvez isso faça o cabelo na nuca ficar arrepiado. Talvez você tenha de barbear a nuca. Ou, se você for casado, talvez queira perguntar a si mesmo se a Bíblia mandou que se casasse com seu cônjuge. Quando estava resolvendo se deveria pegar determinado emprego ou frequentar certa escola, você achou: "Aceite o emprego" ou "Estude nesta faculdade" na Bíblia? Quando recebi um chamado da Primeira Igreja Batista de *Highland Village*, há quase uma década, perguntando se eu estaria interessado em enviar um currículo e ser entrevistado para a possibilidade de ser seu pastor, e eu pensava e orava a respeito do que fazer, não achei a resposta na Bíblia.

Se eu quiser saber o que devo fazer ou para onde devo ir, encontro princípios gerais de sabedoria, direção e adoração nas Escrituras, mas não encontro ordens como "Case com Lauren", "Aceite o cargo em *Highland Village*" ou "compre uma minivan" nas Escrituras.

O ponto é este: E se a Bíblia não estiver tratando, em suma, de nós? E se *nós* não formos o foco da revelação de Deus?

A Bíblia claramente tem mandamentos que temos de obedecer e faz reivindicações às quais temos de nos submeter. Mas no fim, ler a Bíblia como "Manual Cotidiano para a Minha Vida" é um modo deficiente entre os dois caminhos básicos que nos são apresentados. Podemos ler a Bíblia como livro de referência a nosso respeito. Ou podemos ver que a Bíblia é o livro sobre Deus. Parafraseando Herbert Lockyer, a Bíblia é *para* nós, mas não é *sobre* nós.[8]

Do começo ao fim, as Escrituras revelam que o maior desejo do coração de Deus não é a nossa salvação, e sim a glória do seu próprio nome. A glória de Deus é o que impulsiona o Universo; é a razão da existência de todas as coisas. Este mundo não existe, girando e navegando pelo Universo, para que você e eu sejamos salvos ou perdidos, mas para que Deus seja glorificado em sua perfeição infinita.

---

8 "Sendo assim, conquanto toda a Bíblia não trate de nós, ela é toda por nós" Herbert Lockyer, *The Holy Spirit of God* (Nashville, TN: Abingdon, 1983), 59.

Sei que essa é uma declaração revolucionária. Abalroa o coração e nos perturba. Mas é isso que devemos fazer com os ídolos (antes de esmagar é derretê-los). Somos adversos à ideia de que tudo que existe, inclusive nós, não existe para nós mesmos e sim, para a glória de Deus. Por esta razão é que os estudiosos de Westminster começaram sua Confissão de Fé com a resposta radical quanto ao significado da vida: "O fim principal do homem é glorificar a Deus e gozá-lo para sempre". Poderíamos dizer que isso é o fim principal de *tudo*. Ainda não entendeu? Conforme as Escrituras:

- Por amor de seu nome, Deus não destruiu Israel no deserto (Ez 20.5-9).
- Deus salva os homens por amor de seu nome (Sl 106.8).
- O coração de Faraó foi endurecido para a glória de Deus (Êx 14.4, 18).
- O início da monarquia israelita tratava sobre a glória de Deus (1Sm 12.19-23).
- Salomão dedicou o templo para a glória de Deus (1Rs 8).
- Israel tornou-se grande e poderosa entre as nações porque "Deus estava fazendo grande o seu nome" (2Sm 7.23).
- Deus não destruiu a Israel quando merecia ser destruído, por não querer ver blasfemado o seu nome entre as nações (Is 48.9-11).
- Deus resolveu destruir Israel porque não firmaram no coração dar a glória a seu nome (Ml 2.2).
- A vida e o ministério de Jesus tratavam da glória de Deus (Jo 7.18; 17.4).
- A cruz de Jesus é a respeito da glória de Deus (Jo 12.17-18).
- Você e eu somos salvos para o louvor da sua gloriosa graça (Ef 1.3-6).
- A vida cristã trata do reflexo da glória de Deus, de nossas

vidas para o Universo (Mt 5.16; 1Co 10.31; 1Pe 4.11).
- A segunda vinda de Cristo trata da consumação da glória de Deus (2Ts 1.9-10).
- A consumação de todas as coisas é para que Deus seja louvado (Ap 21.23).

Você está percebendo um tema aqui?

Talvez diga que eu estou apenas oferecendo textos-prova[9], mas esta é apenas a ponta do *iceberg*. Não é à toa que os reformadores defendiam *soli deo gloria* (somente a Deus a glória) – pois a Bíblia grita isso desde todos os cumes dos montes e topos dos telhados, até cada fenda e canto da terra! A glória de Deus é a visão de Deus e o seu plano para vê-la cumprida. Habacuque 2.14 promete que "a terra se encherá do conhecimento da glória do Senhor, como as águas cobrem o mar". A supremacia da glória de Deus está em toda a Bíblia porque o plano de Deus é que ela seja soberana em toda parte do mundo.

É essa a história da Bíblia – não é sobre eu ou você. É sobre Deus, somente Deus, que tem o nome de valor. O ponto de tudo é a glória de Deus para que só a ele seja toda glória. Ele é profundamente rico, profundo em sabedoria, profundo em bondade e de profunda glória. Não somos nós. Esta é a mensagem da Bíblia.

Deus, somente Deus, é supremo. Não existe tribunal para reclamar, nem corte de apelação em que se possa reconsiderar. Na verdade, quanto mais adentramos as coisas de Deus, mais evidente fica essa verdade. Um deus no horizonte poderia ser espremido com olhar de soslaio entre os dedos da mão. O Deus sobre o qual você encosta a face se estende a fins invisíveis e insondáveis. John Piper colocou desta maneira: "Quanto mais para cima você for nos pensamentos revelados de Deus,

---

9 A acusação fácil de estar "fabricando textos prova" muitas vezes vem daqueles que não gostam das conclusões feitas por outra pessoa.

mais claro você enxergará o alvo de Deus ao criar o mundo, como sendo demonstrar o valor de sua própria glória".[10]

AS RAÍZES DA ADORAÇÃO

Piper acrescenta ainda: "Este alvo nada mais é que a infinda e sempre crescente alegria do seu povo nessa glória".[11] Vemos isso também na Confissão de fé de Westminster: "O fim principal do homem é glorificar a Deus e gozá-lo para sempre".

Chamamos tal gozo de "adoração". Quando tal adoração for a atribuição de máximo valor a alguma pessoa ou coisa que não seja o único Deus trino do Universo, é idolatria. A raiz da adoração cristã, portanto, é reconhecer, submeter-se e *ter prazer* na supremacia da glória de Deus. Em todas as coisas.

Isso quer dizer, por exemplo, que Deus nos dá o dom do sexo, e é uma boa dádiva, mas não o dá para que nossa alegria se complete no próprio ato do sexo. Ele o deu para que sejamos sobrepujados pela bondade de Deus em nos dar tão excelente dádiva. A sexualidade não é um fim em si mesmo, nem um meio para a nossa glória. Foi-nos dada para que pudéssemos adorar a Deus. Semelhantemente, Deus nos deu os alimentos e o vinho não para que pudéssemos nos embriagar e enfastiar, nem para que *não tivéssemos* prazer neles, mas para que pudéssemos saborear um bocado de boa comida ou sorver um excelente vinho e, por meio deles, ter prazer em Deus. 1Timóteo 4.4 nos diz: "Pois tudo que Deus criou é bom, e, recebido com ações de graças, nada é recusável".

A adoração, quando vista dessa forma, é maior e mais abrangente do que apenas cantar alguns hinos no culto da igreja umas duas vezes por semana. É o modo de vida daqueles que estão apaixonados e encantados pela glória de Deus. Adoramos a Deus quando, ao compartilhar

---

10 John Piper, *God's Passion for His Glory: Living the Vision of Jonathan Edwards* (Wheaton, IL: Crossway, 1998), 32.
11 Ibid.

das suas boas dádivas, algo acontece nos recônditos mais profundos da alma, proibindo que a glória termine no dom em si ou em nosso prazer dele, mas corra mais fundo, estendendo àquele que tudo nos deu.

Sem um entendimento de Deus e sem adorá-lo dessa forma, tudo se torna superficial. Tudo – desde o jantar até o sexo, do casamento até aos filhos, do trabalho até às artes e a literatura – tudo fica superficial e trivial. Mas quando se compreende a força motriz por trás de todas as coisas, de repente há uma quantia eterna de alegria à nossa disposição, porque tudo que fazemos é iluminado e animado pela infinda glória do Deus eterno.

Você não precisa ser um profissional religioso para ver evidência dessa verdade. Se eu não fosse pastor que recebe pagamento para dizer essas coisas, mas apenas um estudante da humanidade, não poderia argumentar contra o fato de que todos nós fomos instalados, feitos, para a adoração. Não creio que seria difícil discutir que nossa adoração acaba sendo vaga e superficial.

Está sendo travada uma guerra, e boa parte do mundo se encontra em uma incrível confusão de pobreza, fome, inquietação cívica e violência. No entanto, se ligar a TV no noticiário, é mais provável que você escute falar das atividades diárias de estrelas populares e atores, ou quanto dinheiro ganha um atleta e quem ele namora no momento, do que qualquer coisa significativa. Com certeza, qualquer pessoa vê que nosso "interruptor de adoração" está sempre ligado, sintonizado a difusoras ridiculamente finitas. Homens adultos pintam o corpo e surfam número incalculável de sites da rede para seguir um time esportivo – emoção significativa derramada sobre as habilidades físicas infantis *de um jogo*. Vá a qualquer concerto e verá pessoas erguer espontaneamente as mãos, batendo palmas, fechando os olhos, sendo tocados espiritualmente pela música. As pessoas pescam ou fazem caminhadas para estar sintonizadas à natureza. Colocamos pôsteres em nossas paredes, adesivos em nossos carros, tatuagens sobre nossa pele, e drogas em nosso sistema. Fazemos todas essas coisas e outras semelhantes, derramando-nos automaticamente e com grande naturalidade, naquilo que está decadente. Queremos adorar alguma coisa. A adoração é uma reação nata. Fomos feitos pelo próprio Deus para sermos adoradores.

Mas aconteceu algo errado com a fiação.

CAPÍTULO 2
O EVANGELHO NO CHÃO
O HOMEM

Somos adoradores. Adorar é um desejo nato, instinto e impulso cuja fiação nos foi colocada pelo próprio Deus. É um dom dado por Deus. Porém, o que acontece quando, ao invés de usar o dom da adoração de Deus *para* Deus, adoramos as coisas que Deus criou? O que acontece quando tentamos sequestrar a história de Deus e reescrevê-la conosco no centro?

Isso é insurreição. É amotinação infernal. O que ocorre quando discutimos com Deus sobre como ele deveria dirigir as coisas, ousando até mesmo ameaçar que, se ele não governar como queremos, não creremos nele, não o seguiremos, e nos tornaremos seus inimigos?

As Escrituras sempre pintam o Universo como algo interativo e vivo. Por exemplo, o livro de Isaías diz que as montanhas e os outeiros cantam e as árvores batem palmas (55.12). Lucas 19.40 se refere às pedras clamando quando nós não o fazemos. Toda a criação geme (Rm 8.22). A Bíblia retrata a criação como uma espécie de concerto cósmico de adoração interativa. Em Jeremias 2, vemos que a criação nos responde de maneiras diferentes com relação ao nosso modo de nos relacionarmos a Deus. Quando o povo de Deus abarcou a idolatria e "trocou sua Glória por aquilo que é de nenhum proveito", o Senhor disse: "Espantai-vos disto, ó céus, e horrorizai-vos! Ficai estupefatos" (Jr 2.11-12).

Por quê? O Universo estremece horrorizado por termos este Deus infinitamente valioso, profundo, rico, sábio e amável, e em vez de buscá-lo com firme paixão e fúria maravilhada – em vez de amá-lo de todo coração, alma, mente e força, em vez de atribuir a ele a glória e honra e louvor, poder e sabedoria e força – apenas tentamos tomar os seus brinquedos e sair correndo. Querer Deus por seus benefícios, mas não por ele mesmo, ainda é idolatria. Por que o Universo treme horrorizado com essa ideia? (No hebraico, língua original, a ideia em essência é que estão aterrorizados, literalmente, temendo que Deus quebre e rasgue o Universo em tiras). Estremece porque o Universo é o teatro onde a glória de Deus é exibida, e as Escrituras mostram tal teatro como tendo instinto por demonstrar a adoração. Quando nós, que fomos colocados como mordomos sobre a criação de Deus, somos tratantes, adorando a criação ao invés do Criador, o teatro é abalado por tal traição blasfema.

Porém, qual a resposta de Deus a isto? O Universo geme aterrorizado, mas como Deus age com traidores como eu e você? O que acontece quando o rato tenta roubar a comida do leão?

A SEVERIDADE DE DEUS

Em Romanos 11.22, Paulo fala das escolhas de Deus desta forma: "Considerai, pois, a bondade e a severidade de Deus: para com os que caíram, severidade; mas, para contigo, a bondade de Deus, se nela permaneceres; doutra sorte, também tu serás cortado". A bondade e a severidade de Deus nem sempre são mutuamente excludentes, mas aqui Paulo está se referindo aos que perseveram na fé e aos que não perseveram. Os que perseveram o fazem na bondade de Deus (e em razão dela). Creio que a maioria de nós consegue entender esse conceito. Algo sobre a bondade de Deus é apresentado nos púlpitos a cada fim de semana, e onde a ideia é bíblica, deve ser assim. Mas *obtemos* essas coisas um tanto facilmente. Graça, amor, perdão, cura – todas essas coisas são bondades de Deus e devem ser ouvidas, meditadas e cridas. A bondade de Deus – a *benignidade* de Deus – é um tema fenomenal que percorre toda a Bíblia. Mas Paulo não para ali em Romanos 11.22. O texto manda que observemos não somente a bondade de Deus como também a sua severidade (De fato, a extensão em que conhecemos a liberdade de sua bondade é contingente à extensão em que temos conhecido a terribilidade de sua severidade.).

Paulo diz para observarmos a severidade de Deus. Marque isso. Lembre-se disso. Considere isso. Mas somos desobedientes. Como a severidade de Deus não é calorosa e felpuda como o é sua bondade, não apenas não queremos estudá-la ou contemplá-la. Nem queremos notá-la. Vivemos em uma era em que, desde a candidatura ao seminário, e através de todo o curso, e pós-graduação, futuros pastores recebem como alimento o mingauzinho do crescimento de igrejas. Uma vez que entrem no campo ministerial, recebem cada vez mais essa farinha láctea. Desde os livros até às aulas, seminários e conferências, a igreja está consumida por crescimento a todo custo. Esqueça se os membros de nossas igrejas possuem substância ou verdadeira profundidade – queremos apenas medi-las e contar suas três características básicas: prédios, produção financeira e quantidade de pessoas que a frequentam. A Bíblia realmente diz algumas coisas sobre essa espécie de crescimento da igreja, mas hoje em dia, no evangelicalismo, esta tem sido a ideia que prevalece, ainda que seja uma visão biblicamente pervertida e distorcida no que diz respeito às missões.

Evitar as coisas difíceis da Escritura – questões do pecado, do inferno e a notável severidade de Deus – é idolatria e covardia. Se um homem ou uma mulher que ensina as Escrituras teme explicar-lhe a severidade de Deus, ele ou ela o terá traído, amando mais o próprio ego do que ao seu ouvinte. Do mesmo modo que não é bondade ou amabilidade deixar de ensinar aos filhos sobre os perigos da rua ou os perigos da piscina, não é bondade evitar advertir as pessoas sobre a severidade de Deus.[12]

Quando juntamos essa tendência de algumas das teologias modernistas que apresentam Jesus flutuando por aí como uma espécie de Gandhi místico, jamais se zangando com qualquer pessoa, entregando chavões de dizeres de para-choque dos carros e biscoitos da sorte em liquidação – tem-se o retrato perfeito das pessoas que não se pasmam, não têm respeito nem prestam adoração verdadeira ao Deus do Universo.

Deixar de observar a severidade de Deus é uma tentativa de furtar tudo que a ele é devido. Descontar, disfarçar, descrer no que Deus faz em resposta a essa destituição da glória de Deus é, na verdade, nos destituir de sua glória. Observemos a severidade de Deus. João Batista anuncia:

> Eu vos batizo com água, para arrependimento; mas aquele que vem depois de mim é mais poderoso do que eu, cujas sandálias não sou digno de levar. Ele vos batizará com o Espírito Santo e com fogo. A sua pá, ele a tem na mão e limpará completamente a sua eira; recolherá o seu trigo no celeiro, mas queimará a palha em fogo inextinguível (Mt 3.11-12).

Temos a impressão do Antigo Testamento de que o Universo é chão de debulha de Deus. João está advertindo seus ouvintes que Jesus trabalhará no mundo todo e vai ajuntar o trigo em seu celeiro. Porém, queimará com fogo inextinguível a debulha. Esse é o propósito da vinda de Jesus. Observe nessa passagem tanto a bondade quanto a severidade de Deus.

---

12 Vemos aqui um exemplo em que a bondade e a severidade de Deus não são mutuamente exclusivas.

A palavra *Gehenna* é usada doze vezes por Jesus nos quatro evangelhos. A primeira resposta de Deus quando diminuem o seu nome está nesta palavra grega *gehenna*, que traduziríamos por "inferno". Interessante quanto a esse vocábulo é que se refere a uma ravina no lado sul de Jerusalém onde, cerca de cem anos antes do nascimento de Jesus, aconteceram uns estranhos assassinatos tipo "bruxas de Blair". Os judeus começaram a ver a região como amaldiçoada. Basicamente, *gehenna* tornou-se o monturo ou lixão de Jerusalém. Quando o monturo ficava demasiadamente alto, eles simplesmente ateavam fogo. Podem imaginar? *Gehenna* transmite uma vívida imagem de um lugar de destruição, abandonado, fedido, queimando em combustão lenta.

Quando Jesus se refere a *gehenna* está dizendo "É como essa ravina no vale de Hamã – sobre isso é que eu me refiro". A imagem na mente é de algo pútrido, repulsivo; está morto e é mortífero; quando não em chamas ardentes, está em combustão lenta. É totalmente devastador, espiritualmente tenebroso, infinitamente opressor, retrato estabelecido, mesmo nesses extremos, da mínima destituição da glória de Deus.

Tenho de iniciar este capítulo sobre a posição do homem no "evangelho sobre o chão" de Deus com esta informação sobre o inferno e a ira porque, lembre-se, a Bíblia é uma história principalmente a respeito de Deus, não do homem. Para sermos fiéis quanto à supremacia da glória divina, temos de ser claros quanto à maneira como ele trata a tentativa de furtar a sua glória. Tenho de observar a severidade de Deus.

As respostas de bondade e severidade de Deus vêm, ambas, de sua perfeita e santa autossuficiência, e ambas são estendidas com justiça sobre sua criação, mas a principal diferença entre elas – e a razão que não falamos tanto a respeito disso – é que somente a severidade é merecida.

A QUEDA DO HOMEM E A GLÓRIA DE DEUS

Por definição, a graça de Deus é imerecida. Não temos como merecê-la; este é o ponto central. "De outra feita", diz Paulo, "graça não seria graça" (Rm 11.6). A graça é um presente dado a alguém que não o merece nem pode recebê-lo como pagamento de algum favor.

Nós nos esforçamos tanto. Somos gente impressionante. Com certeza merecemos alguma coisa! Sim, absolutamente. O que merecemos chama-se "a ira de Deus" (expressa na sentença de morte eterna no inferno). Se você foi criado na escola dominical, certamente ouviu o seguinte versículo bíblico, mas se nunca ouviu, eis o resumo dos justos merecimentos do ser humano: "porque o salário do pecado é a morte" (Rm 6.23).

Portanto, todo pecado é merecedor da severidade de Deus e ninguém está isento disso. Lanço-lhe outro versículo de escola dominical: "pois todos pecaram e carecem da glória de Deus" (Rm 3.23). Todos nós pecamos, e pecamos porque somos todos pecadores, carentes da glória divina, merecedores, portanto, da eterna severidade de Deus.[13]

"Severidade, com certeza", podemos pensar. "Mas essa coisa de *gehenna*! Vá lá!"

Ora, deixe-me dizer por que é uma questão tão séria. Conforme as Escrituras, toda boa dádiva e todo dom perfeito vem de Deus Todo-Poderoso, isso quer dizer que tudo que traz consolo, alegria, prazer e paz é dom do pai das luzes (Tiago 1.17). Sendo assim, o inferno, em última instância, é a ausência da bondade e bênção de Deus. Portanto, o inferno é a ausência de tudo que podemos imaginar de bom, certo, confortante, feliz, alegre e cheio de paz. É um lugar bastante aterrador. Jesus diz que é lugar de ranger de dentes (Mt 8.12). Diz que ali o verme não morre (Mc 9.48). Provavelmente a descrição mais dura se encontre em Apocalipse 14.11: "A fumaça do seu tormento sobe pelos séculos dos séculos, e não têm descanso algum, nem de dia nem de noite, os adoradores da besta e da sua imagem e quem quer que receba a marca do seu nome". Não tem como ser mais brutal que isso.

---

13 Neste estudo do que significa ver o evangelho a partir do chão, observamos claramente nossa destituição da glória de Deus, da qual toda pessoa é culpada. No capítulo 6, quando virmos o evangelho do ar, poderemos estudar as origens cósmicas e históricas dessa culpabilidade.

A questão é que, se quisermos nos orientar em volta de qualquer coisa senão Deus – mesmo coisas que pareçam alegres, brilhantes e bonitas, mesmo as coisas que o próprio Deus nos deu para serem apreciadas – ou se escorregarmos, mesmo que por um só momento, para adorarmos algo que não seja Deus, estamos declarando nossa preferência por ausentarmo-nos dele. Isso se chama orgulho, e mesmo uma pequena lasca de orgulho merece o resultado final: o lugar onde Deus *não está*. Sejamos sinceros: todos nós temos bem mais que uma pequena lasca de orgulho.

Qual a resposta geral da maioria das pessoas sensíveis quanto à ideia do inferno? A resposta mais popular e principal é: "Como um Deus justo e amoroso pode criar e encher um lugar como o inferno? Não é justo. A punição não condiz com o crime. Se eu disser apenas uma mentirinha, roubar um chiclete ou xingar com alguma palavra torpe quando bato o dedão do pé, receberei o tormento eterno?"

Não é aí que a lógica da maioria das pessoas vai? "Não é justo"!

Mas desprezar a enorme severidade de Deus como se não fôssemos realmente tão maus assim e merecêssemos maior bondade é desprezar a santidade de Deus. É muito fácil, nessa trajetória de lógica, mudar as coisas e desprezar completamente as Escrituras e o ensino de Jesus, assumindo a ideia de que na verdade nós somos os bons e Deus caiu do cavalo.

Os que desprezam a severidade de Deus afirmam "Deus é amor". Claro que é, mas a Bíblia que nos diz isso é a mesma que prescreve o castigo eterno aos que rejeitam seu amor.

Além disso, como demonstramos no capítulo 1, Deus se importa com o seu nome, assim, o inferno existe por que o nome de Deus foi desprezado e, portanto, nossa resposta à realidade bíblica do inferno, para nossa própria segurança, não pode ser diminuir ou desprezar ainda mais o nome de Deus. Está me seguindo nisso? Alguém que negue a realidade do inferno, ou afirme que nós não merecemos tal castigo mesmo que ele seja verdadeiro, por Deus ser amor, estará dizendo que o nome, a reputação e a glória de Cristo não são tão importantes. Será essa a abordagem que queremos assumir, de que o inferno eterno seja punição *errada* por termos desprezado a glória de Deus? Se estivermos dizendo isso, estaremos afirmando essencialmente: "O castigo não cabe ao crime porque o crime não é lá grande coisa". Seria uma lógica justificável? Não. Apenas uma recusa de se satisfazer com a total suficiência do Deus do Universo.

Vê que fizemos um círculo completo no raciocínio? Muitos evangélicos acabam entrando nesse terreno de diminuir Deus e justificar a si mesmos. "Ah, Deus não faria uma coisa dessas". Ora, que dizer das muitas vezes em que ele afirma que faz isso? Alguns que não conhecem nada do Jesus das Escrituras dizem que a ira e a severidade – o inferno – não parecem nada com Jesus. As Escrituras afirmam que "Há caminho que ao homem parece direito, mas ao cabo dá em caminhos de morte" (Pv 14.12).

A resposta correta à severidade de Deus, portanto, não é negar, diminuir ou denegri-la, mas se arrepender da nossa autojustiça, lançando-nos sobre a gloriosa justiça de Deus, exclamando: "Quão grandioso, poderoso e infinitamente glorioso é Deus, para que esta seja a resposta justa à diminuição de seu nome?" Novamente, John Piper nos auxilia ao afirmar: "O horror do inferno é um eco do valor infinito da glória de Deus".[14]

O LUGAR DA JUSTIFICÁVEL IRA DE DEUS

Quão terrível é esse eco? Vejamos Mateus 18.8-9:

> Portanto, se a tua mão ou o teu pé te faz tropeçar, corta-o e lança-o fora de ti; melhor é entrares na vida manco ou aleijado do que, tendo duas mãos ou dois pés, seres lança-

---

14 John Piper, "The Echo and the Insufficiency of Hell, Part 2," sermão pregado na Igreja Batista de Bethlehem, Minneapolis (21 de junho, 1992), Disponível em: http://www.desiringgod.org/ResourceLibrary/Sermons/BySeries/20/801_ The_Echo_and_Insuf"ciency_of_Hell_Part_2/.

> do no fogo eterno. Se um dos teus olhos te faz tropeçar, arranca-o e lança-o fora de ti; melhor é entrares na vida com um só dos teus olhos do que, tendo dois, seres lançado no inferno de fogo.

A propósito, este trecho não nos dá apenas a comparação negativa do inferno, mas traduz bem uma teologia do sofrimento. Tendo em mente tais palavras de Jesus, agora posso saber que é melhor nunca segurar no colo meus filhos, melhor nunca passar meus dedos pelos cabelos de minha esposa, melhor nem escovar meus próprios dentes, melhor nunca poder dirigir um carro, melhor ser paralisado e nunca sentir nada do pescoço para baixo, melhor ter *oligodendroglioma anaplástico* em terceiro estágio do que me encontrar fora do reino de Deus.

Melhor é nunca ver o nascer-do-sol ou seu poente, nunca ver as estrelas no céu, nunca ver minha filhinha toda vestida para sair, nunca ver meu filho jogar uma bola – nunca ver essas coisas todas tão boas, do que vê-las e acabar fora do reino de Deus. Como deve ser *horrível* o inferno.

O que acontece com aqueles que se dedicam a desprezar o nome de Deus?

> Então, o Rei dirá também aos que estiverem à sua esquerda: Apartai-vos de mim, malditos, para o fogo eterno, preparado para o diabo e seus anjos. Porque tive fome, e não me destes de comer; tive sede, e não me destes de beber; sendo forasteiro, não me hospedastes; estando nu, não me vestistes; achando-me enfermo e preso, não fostes ver-me. E eles lhe perguntarão: Senhor, quando foi que te vimos com fome, com sede, forasteiro, nu, enfermo ou preso e não te assistimos? Então, lhes responderá: Em verdade vos digo que, sempre que o deixastes de fazer a um destes mais pequeninos, a mim o deixastes de fazer.

E irão estes para o castigo eterno, porém os justos, para a
vida eterna (Mateus 25.41-46).

A essência desta informação vital serve para nos lembrar de que tudo que temos, tudo que somos e possuímos foi-nos dado por Deus, por meio de Deus e para a glória de Deus. Quando agimos como se fôssemos o dono dessas coisas, como se nos fossem dadas por nós para a nossa própria glória, estamos desprezando o nome de Deus. O Universo não é uma lanchonete *Burger King* – não fazem tudo do nosso jeito. O peso de Mateus 25.41-46 não está em "É melhor você alimentar os pobres". O peso desse texto é que recebemos muito de Deus e devemos administrar isso a fim de sermos bênção e, principalmente, refletirmos a glória de Deus. A comida, a bebida e as vestes não nos foram dadas principalmente para nosso benefício próprio, mas para a glória de Deus, e temos de encontrar o maior benefício nisso. É essa a essência. Mas a implicação terrível é que, se buscarmos benefício fora da glória de Deus, merecemos a resposta de fogo eterno.

A base é que buscar nossa própria glória é procurar nossa condenação. Em Lucas 12.4 e 5 Jesus fez uma advertência sombria:

Digo-vos, pois, amigos meus: não temais os que matam o corpo e, depois disso, nada mais podem fazer. Eu, porém, vos mostrarei a quem deveis temer: temei aquele que, depois de matar, tem poder para lançar no inferno. Sim, digo-vos, a esse deveis temer.

Jesus está dizendo: "Sério? Você tem medo do que as pessoas pensam de você mais do que teme a mim? Tem mais medo do que as pessoas podem lhe fazer do que se preocupa com o que eu posso fazer? Mais temor de como as pessoas olham para você do que como eu o vejo? Ouça, o pior que eles poderão fazer é matar você".

O evangelho pergunta: você tem mais medo de um gatinho do que de um leão? A maioria de nós possui um bom instinto natural de temer os males físicos; isso faz que as pessoas estáveis não sejam suicidas. Não se trata de *realmente* não se importar se vivemos ou morremos. Jesus faz uma comparação para mostrar que não adianta subir correndo numa árvore com medo de um gatinho, e nos aproximarmos de um leão e dar-lhe tapa na fuça. Temeremos ao homem enquanto insultamos a Deus?! A recompensa disso é o castigo eterno, infinitamente mais temível do que qualquer coisa que o ser humano possa inventar.

Como é o castigo eterno? Um dos retratos mais claros vem da parábola que se encontra em Lucas 16.19-26, onde Jesus conta a seus ouvintes a seguinte história:

> Ora, havia certo homem rico que se vestia de púrpura e de linho finíssimo e que, todos os dias, se regalava esplendidamente. Havia também certo mendigo, chamado Lázaro, coberto de chagas, que jazia à porta daquele; e desejava alimentar-se das migalhas que caíam da mesa do rico; e até os cães vinham lamber-lhe as úlceras. Aconteceu morrer o mendigo e ser levado pelos anjos para o seio de Abraão; morreu também o rico e foi sepultado. No inferno, estando em tormentos, levantou os olhos e viu ao longe a Abraão e Lázaro no seu seio. Então, clamando, disse: Pai Abraão, tem misericórdia de mim! E manda a Lázaro que molhe em água a ponta do dedo e me refresque a língua, porque estou atormentado nesta chama. Disse, porém, Abraão: Filho, lembra-te de que recebeste os teus bens em tua vida, e Lázaro igualmente, os males; agora, porém, aqui, ele está consolado; tu, em tormentos. E, além de tudo, está posto um grande abismo entre nós

e vós, de sorte que os que querem passar daqui para vós outros não podem, nem os de lá passar para nós.

É, sim, uma parábola, mas nos diz algumas coisas sobre a vida no lugar de separação eterna de Deus. É lugar de tormenta consciente. Lugar de fogo. Lugar de angústia. Uma vez que esteja lá, você não tem como sair. É uma condição eterna.

Há um abismo entre nós e a presença de Deus, que manifesta a realidade do inferno como um afastamento da presença e bondade de Deus.

O PESO DA IRA DE DEUS

O abismo entre céu e inferno ilustra o abismo que há entre nós e Deus. Ele é glorioso; nós não o somos. Ele é santo; nós não somos. Este abismo entre a total perfeição de Deus e nossa depravação total merece o abismo do malcheiroso e combustivo *gehenna*.

É bom ter essa informação. É verdadeira e sempre é bom saber a verdade. Mas o problema em ter apenas a informação é que não basta para nos manter fora do abismo. Se, por exemplo, alguém está prestes a cair no precipício, não faz sentido apenas dar-lhe um quadro do que vai acontecer quando ele cair e se despedaçar nas pedras embaixo.

Podemos ter as informações sobre a severidade de Deus, notá-la, conforme Paulo diz, examinar a exibição da ira de Deus, ter consciência eterna do tormento do inferno e de como o merecemos, mas tal informação não basta para que louvemos a Deus. Você já assistiu um tribunal em programa de televisão onde viu o juiz bater o martelo dizendo: "Eu o condeno à morte por injeção letal" e ouviu o réu exclamar: "Sim, eu te amo, Sr. Juiz!" Nada disso. Ninguém que é culpado deseja a justiça – antes, quer misericórdia.

Estar ciente e acreditar no inferno – por mais importante que seja – não produz adoradores. A falta de entendimento por tantas pessoas sobre a realidade do inferno, historicamente, tem sido uma forma de, em nome de Deus, abusar e mal-usar a doutrina do inferno. Não se pode assustar as pessoas para fazê-las ir para o céu. O céu não é o lugar para quem tem medo do inferno – é o lugar para aqueles que amam a Deus. Pode-se assustar as pessoas a ponto delas frequentarem a igreja, forçá-las a agir com bondade, dar dinheiro, pode até mesmo assustá-las a ponto de forçá-las a vir à frente e fazer determinada oração, mas não se força as pessoas a amar a Deus. Pode-se forçá-las a atos de moral ou bondade. Mas isso não salva ninguém. Nem é cristão.

Mesmo se pudéssemos assustar as pessoas a ponto delas assumirem um semblante de religião cristã, não seriam verdadeiras adoradoras, porque seu temor de Deus – que é uma boa coisa – não seria formado por seu amor a Deus. Não estariam sendo atraídas a Deus, mas repulsados pelo inferno. Seria isso verdadeira adoração? A verdadeira adoração seria escolher o menor de dois medos?

Não. Destacar a amplitude do abismo não é fazer uma ponte sobre o abismo. Por que destacá-lo? Porque não se compreende a cruz de Cristo sem entender o peso da glória de Deus e a ofensa de diminuir o seu nome, e qual o castigo devido a tal ofensa. O ato de Cristo sobre a cruz não revela o amor transformador, até que vejamos que a cruz revela também a profundidade da ofensa do pecado. Thomas Watson colocou nos seguintes termos: "*Té* que seja amargo o pecado, Cristo não será doce".[15] O amor de Deus – festejado por tantas pessoas que negam o inferno – falha em portar o peso da glória eterna se não acreditarmos que nos salva de grande coisa.

Quando me converti, comecei a ler a Bíblia e percebi que muitos evangélicos usam os textos completamente fora do contexto. Meu predileto é aquele que usam do profeta dizendo "realizo, em vossos dias, obra tal, que vós não crereis, quando vos for contada" (Hc 1.5). Colocam esse texto em camisetas, imprimem panfletos, conseguem planos

---

15 Thomas Watson, *The Doctrine of Repentance* (Carlisle, PA: Banner of Truth, 1988), 63.

de expansão feitos por arquitetos e fazem uma daquelas exibições de termômetros que demonstram o levantamento de fundos no santuário. "Deus fará uma obra maravilhosa em nossos dias, e se eu fosse lhe dizer, você nem acreditaria!" Mas, ao lermos o resto do livro de Habacuque vemos que está falando sobre todos serem mortos. Está como que dizendo: "Vou permitir que seus inimigos matem vocês, suas famílias, seus jumentos, seu gado e seus empreendimentos, e queimarei a terra sobre a qual vocês pisam". Continuem lendo, seus bobocas – vai mal.

Outro texto sobre o qual evangélicos têm uma visão atrofiada é o chamado de Isaías. O capítulo 6 de Isaías é uma passagem belíssima e horrenda onde Deus diz no versículo 8: "A quem enviarei, e quem há de ir por nós?" E Isaías diz: "Eis me aqui. Envia-me a mim". Paramos por aí para a que a mensagem caiba em nossa mala direta. Mas você sabe qual o chamado que Isaías tinha? Pregar a um povo que nunca creria.

Brincamos com o peso eterno de glória como uma criança brinca com seu brinquedo do "Mac lanche feliz".

Onde está o Salmo 42.1 para nós? Onde está "Como a corça suspira pelas correntes das águas, assim por ti, ó Deus, suspira a minha alma". Onde está esse homem? Onde está essa mulher? Onde está aquele que diz, no Salmo 27.4: "Uma coisa peço ao Senhor, e a buscarei: que eu possa morar na Casa do Senhor todos os dias da minha vida, para contemplar a beleza do Senhor e meditar no seu templo". Para onde foi isso? Onde está o gemido do coração de Romanos 8 pelas coisas de Deus, tanto pela situação de queda do mundo quanto pela nossa tendência de difamar o Deus a quem amamos? Onde está isso? Parece muito longe da maioria de nós. Parece que somos indiferentes e intocados pela realidade da eternidade.

Temos de sentir o peso da severidade de Deus, porque sem tal sentimento não conheceremos o peso de sua bondade e não seremos capazes de adorá-lo exclusivamente. Adorar a Deus é a razão para qual fomos criados.

Enquanto escrevo este trecho, a "Loucura de Março" está acontecendo. É o maior evento esportivo, como também o único local atlético em que Davi ainda pode vencer a Golias. Na verdade não existe outra competição igual, onde uma faculdade pequena, da qual nunca se ouviu falar, que tenha apenas uns oitocentos alunos, pode derrubar poderosas super estrelas no mundo do basquete. Mas eis uma característica de homens e mulheres caídos que amam a "Loucura de Março": Nos Estados Unidos inteiro, os fãs ficam nervosos. Não estou brincando. Estão nervosos até as entranhas, querem tanto que seu time ganhe. Assistem aos jogos e gritam aos seus televisores: "Não! Sim!" A criançada chora de medo; as esposas estão saindo para comprar mais *nachos* – é um caos. É uma *loucura*. Com a vitória vem a exaltação, e eles surfam mil locais da rede para ler o mesmo artigo mil vezes de novo. Com a derrota vem o espírito abatido e dias de luto e lástima, brigando com raiva em um *blog* sobre quem realmente merecia ou como o juiz errou na arbitragem.

Cada um desses afetos, cada parcela dessa emoção e cada pedacinho dessa paixão nos foi dado por Deus, para Deus. Não foi dado para jogos de basquetebol.

Onde está o nervosismo interno quando nos achegamos a uma assembleia daqueles que buscam a Deus? Onde a animação pela ressurreição? Onde a tristeza pelo pecado? Onde estão essas emoções? No jogo de basquete. No futebol. No romance. Em *tuitar* e *blogar*.

Você realmente acredita que não merecemos o inferno?

Graças a Deus por sua resposta a toda essa baboseira blasfema: a cruz de Cristo que absorve toda a ira.

CAPÍTULO 3
O EVANGELHO NO CHÃO
CRISTO

Até aqui, temos visto as Escrituras revelando Deus como soberano e glorioso, dizendo-nos que seu plano soberano é manifestar a supremacia de sua glória. Vimos também que a Bíblia afirma que, em nosso pecado, somos carentes e destituídos da glória de Deus. Isso se manifesta em nossa predisposição e esforços de adorar coisas e pessoas que não são Deus. Como a paixão de Deus é por sua própria glória, e porque ele é perfeitamente justo, sua ira é a resposta à nossa idolatria – condenação eterna administrada por ele, nos destinando à eterna e consciente tormenta do inferno.

Tudo isso é necessário saber. A Bíblia nos informa diretamente. Mas por mais verdadeiro e esclarecedor que isso seja, a realidade de nossa natureza decaída faz que seja uma má notícia.

O problema, conforme demonstramos, é que existe um abismo entre Deus e nós, e o que aumenta ainda mais o problema é que não só nosso pecado causa tal abismo, como também impede que tenhamos como fazer uma ponte sobre o abismo por nós mesmos. A mesma lei de

Deus que diagnostica nossa depravação não a pode curar. Não estamos apenas para baixo; estamos de fora. Não há como nos levantar pelas cordas de nossos próprios sapatos nessa situação. Cavamos uma cova funda demais para sair dela. Precisamos de intervenção radical.

É aqui que entra a graça.

Observe a bondade de Deus. Ele ama seus filhos e, portanto, é paciente com eles, desejoso que todos se arrependam. Nós merecemos a sua ira, e ainda que prossigamos pela vida exigindo tolamente aquilo que achamos que nos é devido, ele recusa nos dar o que merecemos.

No entanto, a justiça natural de Deus exige reparação. Ele não pode deixar impune a culpa. "O salário do pecado é a morte", lembra-nos Romanos 6.23. Acrescentemos Hebreus 9.22 para enfatizar isso: "sem derramamento de sangue, não há remissão". Existe uma dívida de sangue devida. Somos destituídos da glória de Deus e essa carência tem de ser justificada para que Deus manifeste sua soberana justiça.

O evangelho nos estende um lugar onde a bondade e a severidade de Deus se encontram.[16] Este lugar é a cruz – onde graça e ira se cruzam. É nesse lugar de vergonha e de vitória que Deus, em forma de homem Jesus de Nazaré, o mui esperado Messias, ofereceu em sua morte, a expiação de sangue necessária para satisfazer a justiça de Deus e assegurar a nossa salvação.

A IRA DE DEUS NA CRUZ DE CRISTO

Na noite anterior à sua morte, Jesus reuniu os discípulos no que chamamos de última ceia, e tomou um cálice de vinho tinto dizendo: "Este é o cálice da nova aliança no meu sangue derramado em favor de vós" (Lucas 22.20). Ora, se você conhece algo sobre o contexto cultural e religioso dos povos bíblicos, sabe que tal declaração soaria extremamente blasfema para um judeu do primeiro século. Pela lei judaica, não

---

16 O vocábulo *evangelho* vem do koiné grego *evangelion*, que significa "boas novas" ou "boas notícias".

se podia nem tocar em sangue. Jesus não estava oferecendo sangue de animais para tocar, mas seu próprio sangue para beber. "Este é o sangue da nova aliança. Vamos beber tudo".

Imagino rostos confusos em volta daquela mesa de comunhão.

Assim, Jesus diz: "Está bem, vou lhes *demonstrar*".

Eles saem em direção ao jardim de Getsêmane. Tomando três dos discípulos, Jesus diz basicamente: "Vocês oram comigo? Estou oprimido a ponto de morrer!" (Marcos 14.32-34).

Jesus o Messias, Filho de Deus encarnado, está sobrepujado de irremediável tristeza! Afasta-se um pouco dos amigos que dormem, cai com o rosto em terra, e implora a Deus: "Pai, se queres, passa de mim este cálice" (Lc 22.42), sabendo inteiramente que não existe outro jeito.

Uma turba liderada por Judas Iscariotes se aproxima. Judas chega até a cara do homem a quem chamava de mestre, e beija-lhe o rosto. Jesus diz: "Judas, com um beijo trais o Filho do homem?" (Lc 22.48).

A história é bem mais profunda que uma narrativa. É, sim, histórica. Aconteceu de verdade. Mas existe algo espiritualmente ilustrativo sobre o problema da adoração de nossos corações. A cruz de Cristo é a resposta de Deus aos homens por terem desprezado o seu nome. A cruz de Cristo existe porque a humanidade – amada por Deus, criada por Deus, movida por Deus – o traiu e preferiu suas próprias coisas. Judas Iscariotes, que andou com Jesus, presenciou seus milagres, maravilhou-se do poder de Deus, beija o rosto de Jesus em insolente traição. Neste pequeno retrato temos um símbolo do que está errado no Universo.

Pedro, o mesmo repreendido duas vezes na última hora e meia, resolve que precisa ser repreendido mais uma vez, e arranca a espada tentando lutar contra a guarda do sumo sacerdote. (Pedro é um sujeito muito interessante. Desembainha a espada contra o inimigo em dado momento, mas três horas mais tarde não quer lutar de maneira nenhuma.) Corta a orelha do guarda, mas Jesus a toma, cola de volta na cabeça do moço e declara: "*Não* é assim que vamos fazer. Ninguém vai tirar a minha vida, Pedro. Eu a dou espontaneamente".

Jesus é preso. (Mantenha em mente que o guarda curado por Jesus ainda assim o prendeu. Isso não ilustra bem como são as pessoas?) Jesus passa por seis tribunais, três dos quais ilegais de acordo com a lei judaica. Açoitaram-no severamente em cada julgamento. As Escrituras dizem que eles arrancaram a barba de sua face (Is 50.6). Cuspiram nele e zombaram dele. Vendaram os seus olhos e batiam dizendo "Profetize! Diga quem bateu em você! Qual de nós lhe bateu?" (ver Lc 22.64). Empurraram uma coroa de espinhos sobre sua cabeça. Deram-lhe um bastão e puseram-lhe um manto de púrpura, dizendo com sarcasmo: "Ave, rei dos judeus" (Mc 15.18). Tiram dele o bastão e batem nele.

Pilatos, que não queria participar disso, acha que consegue envergonhar a Jesus e surrá-lo o bastante para que os judeus o soltem. Cristo é surrado a ponto de se tornar uma massa sangrenta, mas é liberto pela turba? Os mesmos que cinco dias antes haviam clamado "Hosana! Hosana ao Filho de Davi" lançando palmas quando ele entrou na cidade, agora exclamam "Crucifica-o"! (Mc 15.14).

A crucificação era uma arte perversa e grotesca. Como tortura até a morte, tinha sido refinada e aperfeiçoada pelos romanos durante muito tempo. Eles dominavam o mundo e naquela época, para dominar o mundo era necessário impor medo. Tomaram essa forma já antiga de execução e a aperfeiçoaram[17], pensando: "Seria ideal se conseguíssemos matar homens e mulheres por atacado, durante período mais extenso de tempo, de forma tão horrenda que ninguém nos trairia por medo disso acontecer".

Basicamente, os romanos batiam na vítima e a penduravam de modo a fazer os pulmões se encherem de sangue até a pessoa afogar em seus próprios fluidos.

---

17 Ver em especial Martin Hengel, *Crucifixion in the Ancient World and the Folly of the Cross* (Philadelphia: Fortress, 1977).

Além disso, parece que arrazoaram que a morte não bastava. Queriam incorporar a humilhação, acrescentando vergonha à agonia. Os que eram crucificados eram despidos e publicamente exibidos de maneira que toda baixaria imaginável pudesse escarnecer deles, acuá-los, cuspir neles. Os romanos pensavam que, se conseguissem tornar em espetáculo a condenação, isso seria maior impedimento à rebeldia do que uma mera execução.

Deus encarnado foi exposto a tudo isso. Tomaram a Jesus e pregaram à cruz as suas mãos e seus pés. Na ironia mais brutal de todas, o estimado sumo sacerdote, aquele que escrevia a lei, zombava dele. Aquele que era designado para oferecer os sacrifícios para a expiação pelo sangue estava desprezando o Cordeiro de Deus. Eles sabiam que durante séculos do sistema sacrifical, haviam ensaiado a matança do Messias?

O rei Jesus está sendo assassinado. O céu escurece em meio à sua crucificação. Muitas pessoas dizem que esse é um indicativo de que Deus voltou as costas a Jesus. O problema é exatamente o que a Bíblia diz a esse respeito. Leia o Salmo 22. Deus jamais dá as costas a Jesus (A propósito: todos os pecados do mundo? Deus sabia deles antes mesmo de acontecer, e assim, não foi surpreendido. O pecado não tem poder maior do que Deus. Não é proveniente dele. Deus vê tudo.).

Quando sobrevêm as trevas, um dos soldados diz: "Ai. Quem sabe ele era mesmo filho de Deus!" (Mc 15.39). Jesus murmura: "Está consumado" (Jo 19.30). A terra treme e o véu do templo rasga de alto para baixo. Tudo isso é resposta de Deus ao desprezo de seu nome. Em Atos 2.22-23, lemos:

> Varões israelitas, atendei a estas palavras: Jesus, o Nazareno, varão aprovado por Deus diante de vós com milagres, prodígios e sinais, os quais o próprio Deus realizou por intermédio dele entre vós, como vós mesmos sabeis;

sendo este entregue pelo determinado desígnio e presciência de Deus, vós o matastes, crucificando-o por mãos de iníquos;

A cruz de Jesus Cristo não foi uma surpresa, não um plano secundário de Deus, mas sim, um plano conhecido pelo Deus trino, desde o início dos tempos. A resposta de Deus ao desprezo de seu nome, desde o princípio, foi o sacrifício de Jesus Cristo sobre uma cruz romana.

Atos 4.27 nos diz: "porque verdadeiramente se ajuntaram nesta cidade contra o teu santo Servo Jesus, ao qual ungiste, Herodes e Pôncio Pilatos, com gentios e gente de Israel". Isso inclui todos os povos do mundo inteiro. Seria como se eu dissesse: "Vocês americanos e todos os outros povos do mundo inteiro". É todo mundo. Todos que estavam envolvidos na crucificação estão mencionados aqui. Mas observe como ele continua no versículo 28: "para fazerem tudo o que a tua mão e o teu propósito predeterminaram". Mão e propósito de quem? De Deus.

A cruz de Cristo foi plano de Deus. A morte de Jesus foi ideia de Deus. Desde o primeiro dia, quando Deus Pai, Deus Filho e o Espírito Santo, em perfeita unidade, disseram: "Façamos o homem a nossa imagem" (Gn 1.26), a cruz de Cristo lançou uma sombra sobre toda a eternidade. Era um plano predeterminado. A morte de Jesus, a ira de Deus que é absorvida pela cruz, era o plano de Deus antes mesmo da criação.

A cruz de Cristo é princípio central de tudo que cremos a respeito da salvação.

O SACRIFÍCIO QUE SATISFAZ

Como eu não tinha origem *igrejeira*, durante muito tempo lutei para entender certos termos comuns no ambiente evangélico. Primeiro e mais destacado era a ideia de que Jesus era o Cordeiro de Deus que tira o pecado do mundo (João 1.29).

O sofrimento, essa brutal morte de Jesus, agora se destaca como o princípio central de tudo em que cremos sobre a salvação. Muitas pessoas têm dificuldades com essa mensagem e marco central de nossa fé. Alguns escritores e acadêmicos afirmam que atribuir a morte de Jesus à obra soberana e expiadora de Deus é uma espécie de abuso infantil divino. Porém, o problema com tal visão é que não é que Deus Pai fustiga Deus Filho contra a vontade dele. Lembre-se de que Jesus afirmou: "Ninguém a tira de mim; pelo contrário, eu espontaneamente a dou. Tenho autoridade para a entregar e também para reavê-la. Este mandato recebi de meu Pai" (João 10.18). Os críticos da expiação centrada na cruz desafiam a prioridade da visão de substituição penal (ou negam totalmente que isso seja válido), mas isso cria um problema com todos os sacrifícios sanguinolentos por todo o Antigo Testamento, que Cristo claramente seguiu. Negar a pena substitutiva é dizer que todo esse sacrifício era apenas incidental.

Outros abordam a questão de modo mais visceral. Querem afirmar que a cruz foi demasiadamente grosseira [repulsiva]. É horrenda demais. Com certeza não é assunto para visitas agradáveis. Dizem: "Assisti a Paixão de Cristo, e foi pornográfico". O sangue da cruz os deixa desconfortáveis. Em vez de pensar que isso faz parte da questão, eles querem tornar alguma outra coisa como parte central da fé cristã, e não a cruz de Cristo. De fato, ainda estou tentando me recuperar de ter ouvido um pastor de uma das maiores igrejas dos Estados Unidos que afirmou, em em rede de TV nacional: "Nunca pensei sobre usar a palavra *pecadores,* mas é provável que eu não utilizaria tal expressão".[10] Se você não falar de pecado, se não falar de sangue, se não falar dessa forma sobre a cruz, então não fale do evangelho, porque o evangelho é sanguinolento e horrendo!

1Coríntios 1.18 diz que "a palavra da cruz é loucura para os que se perdem". Esta é uma terrível admoestação para os que acham tola a

---

18 Cathy Lynn Grossman, "Has the 'Notion of Sin' Been Lost?," In: *USA Today Online* (16 Abril, 2008), Disponível em: http://www.usatoday.com/news/religion/2008-03-19-sin_N.htm.

doutrina da cruz, ou querem minimizar seu lugar na fé cristã para afirmar como certo o seu chamado. Os que veem a mensagem da cruz como loucura estão perecendo.

Se não entendermos a má notícia, jamais compreenderemos as boas novas. A má notícia não é apenas que não alcançamos o que exige a lei, mas que pelas obras da lei ninguém será justificado diante de Deus (Gl 2.16). Quais alternativas há para a cruz? Ser um homem bom? Uma mulher bondosa? Ser um escoteiro exemplar ou boa bandeirante para Jesus? Isso é o que para muitos se resume a fé cristã na igreja: substituem a centralidade da cruz com algo mais atraente, de maior apelo humano, que pensam ter maior peso. Na verdade, atravessando todo o terreno evangélico, vemos muitos querendo fugir das entranhas, da vergonha e da horrível matança de Jesus Cristo, focando apenas outra coisa que releve a cruz para a marginalidade.

A razão pela qual fazemos isso não é tanto para corrigir um desequilíbrio quanto é para elevar a nós mesmos de maneira idólatra. É como os carismáticos que querem tornar o dia de Pentecostes central para a fé cristã. Ou os calvinistas que dizem ser central a sigla *TULIP*. Ou liberais que querem tornar a justiça social o centro. Fundamentalistas querem fazer do comportamento moral o principal. (Têm como lema "faça isso, faça aquilo, faça isto", quando a cruz clama "Foi feito!") Todas essas coisas são boas coisas, coisas *bíblicas* – mas fazer de qualquer delas o centro da fé cristã e base de nossa esperança seria desprezar o único poder para a salvação – a mensagem da cruz. Acabamos sendo como Indiana Jones, tentando substituir o tesouro com um saco de areia. Pensamos que vai dar certo, mas a estrutura toda vem caindo por cima de nós. Nada corre para o centro da bondade e severidade de Deus, demonstrando simultaneamente sua justiça, amor e glória, além do sacrifício do Filho encarnado sobre a escandalosa cruz.

Ora, essa ideia de remoção do pecado foi estabelecida milhares de anos antes da cruz. Moisés conduziu o povo de Israel a sair do Egito para a liberdade, e enquanto entregava e estabelecia a lei, os filhos de Israel descobriam que o modo de adorar seu Libertador está inextricavelmente ligado ao modo como seus próprios antepassados – Abel e Noé, Abraão, Isaque e Jacó – adoravam o seu Libertador – com sacrifício de sangue. O sistema sacrifical foi instituído sob a verdade estabelecida de que habitar na santa presença de Deus exige a perfeição.

O pecado é imundo, portanto, os pecadores são imundos. Deus não permite que diminuamos seu santo nome assumindo que nossas mãos sejam suficientemente limpas para a pureza de nos colocar diante dele. Consequentemente, no Antigo Testamento, ele mata muita gente. Às vezes as coisas ficam um tanto loucas. Os filhos de Arão tentam se aproximar de Deus e ele os mata. A Arca da Aliança começa a cair de lado e um homem a agarra e Deus o mata. Isso acontecia porque nenhum pecador podia se aproximar de Deus. Não dá certo. A santidade de Deus o incinera (observe sua severidade).

Em essência, Deus está dizendo: "Ninguém se aproxima de mim sem sangue. Alguém tem de pagar por todo o menosprezo que o ser humano fez de meu nome". Lembre-se de que sem derramamento de sangue, não há remissão dos pecados (Hb 9.22). Por esta razão existe o sistema de sacrifícios.

Leia o livro de Levítico. Levítico basicamente delineia todas as formas que Deus pronuncia a equação da expiação: "Se você comete este pecado, é isto que custará". Talvez dois pombos, ou quem sabe um cordeiro, um cabrito, pode ser um touro, dependendo do seu pecado.

Na tenda da congregação ou no templo em Jerusalém, o sangue corria direto. O sangue corria constantemente de artérias cortadas e fluía do templo. Pode imaginar o mau cheiro de Jerusalém? Imagine centenas de milhares de pessoas constantemente levando um cabrito, uma ovelha, um frango ou uma pomba ao lugar de sacrifício, onde o pescoço do animal era cortado e seu sangue jorrava? Corria do templo um rio de sangue.

Deus ainda disse: "Vamos fazer o seguinte. Uma vez por ano, teremos o Dia de Expiação. Além de todos esses sacrifícios, nesse dia, o sumo sacerdote, levita da casa de Aarão, virá diante de mim trazendo um touro e um carneiro, derramando o sangue deles por ele e por sua família". O sumo sacerdote então entra, mata o boi e o sangra, mata o carneiro e o sangra, põe fogo em tudo, e sai. Toma um banho, veste novas roupas de linho, novo turbante, nova túnica e traz então dois cordeiros e dois cabritos. Traz esses animais e entra no Santo Lugar. Depois que queimou incenso, confessa o pecado sobre um cabrito e toma o cutelo e o sangra. Ora sobre o outro cabrito falando sobre todos os pecados de Israel, e coloca uma trela sobre esse bode conduzindo-o para o deserto. Um cabrito *absorve* a ira de Deus e é morto. O outro, o bode expiatório, é levado ao deserto onde leva para longe os pecados de Israel.

Em suma, é este o sistema de culto que os que adoravam a Deus viveram durante milhares de anos. Era brutal, e isso porque Deus é santo, e nós não somos. O Salmo 24.3-4 lembra-nos:

> Quem subirá ao monte do Senhor?
> Quem há de permanecer no seu santo lugar?
> O que é limpo de mãos e puro de coração,
> que não entrega a sua alma à falsidade,
> nem jura dolosamente.

Poderíamos ler a resposta a essa pergunta como: "Ninguém". Porém, *existe* alguém.

Jesus toma o cálice da ira de Deus e diz: "está cumprida a antiga aliança. Bebam isto, o cálice da nova aliança".

Jesus se torna o Cordeiro de Deus. O cutelo da ira de Deus penetra o Filho e o sangra, e ele absorve a ira de Deus contra a humanidade. A iniquidade do homem é colocada sobre a cabeça de Jesus, de modo que, em sua morte física, a iniquidade da humanidade é levada para longe.

Foi o que João Batista queria dizer quando afirmou: "Eis o Cordeiro de Deus que tira o pecado do mundo".

Jesus fez a ponte sobre o abismo que havia entre o homem e Deus, e fez isso com sua própria carne e seu sangue. O que faremos com isso?

CAPÍTULO 4
O EVANGELHO NO CHÃO
RESPOSTA

Jesus colocou em termos simples: "Quem não é por mim é contra mim; e quem comigo não ajunta espalha" (Mt 12.30). O evangelho é tanto poder que exige reação. Jesus Cristo operou uma maravilha tão exorbitante que exige resposta, quer de ódio, quer de paixão. Qualquer pessoa que esteja ambivalente quanto ao que Cristo fez realmente não conhece os fatos com clareza. A apresentação do evangelho, portanto, é colocar a pessoa numa posição indefensável. O coração do ouvinte *tem de* ser movido, ou em direção a Cristo, ou para longe dele. O pastor Chan Kilgore coloca da seguinte forma: "A verdadeira pregação do evangelho sempre muda o coração. Ou ela o desperta, ou ela a endurece".[19]

Vemos claramente esse alternado afeto e aversão nos quatro evangelhos, onde Jesus e seus discípulos perseveram em seu ministério itinerante, declarando o perdão dos pecados e a vinda do Reino de Deus. Algumas pessoas são atraídas; outras são repelidas. Mas ninguém ouve

---

19 Chan Kilgore, "Mission," sermão, In: *Resurgence Conference*, (Orlando, Flórida, 2 de fevereiro, 2011), http://theresurgence.com/2011/03/31/chan-kilgore-mission.

a Jesus e apenas diz "ã- hã!". Em alguns casos, como quando foram alimentados os cinco mil em João 8, as pessoas são atraídas pelos milagres para depois ser repelidas quando ele conecta as obras milagrosas às suas palavras milagrosas das Boas Novas.

Sabedores disso, não precisamos das trinta e seis estrofes de "Tal qual estou", o insistente hino de chamada ao altar – cabeças curvadas, olhos fechados, mãos trêmulas a se levantar em resposta ao convite de aceitar a Jesus. Não, o convite está envolto na própria mensagem do evangelho. O evangelho explícito, em virtude de sua própria gravidade, convida a crer exigindo isso.

Cada um de nós, desde o nascimento, se encontra à beira do precipício, entre a vida e a morte. Por que estamos manchados pelo pecado desde a concepção, estamos correndo de frente para o fogo do inferno mesmo antes de poder andar.

Jesus estende seu corpo atravessando esse caminho: não há como ignorá-lo. Se quisermos ir de cabeça para o inferno, temos de pisar por cima de Jesus para chegar lá.

Muitos cristãos desejam dizer sim ao evangelho, mas um dos nossos maiores problemas é que nos enganamos confundindo o evangelho com a lei.

FÉ VERSUS OBRAS

Uma das coisas engraçadas sobre o Antigo Testamento é que 85% de sua mensagem é Deus declarando: "Terei de matar todos vocês se não pararem com isso". É sério. Oitenta e cinco por cento do Antigo Testamento diz "Estou destruindo vocês" ou "Eu vou destruí-los". Devido a isso, tem muita tentativa de aplacar a ira de Deus. Muitos israelitas assustados precisavam de grande número de animais sacrificados. Não tenho ideia de como eles se abasteciam de tantos animais, mas em toda sua correria, de matança em matança, Deus não somente se desagradava de sua falta de arrependimento, como também da forma como eles abordavam o sistema de sacrifícios como uma espécie de tentativa de influência. Veja do que estou falando:

> Ouvi a palavra do Senhor,
> vós, príncipes de Sodoma;
> prestai ouvidos à lei do nosso Deus,
> vós, povo de Gomorra.
> De que me serve a mim a multidão de vossos sacrifícios?
> – diz o Senhor.
> Estou farto dos holocaustos de carneiros
> e da gordura de animais cevados
> e não me agrado do sangue de novilhos,
> nem de cordeiros, nem de bodes.
> Quando vindes para comparecer perante mim,
> quem vos requereu o só pisardes os meus átrios? (Is 1.10-12)

Esta seleção de Isaías ressalta o problema com o sistema de sacrifícios, tanto daquele tempo quanto dos dias de hoje. Deus não precisa de sacrifícios. Ele diz: "Não preciso de seus novilhos, não quero os seus bodes. Vocês não entendem o ponto chave. Estou tentando comunicar-lhes o quanto é horrível, repulsivo e custoso o seu pecado diante de mim. Em vez de vocês sentirem o peso disso e se arrependerem, continuam fazendo o que fazem, continuam trazendo cabritos e touros como se isso fosse o que eu realmente quero de vocês". É como o cara que bate na mulher e depois traz flores para ela. Ela não quer suas tolas flores. Quer que ele se arrependa e a respeite.

A mesma coisa ocorre nos dias atuais. A obra de Cristo exige uma resposta de fé; nós, porém, queremos trazer donativos. É surpreendente quantos evangélicos não estão vivendo o cristianismo – eles fazem o sacerdócio levítico. Tentam oferecer um bom comportamento a Deus para que ele goste deles.

Continuamos a viver com corações não arrependidos, sem fé, fazendo *pit stops* religiosos nos *boxes* ao longo da estrada, até com frequência, colocando coisas sobre o altar, e no fim, o altar está fechado. Quando alguém ousa inserir o evangelho não adulterado nessa confusão religiosa, ficamos perturbados. Ficamos confusos. Estou certo de que os israelitas ficaram confusos com profecias como a do primeiro capítulo de Isaías. Deus ordena que entrem nos átrios do templo e façam esses sacrifícios, para então perguntar: "Quem exigiu de vocês que pisoteiem meus átrios?"

Eles estão pensando: "Aãã... foi o Senhor que mandou".

A sua obediência sem coração – e *nossa* obediência sem coração – demonstra a falência da moeda corrente sacrifical.

Eu tenho uma personalidade tipo A, que procura consertar as coisas. Gosto de resolver problemas. Dê-me um quadro branco e uns marcadores e lancem-me o problema que eu vou logo pensando: "Vamos em frente. Vou dar um jeito nisso!" Mas, cedo em meu casamento, aprendi que minha mulher não aprecia muito isso. Ela estava contando sobre o dia que passou algum problema ou frustração, e dizia algo como "Aconteceu isso, e então aconteceu aquilo, e mais isso aconteceu" e minha reação típica era dizer: "Deixe-me mostrar qual é o seu problema".

Maridos, vocês sabem que isso não vai bem. Eu sou lerdo para aprender, mas depois de tantos anos de casado, quando ela me conta alguma coisa agora sempre digo: "Você está me contando isso para que eu escute e tenha empatia ou está pedindo ajuda?" Sou assaz confiante em muitos aspectos da vida, mas quando estou ouvindo minha esposa, de repente eu me pergunto: "Isso é uma armadilha?" Agora reconheço uma coisa. Reconheço que, depois de anos de convivência, perguntando se ela quer que eu tenha empatia ou deseja que eu a ajude, acho que ela nunca disse: "Quero que você me ajude a resolver essa".

A lição que tanto custou no casamento, algo pelo qual hoje sou grato por saber, é que existem algumas coisas no coração de minha esposa, algumas lutas que ela enfrenta na vida, que eu não posso consertar. Não importa o quanto sou romântico, quanto sou amável, quantas flores eu mando ou quantas poesias eu escrevo, ou se limpo a cozinha ou levo as crianças para que ela tenha tempo com as amigas – não tenho o poder de *endireitar* a Lauren. (E ela não tem o poder de me endireitar.) Fazer todas essas coisas para ministrar a ela é boa coisa, mas em minha menina existem coisas que eu não posso consertar, coisas entre ela e o Senhor. Assim como existem em mim coisas que ela não consegue vencer por mais que me ame.

O único jeito de eu aprender isso foi tentar, tentar, e tentar consertá-la, e deixar que ela tentasse me consertar, e então assistir o conflito que aumenta em escala cada vez maior quando buscamos fazer isso.

E se o sistema de sacrifícios foi dado para que aprendêssemos que, por mais que déssemos e trabalhássemos e sacrificássemos, ainda não poderíamos consertar aquilo que está quebrado?

> Querendo com isso dar a entender o Espírito Santo que ainda o caminho do Santo Lugar não se manifestou, enquanto o primeiro tabernáculo continua erguido. É isto uma parábola para a época presente; e, segundo esta, se oferecem tanto dons como sacrifícios, embora estes, no tocante à consciência, sejam ineficazes para aperfeiçoar aquele que presta culto, os quais não passam de ordenanças da carne, baseadas somente em comidas, e bebidas, e diversas abluções, impostos até o tempo oportuno de reforma (Hb 9.8-10).

O autor de Hebreus está dizendo que podemos sacrificar o quanto quisermos, obedecer todos os regulamentos que conseguimos assumir, mas no final, se nosso coração não for transformado, não melhoramos em nada. Responda o seguinte: o alcoólatra está livre se ele não beber na segunda-feira embora tudo nele queira e precise e ele esteja agoniado por querer fazer algo que não pode? Isso seria liberdade? É claro que não.

É isso que Jesus enfatiza ao dizer:

> Ouvistes que foi dito aos antigos: Não matarás; e: Quem matar estará sujeito a julgamento. Eu, porém, vos digo que todo aquele que *sem motivo* se irar contra seu irmão estará sujeito a julgamento; e quem proferir um insulto a seu irmão estará sujeito a julgamento do tribunal; e quem lhe chamar: Tolo, estará sujeito ao inferno de fogo (Mt 5.21-22).

Também: "Ouvistes que foi dito: Não adulterarás. Eu, porém, vos digo: qualquer que olhar para uma mulher com intenção impura, no coração, já adulterou com ela" (v. 27-28).

Pode ser que você consiga controlar o não dormir com alguém com quem não é casado, e pode ser que consiga evitar tirar a vida de alguém, mas se você for escravo da lascívia e da ira, não conseguirá ser mais livre do que quem não consegue controlar o desejo de matar.

No final, os atos de sacrifício nada adiantam. Não limpam a consciência nem colocam o coração nas coisas de Deus. O sistema de rotina de sacrifícios, portanto, não foi projetado para limpar o coração dos israelitas e nem tinha o poder de fazer isso, assim como as boas obras não são capazes de purificar nosso coração. Mesmo as tentativas mais rigorosas revelam a dureza dos corações e a qualidade do seu interior de estar irremediavelmente quebrado. Todo esse empreendimento é um exercício bendito de frustração que aponta além de si mesmo. Hebreus 10.1 nos diz que a lei é apenas sombra do bem que está para vir.

Semelhantemente, a sombra das boas obras deve proceder da luz das boas novas. Nossos sacrifícios sanguinários e intermináveis devem nos levar a olhar além deles para o único sacrifício que rege sobre todos. O evangelho do sacrifício de Cristo sobre a cruz não é um convite ao moralismo, e sim, convite para a real transformação. Nossas obras não funcionam: "Concluímos, pois, que o homem é justificado pela fé, independentemente das obras da lei", escreve Paulo em Romanos 3.28. A única resposta aceitável ao evangelho nada mais é que um coração cheio de fé.

BARRO E GELO, CORTES E CICATRIZES

Os puritanos tinham um ditado: "o mesmo sol que endurece o barro derrete o gelo".

Eu fui convertido à fé em Jesus Cristo como Salvador e Senhor durante um processo que levou algum tempo, e sendo assim, não tenho um testemunho que diga: "Eu me converti em uma campanha evangelística de Billy Graham; ouvi o evangelho e entrei de cabeça". Embora a minha justificação tivesse sido assegurada em um momento, o processo de compreender e aceitar a Jesus ocorreu ao longo de um ano quando algumas pessoas foram pacientes comigo, me amaram e andaram junto a mim. Me convidaram para reuniões na igreja e eventos espirituais, e até deixaram que eu zombasse deles. Apenas explicaram, com paciência, mais detalhadamente. Fiz muitas perguntas que hoje sei não serão respondidas deste lado do céu, mas assim mesmo deixavam que eu perguntasse, e procuravam responder. Por vezes eles me davam livros para ler. Durante todo aquele ano, Deus estava ajuntando lenha para atear o fogo em minha vida.

Começamos o fogo com pequenos pedaços de capim seco e madeira, e uma vez aceso, acrescentamos pedaços de pau maiores, e mais lenha. Naqueles primeiros dias de conversa com meus amigos Jeff, Jeremy e outros, Deus colocava combustível sobre meu coração, e então, três dias antes de eu completar dezoito anos, o acendeu. Engraçado é que naquele momento eu não precisava mais que eles respondessem minhas dúvidas. Levou algum tempo para o fogo pegar, mas uma vez que pegou, eu entrei em cheio.

Contudo, antes disso, eu tive de saber como isso tudo funcionava. Tinha de saber como tudo se encaixava, por que Deus diria determinada coisa. Quando o Espírito Santo abriu meu coração para Deus, meu Pai e Jesus Cristo, meu salvador, e me reconciliou com Deus, não precisava mais que todas aquelas perguntas fossem respondidas. Mesmo depois de minha conversão, a minha contenda residual de que alguma complexidade tinha de ser solucionada para que pudesse ser crida derreteu à luz da graça e misericórdia de Deus em minha vida. Em Maio daquele ano de decisão, eu era agnóstico. Em Junho eu estava convertido e comecei a compartilhar o evangelho.

Devo explicar o que quero dizer com "compartilhar o evangelho". Naquele tempo, eu sabia que se você não ama a Jesus, vai para o inferno e assim, não deveria tomar cerveja e tentar dormir com as garotas. Essa era a soma total de minha estrutura referencial. Eu não era desenvolvido teologicamente. Mas tinha uma sede insaciável pela Palavra de Deus, e estudava constantemente a Bíblia. Assim mesmo, nada conhecia a respeito de livros profundos, pensamentos profundos, e as realidades mais profundas das Boas Novas. Sabia apenas que eu amava a Jesus, queria que outros viessem a amá-lo e se você não amasse a Jesus como eu, estava fadado ao inferno. Essa era toda a minha estratégia evangelística. Assim, falava com todo mundo: "Isto foi o que aconteceu comigo. Foi o que Deus fez. É o que Jesus fez *para você!*"

Pela misericórdia divina, Deus cobriu minha ingenuidade e honrou minha sinceridade com o poderoso evangelho, apesar de mim, e realmente ganhei algumas pessoas para Cristo. Comecei a ver grande abertura para o evangelho entre meus amigos. Alguns passaram a crer em Cristo logo depois que eu cri, e começaram a segui-lo, amá-lo e servi-lo, e o fazem até hoje. Aprendi naqueles primeiros dias que a proclamação da glória de Deus, o poder e a majestade de Deus vinha sobre o pecado do homem na obra expiatória de Jesus Cristo, realmente movendo os corações humanos. E os seres humanos respondem a tal movimentação. Alguns são movidos a crer; outros não.

Lembro-me de alguns amigos que não foram movidos a crer e sim apenas estavam interessados. Diziam: "Me explique isto"; "Ajuda-me a entender aquilo". Contudo, no final esses rapazes estavam endurecidos quanto ao evangelho, e com o passar do tempo e aumentando suas perguntas, eles não se abriam cada vez mais para Cristo, antes se fechavam cada vez mais.

É o que o evangelho faz. Por isso o evangelho de Jesus é perigoso. Quando ouvimos a palavra do evangelho, somos abertos a ela. Somos sujeitos à leitura que a palavra de Deus faz *de nós*. Sentamo-nos sob ela, e no momento em que a escutamos, ela nos governa. Não salva a todos, mas todos quantos a ouvem são colocados em seus devidos lugares. Isso é perigoso, porque a proclamação da Palavra de Deus vai apenas a uma de duas direções na alma humana, uma das quais é o endurecimento do coração para com a graça de Deus.

Isso significa que ninguém pode frequentar a igreja como se fosse um *hobby*: fazer isso não revela uma crença parcial, mas um endurecimento total. O evangélico religioso, moralista, frequentador de igreja, que não tiver a verdadeira intenção de buscar a Deus e segui-lo, não encontra um doce lugar entre a dedicação radical e o pecado devasso – encontra assolação. O moralismo que se apresenta como fé cristã hoje em dia é um passatempo destruidor se a pessoa não tiver a intenção de entregar sua vida inteiramente a Deus e seguir após ele em Cristo.

Realmente é surpreendente, mas uma única mensagem pode alcançar tanto os que estão perto quanto os que estão longe (Ef 2.17), trazendo uma pessoa para junto enquanto empurra outra para mais distante. O mesmo sol que endurece o barro derrete o gelo.

Jesus apresenta um novo entendimento deste fenômeno em sua parábola do semeador, em Mateus 13.1-8. O semeador não semeia sementes diferentes em tudo que espalha; aparentemente nem ajusta o modo de espalhar. Tem somente um tipo de semente, e evidentemente a distribui indiscriminadamente. Sabe que todo solo necessita dessa semente para produzir o que só esta semente produz. As diferentes respostas a ela são contingentes à receptividade do solo. A semente encontra seu lugar no solo macio, não em terreno duro.

Penso em como a Palavra de Deus, que é "mais cortante que uma espada de dois gumes" (Hb 4.12), penetra a alma de cada homem ou mulher. Não há dúvida de que a palavra é afiada. Mas em algumas almas, ela corta ao fundo, abrindo como um solo recém-arado. Em outras, ela fere, deixando cicatrizes. Não é que a espada não seja suficientemente afiada, nem que Deus não possa cortar até o fundo qualquer alma que desejar. Nossa maciez ou dureza é sujeita ao bel prazer de Deus (Rm 9.18). No entanto, o efeito é tal que a palavra afiada do evangelho corta e abre alguns, enquanto faz cicatrizes em outros, tornando-os mais calejados contra suas promessas de vida. Não existe meio-termo.

RESPOSTA E RESPONSABILIDADE

Muitos crentes amam Isaías 6, e isso porque param de ler antes de terminar a história. Deixe que eu mostre o que estou dizendo:

> No ano da morte do rei Uzias, eu vi o Senhor assentado sobre um alto e sublime trono, e as abas de suas vestes enchiam o templo. Serafins estavam por cima dele; cada um tinha seis asas: com duas cobria o rosto, com duas cobria os seus pés e com duas voava. E clamavam uns para os outros, dizendo: Santo, santo, santo é o SENHOR dos Exércitos; toda a terra está cheia da sua glória. As bases do limiar se moveram à voz do que clamava, e a casa se encheu de fumaça. Então, disse eu: ai de mim! Estou perdido! Porque sou homem de lábios impuros, habito no meio de

um povo de impuros lábios, e os meus olhos viram o Rei, o SENHOR dos Exércitos! Então, um dos serafins voou para mim, trazendo na mão uma brasa viva, que tirara do altar com uma tenaz; com a brasa tocou a minha boca e disse: Eis que ela tocou os teus lábios; a tua iniquidade foi tirada, e perdoado, o teu pecado (Is 6.1-7).

Os evangélicos amam este texto. Ele irradia a exaltação de Deus. Transmite uma *grandeza* que empolga. Então, temos o versículo 8, definitivamente um verso para por em canecas de café: "Depois disto, ouvi a voz do Senhor, que dizia: A quem enviarei, e quem há de ir por nós? Disse eu: eis-me aqui, envia-me a mim". Amamos Isaías 6.8 de modo absoluto. O romantizamos. Ouvimos um sermão de missões e o pregador nos moveu a dar um viva com: "Vamos fazer alguma coisa para o Senhor!" e sentimos um repuxão gravitacional para Isaías 6.8: "Eis-me aqui. Envia-me a mim"! Parece corajoso, coisa de macho. Ouvimos o grito gutural do filme *Coração Valente*: "Vamos fazer isso. Vamos tomar isso. Vamos atacar!"

Somos tão zelosos de Isaías 6.8 quanto somos ignorantes quanto a Isaías 6.9, onde nos aguarda um empecilho no caminho: "Então, disse ele: Vai e dize a este povo: Ouvi, ouvi e não entendais; vede, vede, mas não percebais". Você vê o que está acontecendo? Deus está dizendo "Este é seu ministério, Isaías. Vá dizer a eles, 'Continuem ouvindo, mas não escutem!'"

Por experiência sabemos exatamente o que significa isso. Todos nós, em algum ponto, temos dito as palavras certas a pessoas que simplesmente não as escutam. A expressão "É como falar com uma parede de tijolos" é comum por uma razão. Uma de minhas frustrações por viver no chamado *cinturão bíblico* (região sudeste dos Estados Unidos onde a grande maioria professa ser evangélico e crer na Bíblia), é que o evangelho e suas verdades auxiliares foram de tal forma divorciadas da vida prática que grande parte da bela teologia tornou-se apenas chavões. Existe uma sentimentalização da fé que ocorre quando se "limpa" ou peneira o evangelho, extraindo Cristo crucificado, tirando a substância da religião cristã. O resultado é um Jesus maleável, domesticado. Como diz Michael Spencer, o resultado é "uma espiritualidade que tem Jesus na capa, mas não no conteúdo do livro".[20] Quando diluímos ou descartamos o evangelho, acabamos oferecendo um evangelicalismo que destaca apresentações distintas de Jesus, mas nega-lhe o poder (2Tm 3.5).

Encontro muitas pessoas nadando até o pescoço na cultura cristã, mas que foram vacinadas contra Jesus Cristo. Obtiveram o suficiente dele para não querer tudo dele. Quando isso acontece, temos um povo que se conforma com um modelo de comportamento religioso sem ser transformado pelo Espírito Santo de Deus. Isso explica porque vemos tanta gente que conhece verdades espirituais objetivas, no entanto não as aplica de modo a demonstrar transformação de vida. Estão ouvindo, mas *não* estão escutando.

Vemos isso de modo bem vivo em *The Village* em resposta ao que a equipe pastoral chama, brincando, de meu "discurso presidencial", em que digo à congregação: "Parem de vir aqui. Se não for sério, se você não estiver ligado, se não quiser viver a vida aqui, se prefere servir-se de um bufê eclesiástico, vá comer em outro lugar". Então, pessoas na multidão que estão fazendo justamente algumas dessas coisas, dizem: "É isso aí! Vá em frente. Está na hora de alguém dizer isso aí" e eu estou pensando: "Mas estou falado a *seu* respeito! É para você que estou falando!" Dá vontade de arrancar o cabelo. Eles ouvem as palavras de minha boca, mas não estão escutando.

Deus ordena a Isaías: "Diga-lhes que continuem vendo, mas não percebendo".

---

20 Michael Spencer, *Mere Churchianity: Finding Your Way Back to Jesus-Shaped Spirituality* (Colorado Springs, CO: Waterbrook, 2010), 51.

Você já viu uma pessoa que sabe que a vida está um desastre, mas não consegue unir as coisas, e não enxerga que ela é parte do problema? Se conhece alguém com síndrome de vítima, alguém que constantemente está deixando a carnagem no seu velório, alguém que tem um novo grupo de amigos a cada doze a quinze meses, que tem uma história após outra de como fulano de tal a prejudicou, mas não é capaz de ver ou compreender que ela é o denominador comum de todos esses problemas, encontrou alguém que vê, mas não consegue enxergar. Tais pessoas sabem que a vida está uma confusão total, mas não conseguem ver que elas são o problema maior. Quanto a questões espirituais, parece que isso se aplica a toda a humanidade.

Em Isaías 6.10, Deus continua:

> Torna insensível o coração deste povo,
> endurece-lhe os ouvidos
> e fecha-lhe os olhos,
> para que não venha ele a ver com os olhos,
> a ouvir com os ouvidos
> e a entender com o coração,
> e se converta, e seja salvo.

Ora, ninguém deseja tal ministério. Imagine um anúncio classificado assim: "Precisa-se. Pastor. Tem de endurecer os corações. Os que buscam um ministério frutífero não precisam se candidatar".

Por mais ambiciosos que sejam os jovens pregadores, eu jamais conheci um que dissesse: "Quero ser fiel à Palavra de Deus ainda que ninguém responda nem se converta". E Isaías faz o que qualquer um de nós faria, e pergunta:

> Então, disse eu: até quando, Senhor?
> Ele respondeu:

> Até que sejam desoladas as cidades
> e fiquem sem habitantes,
> as casas fiquem sem moradores
> e a terra seja de todo assolada,
> e o Senhor afaste dela os homens,
> e no meio da terra seja grande o desamparo.
> Mas, se ainda ficar a décima parte dela,
> tornará a ser destruída.
> Como terebinto e como carvalho,
> dos quais, depois de derribados,
> ainda fica o toco,
> assim a santa semente é o seu toco (vv 11-13).

Deus responde a Isaías simplesmente isto: "Ajuntarei um remanescente. Vou juntar os verdadeiros crentes. Vou trabalhar nisso até que restem apenas aqueles que realmente me amam, confiam em mim, e buscam minha face". Isaias não é chamado para ser frutífero, mas para ser fiel. Na verdade, é-lhe dito que não terá muitos frutos. A prioridade de Deus não é o sucesso, mas a integridade. Ele é enviado a proclamar a palavra a um povo que, afinal, vê, mas não percebe, escuta, mas não pode ouvir.

Permitamos que as implicações disso no ministério cristão se acomodem em nossa mente. Vamos nos imbuir do texto. Vamos lutar com ele. Que nós todos, cristãos, o façamos, mas que, em especial, a liderança da igreja entenda exatamente o que aconteceu no templo naquele dias.

A comissão de Isaías por Deus é um torpedo do modo como o ministério na igreja atual é avaliado. Deus está dizendo: "Isaías, você vai proclamar fielmente, mas eles vão continuamente rejeitá-lo. E *nisto* eu estou operando". Ora, se Isaías fosse pastor no evangelicalismo atual, seria considerado um fracasso total. Jeremias seria fracasso total. Moisés não conseguiu entrar na terra prometida. João Batista não conseguiu ver o ministério de Jesus. Poderíamos continuar seguidamente. Não veríamos o ministério desses homens como sendo bem-sucedido.

Um dos assuntos sobre o qual não pregamos bem é que o ministério aparentemente sem frutos acontece constantemente nas Escrituras. Não damos conferências sobre esse assunto. Não temos muitos livros a respeito do fato de que podemos lutar a vida inteira, ser incrivelmente fiéis a Deus, e ainda assim ver poucos frutos deste lado do céu. Contudo, Deus vê as coisas de outro modo. Sempre temos de ser um pouco desconfiados da ideia de crescimento numérico e respostas entusiasmadas como sendo sempre sinais de sucesso. A Bíblia não sustenta isso. A fidelidade é sucesso; obediência é sucesso.

O que aprendemos a respeito do chamado de Deus a Isaías oferece um estranho senso de libertação. A resposta do ouvinte não é nossa responsabilidade; nossa responsabilidade é sermos fiéis ao chamado de Deus e à mensagem do evangelho. Não, a resposta do ouvinte é responsabilidade dele. Um dos erros que cometemos ao enfocar a responsabilidade individual no evangelho sobre o chão é perder de vista a obra soberana de Deus por trás de nossas palavras e ações e das respostas de nossos ouvintes. A receptividade ou a rejeição, em último caso, dependem da vontade de Deus e não na nossa vontade.[21] Paulo lembra: "Pois ele diz a Moisés: Terei misericórdia de quem me aprouver ter misericórdia e compadecer-me-ei de quem me aprouver ter compaixão. Assim, pois, não depende de quem quer ou de quem corre, mas de usar Deus a sua misericórdia" (Rm 9.15-16). A partir do chão, podemos dizer o que escolhemos ouvir e o que escolhemos dizer. Do ar, nosso dizer é claramente dinamizado – "ninguém pode dizer: Senhor Jesus, senão pelo Espírito Santo" (1Co 12.3) – e nosso ouvido é claramente contingente a Deus – "iluminados os olhos do vosso coração" (Ef 1.18).

---

21 Discutiremos este perigo mais detalhadamente no capítulo 9, "Perigos de um evangelho no chão por tempo demais".

Podemos encontrar um monte de versículos sobre Deus movendo e ajuntando grandes grupos de pessoas de modo que, se houver crescimento numérico e grande entusiasmo, não podemos dizer que isso não seja obra de Deus ou que Deus não esteja movendo os corações. Só estou dizendo que garanto que algum velho janota, em alguma cidade que a maioria de nós nunca ouviu falar, anda pregando fielmente a nove pessoas por semana, e quando chegarmos na glória, ficaremos estarrecidos com sua magnífica casa. Ficaremos pasmos pela recompensa que Deus tem para ele. No fim, temos essa ideia que está sendo demonstrada em Isaías, de que Deus endurece os corações, que as pessoas ouvem o evangelho pregado *com sucesso* e acabam não amando a Deus, com corações endurecidos para com as coisas de Deus.

Sei que alguns pensam: "Isso aí é conversa do Antigo Testamento, e Deus estava bastante zangado naquele tempo. Mas Jesus é muito mais amável do que Deus" (Devemos descartar o fato de que Jesus *é* Deus?). Contudo, a soberania de Deus sobre a resposta dos corações endurecidos dos ouvintes é bem exposta também no Novo Testamento. Voltemos à parábola do semeador. Em Mateus 13 Jesus fala a respeito de quem lança a semente. Algumas sementes caem à beira do caminho; outras caem entre os espinhos, outras em terreno superficial e outras em boa terra. Depois que Jesus contou a parábola, seus discípulos se aproximam dele, confusos, porque ninguém a entendeu. Perguntaram: "Por que você faz isso? Por que nos conta essas histórias? Ninguém entende do que você está falando". Eis a resposta de Jesus: "Porque a vós outros é dado conhecer os mistérios do reino dos céus, mas àqueles não lhes é isso concedido" (Mt 13.11).

Se apenas parássemos aí e examinássemos esse versículo, obteríamos verdadeira alegria por um bom tempo. Agora mesmo, existem milhões e milhões de pessoas que não têm a mínima ideia do que seja o reino dos céus. Mas este não é o seu caso. Você conhece o segredo. Eles não têm ideia do que seja o reino, a graça de Deus, a misericórdia de Deus. Não você. Você sabe. Você tem o privilégio de adorá-lo, de andar com ele, de ouvir sua voz. Jesus diz a seus discípulos: Esse reino não foi dado a eles, mas sim, a vocês. E continua:

> Pois ao que tem se lhe dará, e terá em abundância; mas, ao que não tem, até o que tem lhe será tirado. Por isso, lhes falo por parábolas; porque, vendo, não vêem; e, ouvindo, não ouvem, nem entendem. De sorte que neles se cumpre a profecia de Isaías:
> Ouvireis com os ouvidos
> e de nenhum modo entendereis;
> vereis com os olhos
> e de nenhum modo percebereis.
> Porque o coração deste povo está endurecido,
> de mau grado ouviram com os ouvidos
> e fecharam os olhos;
> para não suceder que vejam com os olhos,
> ouçam com os ouvidos,
> entendam com o coração,
> se convertam e sejam por mim curados.
> Bem-aventurados, porém, os vossos olhos, porque vêem; e os vossos ouvidos, porque ouvem. Pois em verdade vos digo que muitos profetas e justos desejaram ver o que vedes e não viram; e ouvir o que ouvis e não ouviram" (Mt 13.12-17)

Em ambos os lados do pacto, portanto – antiga e nova aliança – vemos que Deus está no controle. A sua soberania não é diminuída nem frustrada. O que ouve o evangelho é responsável por sua resposta, mas Deus é responsável pela sua capacidade de dar a resposta. O pregador do evangelho é responsável por sua pregação, mas vem de Deus a responsabilidade do poder transformador.

A mensagem do evangelho é enviada, e, conquanto alguns ouvintes respondam com fé em Cristo, outros simplesmente não conseguem ouvir.

O EVANGELHO NÃO AJUSTADO É O EVANGELHO DE PODER

É pela graça que alguns *conseguem* ouvir. No final do capítulo 3 perguntamos: "O que faremos com a obra substitutiva de Cristo?" A resposta é: "Aquilo que o Espírito Santo nos permite fazer". Bem-aventurados os olhos que veem e os ouvidos que ouvem porque o Espírito Santo de Deus permitiu que fossem abertos. O poder do evangelho não está na dinâmica apresentação do pregador, nem na simpatia da testemunha, embora o Espírito dê poder e utilize isso também. O poder do evangelho está na aplicação que o Espírito faz da obra salvífica de Jesus Cristo ao coração de um ouvinte. Como disse Charles Spurgeon:

> Não podeis induzi-los a vir; não podeis forçá-los a vir por mais que trovejais, nem podeis seduzi-los a vir por todos os seus convites. Por vontade própria eles *não virão* a Cristo para obter vida eterna. A não ser que o Espírito os atraia, não virão nem poderão vir.[22]

Em Atos 2, encontramos o primeiro sermão da igreja cristã após a ascensão. O apóstolo Pedro se dirige à multidão que testemunhou a resposta de muitos ao derramamento do Espírito:

Varões judeus e todos os habitantes de Jerusalém, tomai conhecimento disto e atentai nas minhas palavras. Estes homens não estão embriagados, como vindes pensando, sendo esta a terceira hora do dia. Mas o que ocorre é o que foi dito por intermédio do profeta Joel:

---

[22] Charles Spurgeon, "The Necessity of the Spirit's Work," in *Sermons Preached and Revised by the Rev. C. H. Spurgeon*, 6th Series (New York: Sheldon, 1860), 188.

> E acontecerá nos últimos dias, diz o Senhor,
> que derramarei do meu Espírito sobre toda a carne;
> vossos filhos e vossas filhas profetizarão,
> vossos jovens terão visões,
> e sonharão vossos velhos;
> até sobre os meus servos e sobre as minhas servas
> derramarei do meu Espírito naqueles dias, e profetizarão.
> Mostrarei prodígios em cima no céu
> e sinais embaixo na terra:
> sangue, fogo e vapor de fumaça.
> O sol se converterá em trevas,
> e a lua, em sangue,
> antes que venha o grande e glorioso Dia do Senhor.
> E acontecerá que todo aquele que invocar
> o nome do Senhor será salvo (At 2.14-21).

Pedro iniciou o primeiro sermão da igreja cristã com a majestade de Deus. Se há profecia, se há expressão, se existe o milagroso poder, se o sol escurece, se há vapor, se sangue e fogo, onde tudo começa? Com Deus.

Deus profetizou. Deus disse que isso iria acontecer, e fez com que se cumprisse. Basicamente, Pedro está dizendo: "Tudo que vocês entendem sobre os profetas, tudo que entendem sobre as obras milagrosas de Deus e sobre como Deus age, está envolvido na Divindade Trina, que salva a todos quantos o invocam". Veja o que ele passa a dizer em seguida:

> Varões israelitas, atendei a estas palavras: Jesus, o Nazareno, varão aprovado por Deus diante de vós com milagres, prodígios e sinais, os quais o próprio Deus realizou por intermédio dele entre vós, como vós mesmos sabeis; sendo este entregue pelo determinado desígnio e presciência de Deus, vós o matastes, crucificando-o por mãos

de iníquos; ao qual, porém, Deus ressuscitou, rompendo os grilhões da morte; porquanto não era possível fosse ele retido por ela. Porque a respeito dele diz Davi:

Diante de mim via sempre o Senhor,
porque está à minha direita,
para que eu não seja abalado.
Por isso, se alegrou o meu coração,
e a minha língua exultou; além disto,
também a minha própria carne
 repousará em esperança,
porque não deixarás a minha alma na morte,
nem permitirás que o teu Santo veja corrupção.
Fizeste-me conhecer os caminhos da vida,
encher-me-ás de alegria na tua presença.

Irmãos, seja-me permitido dizer-vos claramente a respeito do patriarca Davi que ele morreu e foi sepultado, e o seu túmulo permanece entre nós até hoje. Sendo, pois, profeta e sabendo que Deus lhe havia jurado que um dos seus descendentes se assentaria no seu trono, prevendo isto, referiu-se à ressurreição de Cristo, que nem foi deixado na morte, nem o seu corpo experimentou corrupção. A este Jesus Deus ressuscitou, do que todos nós somos testemunhas. Exaltado, pois, à destra de Deus, tendo recebido do Pai a promessa do Espírito Santo, derramou isto que vedes e ouvis. Porque Davi não subiu aos céus, mas ele mesmo declara:

Disse o Senhor ao meu Senhor:
Assenta-te à minha direita,

até que eu ponha os teus inimigos
por estrado dos teus pés.

Esteja absolutamente certa, pois, toda a casa de Israel de que a este Jesus, que vós crucificastes, Deus o fez Senhor e Cristo (At 2.22-36).

Temos, portanto, este sermão incrível que exulta na majestade de Deus, juntando a obra de Deus na encarnação de Jesus Cristo às promessas do Antigo Testamento, especificamente à promessa de Davi de um Rei eterno. Porém, o refrão que ecoa pelo texto é: "vocês o crucificaram, vocês o mataram – foram vocês que fizeram isso!"

Este sermão não procura ser sensível aos que buscam a verdade. Pedro não recua, temendo: "Ah! Isso vai ofendê-los. Como é que poderei dizer de uma forma agradável a esses jerusalemitas que estão aqui?" Sabia que se lhes dissesse que foram eles que mataram Jesus, ficariam *muito* zangados. Mas ele o disse assim mesmo: "Vocês o mataram". E diz novamente: "Quanto à majestade – vocês a mataram".

Nunca, jamais conseguiremos tornar o cristianismo tão agradável que todo mundo o deseje. Seria tola tarefa. Correr atrás do vento. Não podemos repintar a fé. Ela nem precisa de nossa ajuda.

Todo esforço de refazer a fé cristã conduz à impiedade. Todo esforço de ajustar o evangelho para que pareça mais simpático, mais palatável, é loucura. Essa é a única jogada da teologia liberal. "Vamos retirar a obra redentora de Jesus Cristo porque é muito severa. Vamos eliminar o inferno porque isso ofende as pessoas. Vamos salvar o cristianismo, mudando-o". Porém, no contexto urbano de Atos 2, com o ajuntamento de pessoas de todo o mundo antigo em Jerusalém, Pedro afirma: "Vocês mataram Jesus. O majestoso e único Deus verdadeiro, criador do Universo – vocês o crucificaram!"

> Ouvindo eles estas coisas, compungiu-se-lhes o coração e perguntaram a Pedro e aos demais apóstolos: Que faremos, irmãos? Respondeu-lhes Pedro: Arrependei-vos, e cada um de vós seja batizado em nome de Jesus Cristo para remissão dos vossos pecados, e recebereis o dom do Espírito Santo. Pois para vós outros é a promessa, para vossos filhos e para todos os que ainda estão longe, isto é, para quantos o Senhor, nosso Deus, chamar. Com muitas outras palavras deu testemunho e exortava-os, dizendo: Salvai-vos desta geração perversa. Então, os que lhe aceitaram a palavra foram batizados, havendo um acréscimo naquele dia de quase três mil pessoas (vv. 37-41).

Tudo que fizeram foi pregar o evangelho, e os homens tiveram os corações compungidos. Queriam saber o que fazer como resposta. Pedro lhes disse: Arrependam-se e sejam batizados.

O que foi que os salvou? Sua fé. Não houve nenhuma ação que fizesse merecer a salvação. Eles não tinham alimentado nenhum pobre. A não ser pelo que Pedro estava falando no momento, eles não haviam frequentado nenhum curso bíblico e nenhuma igreja a cada semana. No final, não tinham feito nada senão ouvir que "Deus é majestoso e vocês pecaram, mas em Cristo poderão se reconciliar com ele". Seus corações foram tão tocados que responderam com fé salvadora.

Atos 2 nos leva de volta à verdade de que temos simplesmente de falar. É Deus que abre os corações.[23] Deus é quem abre as mentes. Existe tanta liberdade nisso! Vê como isso tira o peso da perfeição de nossa apresentação? Não temos de saber apresentar o evangelho de modo absoluto ou completo, ou ser capaz de defender apologeticamente o criacionismo ou argumentar sobre a falsidade do materialismo ou ou-

---

23 Temos em um exemplo na resposta de Lídia ao evangelho: "O Senhor abriu-lhe o coração para atender o que foi dito por Paulo" (Atos 16.14).

tra coisa qualquer. Não estou dizendo que não devamos estudar essas coisas. Estou dizendo que no fim, é Deus que abre os olhos e ouvidos. Nossa responsabilidade é falar-lhes. É simples assim.

Algumas pessoas não vão gostar de ouvir. Que outra novidade temos? Isso ocorre desde o livro de Gênesis. Sempre foi verdade que algumas pessoas não querem ouvir a mensagem. Porém, alguns ouvirão e serão salvos. Então, evangelismo relacional? Vá em frente, desde que seja evangelismo verdadeiro. Você ficar por aí tomando cerveja com um amigo para ele ver como os cristãos são "legais" não é o que fomos chamados a fazer. Eventualmente você terá de abrir a boca e compartilhar o evangelho. Quando o evangelho puro for compartilhado, as pessoas responderão atendendo.

O poder espiritual do evangelho é negado quando aumentamos ou ajustamos o evangelho, tornando-o nenhum evangelho. Quando duvidamos que a mensagem sozinha seja o poder de Deus para a salvação, começamos a acrescentar ou subtrair, confiando em nossos próprios poderes de persuasão ou apresentação. Acabamos concordando com Deus que a pregação é loucura (1Co 1.21), mas discordando que seja necessária assim mesmo. É uma falha colossal. Somente o evangelho não ajustado é o evangelho de poder. E essa mensagem da obra consumada de Cristo em sua vida, morte e ressurreição, para o perdão dos pecados e segurança da vida eterna, é levada pelo Espírito como uma bomba inteligente para os corações daqueles a quem o Espírito deu olhos para ver e ouvidos para ouvir.

A RESPOSTA AO EVANGELHO NÃO É O EVANGELHO

Uma coisa crucial quanto a ver o evangelho no chão é que isso nos ajuda a fazer distinção entre o conteúdo do evangelho e as suas implicações. Um perigo de ver o evangelho no alto é a confusão das boas novas com os seus vínculos. Ao vermos corretamente o evangelho como englobando a obra de Deus, pela culminação da obra de Cristo, de restaurar todas as coisas, podemos ser tentados a ver nossas boas obras, quer na pregação da Escritura quer servindo uma refeição em um abrigo para pessoas sem-teto, como sendo as Boas Novas.[24] Essa é uma tentação que o aperfeiçoamento no evangelho sobre o chão nos ajudará a identificar e demarcar. Precisamos dividir corretamente entre o evangelho e a resposta, ou comprometeremos a ambos. D. A. Carson escreve:

> O reino de Deus avança pelo poder do Espírito por meio do ministério da Palavra. Isso não anula, nem por um momento, a importância das boas obras e de entendermos as implicações sociais do evangelho, mas são *implicações do evangelho*. É o *evangelho* que é pregado.[25]

Podemos exercer esse delineamento quando continuamos em Atos 2:

> E perseveravam na doutrina dos apóstolos e na comunhão, no partir do pão e nas orações. Em cada alma havia temor; e muitos prodígios e sinais eram feitos por intermédio dos apóstolos. Todos os que creram estavam juntos e tinham tudo em comum. Vendiam as suas propriedades e bens, distribuindo o produto entre todos, à medida que alguém tinha necessidade. Diariamente perseveravam unânimes no templo, partiam pão de casa em casa e tomavam as suas refeições com alegria e singeleza de coração, louvando a Deus e contando com a simpatia de todo o povo. Enquanto isso, acrescentava-lhes o Senhor, dia a dia, os que iam sendo salvos (At 2.42-47).

---

24 Este é um perigo que examinaremos mais a fundo no capítulo 10: "Perigos de um evangelho no alto por tempo demais".
25 D. A. Carson, *Escândalo: A Cruz e a Ressurreição de Jesus* (São José dos Campos, SP: Editora Fiel, 2011), 110.

Todas as coisas que levam as pessoas a dizer erroneamente: "Este é o evangelho", são encontradas neste trecho. O que realmente vemos em Atos 2.42-47 são as lindas partículas liberadas da proclamação que a precedeu. A lista nos fala da *resposta* dos ouvintes ao evangelho. Por que começaram a viver em comunidade? Porque o evangelho os tornou um só povo. Por que começaram a compartilhar seus bens uns com os outros? Porque o evangelho os fez em um povo. Por que agora eles estão em missão? Porque o evangelho os tornou um povo. Por que estão vendo sinais e maravilhas? Porque o evangelho fez deles um povo. Todas essas obras são obras resultantes do evangelho.

Se carregarmos a obra da igreja nas costas da mensagem do evangelho, não estaremos destacando a beleza do evangelho. O evangelho vai muito bem, obrigado – sem a nossa ajuda. Não precisa de nós. Além do mais, fazer isso resulta na exaltação da igreja ao invés de pregar a Cristo. Paulo escreve: "Porque não nos pregamos a nós mesmos, mas a Cristo Jesus como Senhor e a nós mesmos como vossos servos, por amor de Jesus (2Co 4.5).

O que justifica é crer na notícia de que Deus é santo, você é pecador, e Cristo o reconciliou com Deus mediante sua vida, morte e ressurreição. Este é nosso fundamento, nossa raiz. As coisas que lemos em Atos 2.42-47 são frutos. Mostram a construção da casa, mas não são o fundamento.

Se confundirmos a resposta ao evangelho com o evangelho, estaremos nos afastando do que mantém o evangelho no chão, o que o torna claro e pessoal, e no próximo instante, você estará fazendo um monte de outras coisas que, na verdade, obscurecem, e não revelam o evangelho. No fim do dia, nossa esperança não é que todos os pobres da terra sejam alimentados – isso simplesmente não vai acontecer. Não estou dizendo que não devamos alimentar e salvar os pobres. Estou dizendo que a salvação não é barriga cheia nem educação universitária ou outra coisa qualquer. Dar conforto às pessoas sobre a terra ante uma eternidade no inferno é um tremendo desperdício.

A RESPOSTA DA FÉ

Todos saem do ventre materno em rebeldia. Davi disse: "Eu nasci na iniquidade, e em pecado me concebeu minha mãe". Davi nem saiu do canal de nascimento antes de pensar: "pecador!" Como somos nós sem Cristo? Qual nossa posição inadimplente desde a concepção? Efésios 2.1-3 diz que somos: (1) mortos; (2) seguidores do mundo; (3) adoradores do diabo; (4) dirigidos pelos apetites; e (5) filhos da ira.

Não creio ser possível algo pior que isso aí. Porém, as boas novas são que, com a proclamação do evangelho de Jesus Cristo, Deus nos ressuscita, socorre, resgata, e reconcilia. Deus salva os pecadores. Ele salva a todos? Não, mas ele salva.

As pessoas responderão ao evangelho a cada vez que ele for apresentado. Vão responder crendo, ou seu coração vai ficar cada vez mais endurecido em relação a Deus. Mas nenhum coração é duro demais para Deus. Alguns corações vão endurecendo cada vez mais a cada dia até que um dia, em sua misericórdia, Deus os faz estourar como dinamite. Vimos toneladas de pessoas em *The Village* que ficaram sentadas aqui durante anos, ouvindo sem ouvir, vendo sem perceber, e então, de repente, em algum culto de adoração ou estudo bíblico, o Senhor simplesmente os sequestrou, como Paulo foi conquistado (Fp 3.12). Naquele momento de novo nascimento, todos esses passos em direção ao endurecimento evaporaram pelo fogo do céu.

O evangelho é notícia, não conselhos ou instruções. No entanto, exige resposta. Se olharmos hoje para nossa vida, temos de nos fazer uma pergunta: "Como é que estou respondendo às boas novas de Jesus Cristo? Estou sendo comovido a obedecer, ou Jesus está se tornando apenas um chavão para mim? Estou sendo vacinado contra Jesus, ou me encontro cada vez mais movido a adorá-lo, a fazer que outros o conheçam, a submeter minha vida integralmente a ele?" Temos de fazer essas perguntas, porque todas as pessoas respondem ao evangelho de alguma forma. Temos de provar a nós mesmos para ver se estamos na fé

(2Co 13.5), porque a fé é onde entra a salvação. A fé é a única resposta salvadora do evangelho.

Toda boa dádiva dada pelo Pai – toda riqueza em Cristo, toda bênção do Espírito – flui do evangelho e é recebido pela fé.

- Recebemos a justiça pela fé (Rm 3.22)
- Somos justificados pela fé (Rm 3.30; Gl 2.16)
- Permanecemos firmes pela fé (Rm 11.20)
- Somos filhos de Deus pela fé (Gl 3.26)
- Somos habitados por Cristo pela fé (Ef 3.17)
- Somos ressuscitados em Cristo pela fé (Cl 2.12)
- Herdamos as promessas pela fé (Hb 6.12)
- Conquistamos reinos, praticamos a justiça, fechamos a boca de leões pela fé (Hb 11.33)
- Somos guardados pela fé (1Pe 1.5)

Vivemos pela fé e morremos pela fé. Tudo mais é lixo, Mesmo as obras de justiça, se não provém da fé, são obras de autojustiça e, portanto, trapos imundos. Seja muito cuidadoso quanto a frequentar a igreja, ler a Bíblia, fazer oração, realizar boas obras, ler livros como este por meio de qualquer coisa que não seja a fé no Senhor vivo. O resultado de tudo aquilo é crença em um Jesus falsificado e vacinar-se contra o evangelho. É possível conhecer todo o jargão e, no entanto, estar apenas fingindo. Tenha muito cuidado. Vigie atentamente a sua vida e sua doutrina (1Tm 4.16). Algumas pessoas pensam ser tão boas que se enganam. Deus nos ajude!

Sobre o chão, o evangelho vem a nós como indivíduos, como coroas da criação de Deus, pessoas criadas à sua imagem, colocando diante de nós a perspectiva de nos unir à vanguarda da sua restauração do cosmos. Isso diz algo muito pessoal a nosso respeito: somos rebeldes. Diz algo muito específico sobre essa rebeldia: Cristo fez expiação. Apresenta uma promessa que requer resposta individual: "Se, com a tua boca, confessares Jesus como Senhor e, em teu coração, creres que Deus o ressuscitou dentre os mortos, serás salvo" (Rm 10.9).

O evangelho no chão, portanto, revela a narrativa integral que podemos delinear da seguinte forma: Deus, o homem, Cristo, a resposta. Porém, esta não é a única narrativa na revelação do Autor.

SEGUNDA PARTE
O EVANGELHO NO ALTO

CAPÍTULO 5
O EVANGELHO NO ALTO
CRIAÇÃO

Minha esposa e eu gostamos de assistir filmes. Sempre os apreciamos. É uma das coisas que tanto ela quanto eu temos prazer em fazer, e tenho sorte porque ela prefere filmes épicos em oposição às comédias românticas. Quando ela sugere um filme, muitas vezes é algo que quero ver. Tenho sorte nessa área de nosso relacionamento.

O que realmente gosto é quando um filme começa com uma cena e passa de repente para o início verdadeiro da história, explicando como chegamos até aquela cena de abertura. Pode ser de um cara abaixado, abraçando sua amada. Ela está sangrando, todo mundo está chorando e ele está atirando contra os sujeitos maus e de repente está perguntando: "Como é que eu cheguei até aqui?" A próxima cena o mostra caminhando na praia com seu cachorro e você fica pensando: "O que foi que aconteceu?", e o filme passa a construir de volta a história, mostrando todos os passos narrativos que vão até aquela cena inicial, e dizemos "Ah, então foi assim que ele chegou até aqui".

Críticos literários e de cinema chamam a técnica usada em cenas de abertura como essas de *in media res,* frase latina que basicamente quer dizer "no meio da ação". Dizemos que histórias que têm em seu começo eventos que ocorrem cronologicamente depois, numa narrativa completa são iniciadas *in media res.*

Em certo sentido, o evangelho no chão está *in media res.* O evangelho imediato de Deus, homem, Cristo e resposta, vistos na primeira parte, certamente é o ímpeto da história, o cerne da ação, por assim dizer. Mas o evangelho no alto permite que façamos um *zoom* fora do nosso ponto de vista pessoal, vendo ainda as narrativas da Escritura, mas desta vez (mantendo as analogias cinematográficas) com uma visão com lente de ângulo mais amplo.

Alguém poderá argumentar que se afastar do evangelho no chão é perder de vista o verdadeiro evangelho. Mas o que vemos na Bíblia é a grande história da redenção que trata, sim, sobre nós, mas é principalmente a respeito de Deus. Se ficarmos apenas no evangelho do chão, cometemos o enorme erro de descartar o contexto. O contexto da mensagem do evangelho não é sobre nosso benefício ou nossa salvação – o contexto do evangelho é a supremacia de Cristo e a glória de Deus. Essa história das boas novas é pessoal, mas também é cósmica. Em seu conselho aos pregadores do evangelho, D. Martin Lloyd Jones coloca nos seguintes termos:

> Neste ponto, é importante destacarmos, uma vez mais, que nosso dever é apresentar o evangelho em sua totalidade. E nisso há um lado pessoal; temos de ocupar-nos com isso e começar por aí. Porém, não paramos nele. Há um lado social e, de fato, um lado cósmico. Temos de apresentar todo o plano de salvação, conforme revelado nas Escrituras. Devemos mostrar que o objetivo final, conforme disse o apóstolo Paulo em Efésios 1.10, consiste em

fazer convergir em Cristo, "todas as coisas, tanto as do céu como as da terra". [...] Estaremos enfatizando que a salvação não é algo meramente subjetivo, um bom sentimento, ou paz, ou qualquer coisa que as pessoas estejam buscando. Tudo isso é importante e faz parte do todo; porém, há algo mais importante ainda, ou seja, o fato de que todo o universo está envolvido. Temos de dar ao povo uma concepção disto, do escopo e do âmbito e da grandiosidade do evangelho, neste aspecto todo-inclusivo.[26]

O evangelho no alto nos dá o conceito de escopo, âmbito e abrangência do evangelho. Se a Bíblia nos oferece conceito mais amplo do que apenas as boas novas pessoais para o pecado pessoal que exige uma resposta pessoal, sejamos fiéis a ele. No fim da história bíblica, a personagem principal, a estrela do evangelho diz: "Eis que faço novas todas as coisas" (Ap 21.5). Se a sua palavra é verdadeira, temos de tomar a sério sua referência a "todas as coisas". Como disse Lloyd Jones: "Todo o Universo está envolvido".

Vamos, portanto, começar o evangelho no alto *in media res*, olhando para Romanos 8.18-24:

> Porque para mim tenho por certo que os sofrimentos do tempo presente não podem ser comparados com a glória a ser revelada em nós. A ardente expectativa da criação aguarda a revelação dos filhos de Deus. Pois a criação está sujeita à vaidade, não voluntariamente, mas por causa daquele que a sujeitou, na esperança de que a própria criação será redimida do cativeiro da corrupção, para a liberdade da glória dos filhos de Deus. Porque sabemos

---

26 D. Martyn Lloyd-Jones, *Pregação e pregadores*. (São José dos Campos, SP: Editora Fiel, 1984, 2008), 68-69.

que toda a criação, a um só tempo, geme e suporta angústias até agora. E não somente ela, mas também nós, que temos as primícias do Espírito, igualmente gememos em nosso íntimo, aguardando a adoção de filhos, a redenção do nosso corpo. Porque, na esperança, fomos salvos. Ora, esperança que se vê não é esperança; pois o que alguém vê, como o espera?

Amo esta passagem, porque tece em nosso conceito da criação temas que reconhecemos, mas nem sempre consideramos. Todo mundo reconhece quando coisas erradas acontecem na natureza. Sabemos o que são tufões, tempestades de neve, tornados, *tsunamis*, erupções vulcânicas, terremotos e coisas semelhantes, que podem ser muito, muito ruins. Em tempos de desastres naturais extremos, podemos torcer as mãos e perguntar de quem foi o pecado que provocou isso – em geral, não o nosso, mas usualmente dos homossexuais ou dos liberais, não é? Geralmente, não conectamos os fenômenos naturais básicos como inundações e a selvageria dos animais à Queda, muito menos à *nossa* queda. Aposto que pouca gente na Califórnia, sempre que seus terremotos comuns e corriqueiros acontecem, pensa: "Isto é devido ao meu pecado". Mas em Romanos, no capítulo 8, Paulo está nos dizendo que a criação anseia muito a alguma coisa, deseja muito a algo. Nos diz que a criação foi sujeita à futilidade, que quer dizer que a criação foi derrubada de onde *estava* para onde está atualmente.

Em Romanos, a criação geme; sofre dores de parto. Ora, eu só conheço as dores de parto de maneira secundária. Estive na sala de parto, mas não experimentei pessoalmente o dar à luz. O que posso dizer é que vi minha esposa passar de gostar de sentir a vida saindo de dentro dela para, a caminho do hospital, pedir-me que dessem uma injeção de anestesia peridural. Dessa experiência, consigo deduzir com razão que se a dor do parto é significativa bastante para que minha esposa passe da ideia romântica de "é, adoro isso" para "não quero sentir que isso esteja acontecendo", tem de ser algo bastante pesado. A minha esposa é também muito amável, mas no nascimento de nosso primogênito, ela pediu que eu sumisse de sua frente. No fim das contas, posso seguramente presumir que existe no parto uma dor significativa porque estive dentro da sala com isso, e foi assustador.

Toda espécie de atributos está sendo lançado no estado da criação, o *status* da terra, o modo do Universo. Nosso mundo anseia e está sofrendo dor em relação ao que deveria ser. Claro que o mundo não é sensível; os cristãos não creem na noção panteísta do Universo, acreditando que o mesmo seja divino ou possua personalidade. Não é o caso de *Pocahontas* e sua avó deusa da árvore. Mas Paulo, ao desenvolver a metáfora em Romanos 8, segue um fio bíblico onde as montanhas cantam e batem palmas (Is 55.12), as pedras clamam (Lucas 19.40) e os céus declaram (Sl 19.1). A ordem natural reage contra a introdução do pecado no mundo. O mundo *ressente*.

O Universo se encontra *in media res*. Existe caos, existem balas, temos violência, desastres naturais, morte e doenças. A câmera foca a criação, e a criação pergunta: "Como é que chegamos a isso?!"

NO PRINCÍPIO

Nossa história volta velozmente para Gênesis 1. Vejamos como eram as coisas. O primeiro versículo proclama: "No princípio Deus criou os céus e a terra". Apertemos o botão de "pausa".

A Bíblia é clara ao dizer que no princípio não havia nada, o "algo" hoje existente foi criado por Deus. Tudo que existe, fora Deus, veio a existir por Deus. Não é um ponto óbvio demais para ilustrar, pois existem muitas pessoas que têm problemas com isso. Dizem que diante da boa ciência, não existe jeito de Deus ter criado todas as coisas no princípio. Os céticos dizem que a ciência pôs fim à pieguice de uma criação literal, de sete dias, de vinte e quatro horas.

Aqui, devo colocar minhas cartas na mesa e admitir que sou um tanto agnóstico no que se refere à ciência. Os cientistas estão sempre mudando de ideia. As suas teorias evoluem mais do que a evolução dos animais, proclamada por eles. Tenho certeza de que você já observou como mudam os estudos sobre quais alimentos e bebidas são bons ou nocivos para você. Um diz que a cafeína prejudica o coração; outro diz que faz bem. Comentando as descobertas e desilusões da ciência que sempre mudam, após discutir o duelo dos estudos científicos quanto aos alternados benefícios e perigos da vitamina E, o químico Joe Schwarcz escreve:

> Ninguém pode ter certeza quanto ao que maiores pesquisas demonstrarão. Contudo, uma coisa é certa. Se eu estiver por aqui daqui a vinte anos para falar sobre essas coisas, não estarei dizendo o mesmo que hoje afirmo. É assim que a ciência funciona.[27]

Isso em si não parece problema para o mundo científico. Eles gostam de novas descobertas. O cientista sempre tem emprego, porque sempre existem novos dados sendo encontrados que ajudam a refinar suas pesquisas e configurar novamente as suas hipóteses. Isso é especialmente verdadeiro quando os dados acumulados trabalham contra as hipóteses que dados anteriores pareciam sustentar.

Kevin Dunbar é cientista que estuda os cientistas. Nos anos de 1990, iniciou um estudo observacional a respeito de quatro diferentes laboratórios químicos na universidade de Stanford. Seus resultados revelaram a frustração inerente à pesquisa científica. A revista *Wired* reporta:

> Dunbar trouxe gravadores às salas de reuniões e se demorava pelos corredores; lia propostas de subvenção de

---

27 Joe Schwarcz, *That's the Way the Cookie Crumbles: 62 All-New Commentaries on the Fascinating Chemistry of Everyday Life* (Toronto: ECW Press, 2002), 21–22.

pesquisas e rascunhos preliminares de documentos sobre projetos; olhava cadernos de anotações, assistia reuniões de laboratórios e fazia videoteipes de inúmeras entrevistas. Passou quatro anos analisando os dados. "Não tenho certeza se apreciei aquilo em que eu estava me metendo", diz Dunbar. "Pedi acesso total, e recebi o que pedi. Mas havia demais para registrar".

Dunbar saiu de seus estudos ao vivo com uma percepção inquietante: a ciência é uma atividade extremamente frustrante. Embora em sua maior parte os pesquisadores estavam utilizando técnicas já estabelecidas, mais de 50% de seus dados foi inesperado. Em alguns laboratórios, a cifra quanto aos dados excedeu 75%. "Os cientistas tinham toda essa gama de teorias sobre o que deveria acontecer, mas os resultados constantemente contradiziam as suas teorias. Não era raro alguém passar um mês em um projeto, para então descartar todos os seus dados porque não fazia sentido". Talvez esperassem ver uma proteína específica, mas ela não aparecia. Ou, quem sabe, sua amostra de DNA mostrava a presença de um gene aberrante. Os detalhes sempre mudavam, mas a história era a mesma: os cientistas estavam procurando por X, e encontraram Y.

Dunbar ficou fascinado por tais estatísticas. Afinal de contas, o processo científico devia ser uma procura ordeira da verdade, cheia de elegantes hipóteses e variáveis de controle. Por exemplo, o filósofo da ciência do século vinte, Thomas Kuhn, definiu a ciência normal como sendo a espécie de pesquisa na qual "tudo dos resultados é conhecido de antemão, com exceção dos detalhes mais exotéricos". Contudo, quando os experimentos eram observados mais de perto – e Dunbar entrevistava os cientistas com respeito aos detalhes mais insignificantes – essa versão idealizada do laboratório desmoronava, substituída por um estoque infindo de surpresas desconcertantes. Havia modelos que não funcionavam e dados que não podiam ser replicados e estudos simples repletos de anomalias. "Essas não eram pessoas descuidadas", diz Dunbar. "Trabalhavam em alguns dos melhores laboratórios do mundo inteiro. Mas os experimentos raramente nos dizem aquilo que pensamos que dirão. Este é o segredo sujo da ciência".[28]

Outros estudos que ponderam a misteriosa ineficácia de determinados medicamentos com o passar do tempo levam cientistas a questionar até mesmo o método científico que ensinamos a nossos filhos na escola fundamental. O método científico é um sistema designado para ajudar-nos a obter *conclusões*. Porém, o mesmo autor do artigo de *Wired*, Jonah Lehrer, escreve no *New Yorker* que as conclusões dificilmente podem ser encontradas:

> Para muitos cientistas, o efeito é grandemente perturbador por causa do que expõe a respeito do processo científico. Se a replicação é o que separa o rigor da ciência da falta de fundamento da pseudociência, aonde colocamos todas aquelas descobertas rigorosamente validadas que não podem mais ser provadas? Em quais resultados devemos acreditar? Francis Bacon, o filósofo dos primórdios da era moderna e pioneiro do método científico, declarou certa vez que os experimentos eram essenciais porque permitiam que se "colocasse em questionamento a natureza". Mas parece-nos que a natureza frequentemente nos dá respostas diferentes.[29]

O problema (e a diversão) da ciência é que sempre existem novos dados a classificar, muitas vezes conduzindo o cientista a uma nova

---

28 Jonah Lehrer, "Accept Defeat: The Neuroscience of Screwing Up," *Wired* (21 de Dezembro, 2009), Disponível em: http://www.wired.com/magazine/2009/12/fail_accept_defeat/all/1.
29 Jonah Lehrer, "The Truth Wears Off: Is There Something Wrong with the Scientific Method?," *The New Yorker* (13 de Dezembro, 2010), Disponível em: http://www.newyorker.com/reporting/2010/12/13/101213fa_fact_lehrer?currentPage=all.

teoria, ou pelo menos, nova perspectiva ou variação da teoria antiga. O problema principal está em que a experiência científica depende de observação, e até que Doutor Brown produza o capacitador de fluxo[30], nenhum cientista conseguirá observar a origem do mundo. Eles simplesmente juntam os dados já existentes (há dez mil ou dez bilhões de anos, dependendo de sua perspectiva) após o fato, e fazem hipóteses, hipóteses e mais hipóteses. E ainda mais hipóteses.

Além do mais, a objetividade de tais buscas científicas é, em grande parte, um mito. Não é apenas caso de questionar preconceitos modernistas ou naturalistas; é uma questão básica de como os seres humanos se desafiam a pensar. Karl Popper explica:

> A ciência [...] não pode começar por observações, ou pela "coleta de dados", como acreditam alguns estudiosos do método. Antes de coletarmos os dados, nosso interesse por *determinado tipo de dados* tem de ser despertado: o problema sempre vem em primeiro lugar.[31]

Popper está dizendo que os dados não estão flutuando por aí no alto como partículas de poeira e os cientistas estariam desinteressadamente e sem intenção acumulando-os, tentando fazer sentido deles. Os cientistas têm em mente alguma ideia, um problema que desejam resolver ou uma teoria que querem desenvolver, e assim, começam a coligir os dados baseados nesse objetivo. O fato básico é que a ciência se encontra em constante estado de subjetividade e remanejamento. Quando chegamos ao cerne disso, a exigência da ciência de que confiemos nela

---

30 Alusão ao filme *De Volta Para o Futuro*, filme norte-americano de Robert Zemeckis e Bob Gale, 1985. No filme o cientista Dr. Brown constrói uma máquina que viaja no tempo. [Nota do revisor]
31 Citado em Carl F. H. Henry, "Theology and Science," In: *God Who Speaks and Shows: Preliminary Considerations*, vol. 1, God, Revelation and Authority (Wheaton, IL: Crossway, 1999), 170.

requer pelo menos a mesma quantidade de fé que aquela exigida por Deus. Carl Henry conclui:

> O fato é que a ciência empírica não possui nenhuma base firme para suscitar objeções ao cristianismo, não por serem irrelevantes as questões científicas e históricas para com a revelação e a fé, mas porque cientistas têm de ceder a possíveis exceções em toda regra que afirmam, e devido à vulnerabilidade empírica das próprias regras.[32]

Noutras palavras, a ciência está sempre mudando. Nosso Deus, porém, não tem sombra de variação (Tiago 1.17). A sua proclamação eterna é mais firme do que as areias movediças da observação empírica. Isso não significa que a ciência seja apagada pela Escritura, e sim que ela é abarcada pela Escritura.

Os cientistas dizem que a maioria das vítimas de *oligodendrioma anaplástica* sobrevive apenas dois ou três anos após o diagnóstico. Pode ser que estejam certos. Mas não estão considerando o fator do Deus do Universo que tem a cura em suas mãos. A ciência tem severas limitações que o Deus criador de todos os dados de observação existentes não possui. Acho, portanto, que posso me desculpar quando duvido do que os cientistas dizem hoje em dia. Tenho medo demais do que eles estarão dizendo amanhã. E fundamentalmente, estou confiante demais naquilo que Deus disse ontem.

Piedosos crentes no evangelho, que amam igualmente a Jesus e desejam honrar a sua Palavra, muitas vezes, diferem em sua maneira de ver a origem da terra. Os criacionistas de terra jovem e criacionistas de terra antiga discordam do significado do vocábulo *dia* nos versículos iniciais de Gênesis 1, mas concordam que aquilo que vemos hoje não era visível (bem como os olhos para ver) antes de Deus criá-lo do *nada*.

---

32 Ibid., 175.

Alguns cristãos creem que Deus falou e o Sistema Solar veio a existir, enquanto outros creem que Deus chamou à existência o *Big Bang,* que antecedeu a criação do Sistema Solar. Nesses pontos de vista e graus entre eles, os partidários procuram levar a sério as Escrituras, e se ater ao fato de que houve era em que nada havia senão Deus, e tudo veio à existência pelo seu poder criador.

Se eu tivesse de me rotular, minha tendência seria me chamar de "criacionista histórico". Seguindo a obra de estudiosos como John Saihamer – cujo livro *Genesis Unbound* é brilhante – criacionistas históricos ressaltam que a frase "no princípio" de Gênesis 1 contém a palavra hebraica *reshit,* o que não significa uma parcela determinada de tempo, mas representa os estágios iniciais de um período desconhecido de tempo. Sendo assim, na visão criacionista histórica de Sailhamer, "no princípio Deus criou" se refere a algum tempo anterior aos sete dias que são mencionados em seguida.

A mesma palavra hebraica "no princípio" é usada para descrever o começo da vida de Jó (Jó 8.7). Isso claramente não está falando dos primeiros dias de vida de Jó, mas de toda a vida anterior dele, um número indeterminado de anos. A mesma palavra *reshit* é usada também em Gênesis 10.10, descrevendo o reinado inicial do rei Ninrode. Mais uma vez, não tem em vista um único dia, mas um *período* inicial de tempo. Vemos isso novamente em Jeremias 28.1, onde descreve o início do reinado de Zedequias. Assim, Sailhamer diz que a Bíblia, ao usar o termo *reshit,* está falando mais sobre uma quantia de tempo indeterminável. Os criacionistas históricos argumentam que Gênesis não afirma que Deus tenha criado todo o Universo em sete dias. Sendo assim, quando Moisés escreve "no princípio" em Gênesis 1, não estaria afirmando "Deus criou tudo isso num espaço de um único dia".

Contudo, os criacionistas históricos creem totalmente que depois que passamos os versículos 1 e 2, estamos vendo literalmente dias de vinte e quatro horas, quando Deus embeleza uma seção de terra antes inabitável (sem forma e vazia) e a prepara para Adão e Eva, e os coloca dentro do jardim, dando-lhes um mandato cultural: "Vão e tornem o resto do mundo como este. Vocês precisarão de muita ajuda. Tenham muitos filhos". Em minha estimativa, a criação histórica resolve muitas questões tensas sentidas por cristãos no relato da criação em Gênesis.

Frank Collins, autor de *The Language of God* e principal arquiteto do Projeto do Genoma Humano, junto com seus colegas do *BioLogos Forum* defendem que não podemos ler Gênesis como narrativa histórica, antes, mais como uma narrativa poética. Dizem que não é prosa histórica. Não é literal, dizem, mas *literalista*. *BioLogos* acredita que os evangélicos devem abraçar a teoria da evolução, e defendem que fazer isso não oferece desafios à nossa fé cristã.

Existem diversos problemas com essa abordagem, mas os principais são que ela não é nem bíblica nem muito científica. Se estivermos evoluindo, a Queda faz pouco sentido, pois a evolução indica ascendência e progresso. Mas a Queda é exatamente isso: uma caída. Em nível realmente básico, a macroevolução viola a segunda lei da termodinâmica, que diz que tudo vai *para baixo*, não para cima. A segunda lei da termodinâmica liga a criação à entropia e ao regresso, não ao progresso evolutivo.

De modo semelhante, o conceito da evolução viola a primeira lei da termodinâmica, pois é predicada na introdução de energia em um sistema contido, e a primeira lei declara que isso simplesmente não acontece. Essa lei da conservação da energia diz que a energia não pode ser criada ou destruída, ela simplesmente muda sua forma. Basicamente, esta primeira lei está dizendo que nada no mundo natural pode vir do nada. Assim, para a energia existir, o tipo de energia necessária para ocorrer a macroevolução, a primeira lei da termodinâmica teria de ser violada *naturalmente* em diversos estágios durante todo o processo. A primeira lei não aponta para desenvolvimento do homem de espécie a espécie com o passar do tempo, mas para um criador espontaneamente criando *ex nihilo* – a partir do nada. Somente Deus poderia criar a partir de nada. Douglas Kelly escreve:

> As duas leis da termodinâmica indicam necessidade de algum poder fora dos processos presentes e conhecidos para que tenham trazido tudo originalmente à existência. Algo fora e acima do vasto complexo de espaço, tempo, energia e matéria seria necessário para iniciá-los; não relativos a eles, mas livre deles (essa é a raiz do significado da palavra absoluta: "solta" ou "livre" – *solutus*, "de" – *ab*. Ou seja, as leis da termodinâmica podem nos dizer que é necessária uma criação absoluta.[33]

O pressuposto da evolução, mesmo tendo todo o poder das melhores mentes da ciência por trás dele, é o mesmo que descobrir um relógio na calçada e presumir que todos os elementos, as peças, o *design*, vieram a existir mediante processos naturais e não das mãos de um relojoeiro. Os evolucionistas teístas também têm de crer nisso, pois defendem que Deus lançou a evolução em movimento, e os processos naturais assumiram tudo. Eles têm de crer nisso para permanecerem nas boas graças da ciência. Mas a evolução não faz bom sentido. Pense, por exemplo, em algo simples como a coagulação do sangue. Este processo jamais poderia ter evoluído. Antes que o sangue coagulasse, as criaturas ao longo da cadeia evolutiva simplesmente teriam morrido com a perda do sangue. Não teriam nem a chance de evoluir a capacidade de sobreviver a uma ferida.

---

[33] Douglas F. Kelly, *Creation and Change: Genesis 1:1–2:4 in the Light of Changing Scientific Paradigms* (Ross-shire, UK: Christian Focus, 1997), 63.

No percurso da história da igreja, uma variedade de perspectivas[34] – e muitas vezes, nenhuma perspectiva – tem surgido com base na melhor exegese de Gênesis 1, mas, quer você seja criacionista histórico quer criacionista de terra jovem quer defensor da teoria da lacuna quer defensor do arcabouço literário ou outra teoria qualquer, a revelação clara de Gênesis 1 não deixa margem para uma descendência evolutiva da humanidade. A teoria da nossa estranha evolução como *homo sapiens* não faz sentido teológico nem lógico. De acordo com muitos cientistas, nem faz sentido científico, embora mais detalhes apoiando esse ponto de vista estejam além do escopo deste livro.[35] O ponto é que Deus nos diz o que fez no princípio, e se quisermos ser estudantes fiéis da criação, temos de começar, não com dados experimentais, mas com a revelação.

Phillip Johnson argumenta que o relato da origem do Novo Testamento é mais relevante do que o relato do Antigo Testamento:

O lugar para começar... não é em Gênesis, mas na abertura do Evangelho de João.

> No princípio era o Verbo,
> e o Verbo estava com Deus,
> e o Verbo era Deus.
> Ele estava no princípio com Deus.
> Todas as coisas foram feitas por intermédio dele,
> e, sem ele, nada do que foi feito se fez (João 1.1-3).

---

34 Veja o valioso estudo de Robert Letham, "'In the Space of Six Days': The Days of Creation from Origen to the Westminster Assembly", *Westminster Theological Journal* 61 (1999): 147–74, que é resumido de forma útil por Justin Taylor, "How Did the Church Interpret the Days of Creation before Darwin?", Between Two Worlds weblog (14 Fevereiro, 011), disponível em: http://thegospelcoalition.org/blogs/justintaylor/2011/02/14/how-did-the-church-interpret-the-days-of-creation-before-darwin/.

35 Poderia se verificar, por exemplo, Michael Behe, *Darwin's Black Box: The Biochemical Challenge to Evolution* (New York: Simon & Schuster, 1996), or Stephen Meyer, *Signature in the Cell: DNA and the Evidence for Intelligent Design* (New York: HarperCollins, 2009).

Estas simples palavras fazem uma declaração fundamental diretamente contrária ao ponto de partida correspondente do materialismo científico. Usando a palavra *logos*, a passagem declara que no principio havia inteligência, sabedoria e comunicação. Além do mais, este Verbo não é apenas uma coisa ou conceito, mas um ser pessoal.[36]

Por que isso é importante para a controvérsia sobre evolução? Porque, conforme Johnson observa, "se uma entidade pessoal estiver no fundamento da realidade... existe mais que uma maneira de procurar o conhecimento."[37] Isso coloca o cristão que se interessa por honrar a Palavra escrita de Deus, em posição defensivamente flexível quanto a questões como a idade da terra, mas se mantém oposto à teoria do desenvolvimento evolutivo da humanidade. Como? Porque João 1.1-3 nos diz que a criação tem origem pessoal, e quando traçamos esse fundamento até o "principio" de Gênesis 1, vemos que Deus cria o homem pelo uso de palavras ao pó da terra em questão de um dia – não em bilhões de anos sobre uma sopa primordial e saltando de espécie e espécie.

Além do mais, o Deus trino disse que fez o ser humano à própria imagem de Deus. Portanto, a transição da criação do homem é inteiramente pessoal e praticamente instantânea. A supremacia da proclamação acima da teorização da ciência exige tal ponto de vista. A coesão da teologia e ministério cristãos exige essa visão. Porque cremos na revelação de Deus na palavra escrita e na encarnação, na ressurreição, na presença e habitação do Espírito Santo, e nos milagres em geral, somos *primeiramente* sobrenaturalistas, não naturalistas. A única razão pela qual sentimo-nos compelidos a acomodar a ciência é que a ciência nos diz que devemos fazer isso. Porém, é a ciência que deveria se acomodar à revelação, A revelação existe há muito mais tempo.

---

36 Phillip E. Johnson, *The Wedge of Truth: Splitting the Foundations of Naturalism* (Downers Grove, IL: InterVarsity, 2000), 151–52. Em português: *Ciência, Intolerância e Fé: A cunha da verdade* (Viçosa: Ultimato, trad. Elizabeth Gomes, 2004)
37 Ibid., 152

Temos de admitir de cara que a Bíblia não se preocupa exageradamente com a ciência. Meu bom amigo Mark Driscoll colocou nos seguintes termos:

> Afinal, temos de admitir que a idade da Terra simplesmente não é mencionada na Bíblia, e ela pode ser jovem ou velha. Além disso, tanto os defensores da idade recente quanto os da idade antiga estariam inferindo uma posição que a Bíblia simplesmente não diz claramente. Deve-se admitir também que a idade da Terra não é assunto de preocupação na Bíblia. Como Agostinho disse com acerto: ela não é um texto científico que aguarda responder as inquirições sempre mutáveis da ciência; é um texto teológico que busca revelar Deus e o meio pelo qual ele nos salva.[38]

No princípio, começamos com uma proclamação de Deus. Deus está mais interessado em declarar do que em explicar. Na questão da criação do mundo, a Bíblia é histórica e revelacional – tem maior interesse em dizer-nos o quê aconteceu e *por que*, do que *como*. A Palavra de Deus é tão clara quanto Deus deseja que ela seja sobre a origem do mundo (da imaginação de Deus) e por que veio a existir (para refletir a sua glória), e seu tratamento de como o mundo veio a ser se limita a isto: Deus fala.

O ponto de vista criacionista histórico, porém, é biblicamente e historicamente fiel, e deixa espaço apara a acomodação certa da ciência. Lê-se em Genesis 1.1: "No princípio", Não sabemos quanto tempo durou esse princípio. Pode ser bilhões de anos? Talvez. O que sabemos é que quando Deus começou a formar aquele pedaço de terra para Adão e Eva, o período de preparação foi sete dias.

---

[38] Mark Driscoll, "Answers to Common Questions about Creation," The Resurgence Online (3 Julho, 2006), disponível em: http://theresurgence.com/2006/07/03/ answers-to-common-questions-about-creation.

Deus criou tudo que existe, e nos versículos 10, 12, 18, 21, 25 e 31, encontramos o refrão: "e era bom". Ora, não perca de vista o que começamos a ver em Romanos, onde há balas perdidas, morte, doenças, dor, ferimentos, anseios e sujeição à vaidade. No princípio, temos uma terra sobre a qual se exulta com o refrão: "e era bom".

Uma das coisas que Lauren e eu procuramos transmitir aos filhos – uma das coisas das quais estou sempre procurando me sintonizar – é a doutrina de que a criação de Deus é boa. Bem no começo, eu queria amarrar os afetos de minha filha com a bondade de Deus com respeito à criação. Eu lhe dizia: "Deus pensou em cor-de-rosa. Não existia cor-de-rosa no começo, mas ele inventou essa cor. Isso não é legal?"

Quando comemos certas comidas, quero pensar no fato de que Deus criou os sabores. No filme *Matrix*, estão comendo alguma gororoba depois que Neo foi despertado da sua falsa realidade. Enquanto eles comem esse mingau, as personagens começam a perguntar: Como os computadores sabiam o sabor do frango? E se eles erraram? E se frango tivesse gosto de bife, e bife fosse como frango? No fim, estou pensando que Deus decidiu: "Isto tem gosto disto. E quando combinado com aquilo, terá o sabor disto. Tudo fora desses sabores vai ter gosto de frango."

Ele criou os sabores! Criou as cores! Ele fez tudo isso, e os criou do transbordamento da sua perfeição. Não é que ele disse: "Ah! Tenho essência de *fajita* aqui. Eu sei: vamos colocar esse sabor na vaca e no frango". Criou o abacate com determinado sabor, criou o *steak* de fraldinha, o filé e o lombo para ter certos sabores. Foi obra de Deus. Todo aspecto da criação, desde a maior galáxia até o mínimo estouro de sabor no alimento, na bebida, no tempero, irradia a bondade de Deus. Tudo declara que "no princípio Deus me criou".

A PRIMAZIA DA GLÓRIA DE DEUS

Ao examinarmos o que *é* a criação, em toda sua maravilha e diversidade, e ponderarmos como essa criação veio a existir, temos de nos lembrar de que toda a complexidade e beleza do Universo não foi feita com a intenção de acabar em si mesma, mas sim, traçar sua origem ao Criador. Temos examinado o *quê* da criação e tocamos brevemente no *como*, resta-nos saber sobre o *porque*.

Deus criou tudo, e tudo que fez era bom, mas aquilo que criou para ser bom não era um fim em si mesmo, foi-nos dado como bom para que nós fôssemos impelidos a adorá-lo. Noutras palavras, quando você e eu tomamos um bocado de comida, isso deveria nos induzir à adoração – não da comida, claro, mas do Criador dos alimentos. Quando eu ou você sentimos o calor do abraço de nosso filho, isso deveria atiçar em nós a adoração. Ao sentir o calor do sol em nosso rosto, isso deveria nos levar a adoração. Quando sentimos o cheiro da chuva, isso deveria fazer com que adorássemos quem a fez. Poderíamos continuar com exemplo após exemplo, sem fim. A bondade da criação não é para declarar a si mesma, mas agir como sinaleiro que aponte para o céu. Por esta razão é que Paulo podia dizer: "Portanto, quer comais, quer bebais ou façais outra coisa qualquer, fazei tudo para a glória de Deus" (1Co 10.31). Ele trabalha com o pressuposto de que qualquer coisa que façamos deve ser feito para a glória de Deus.

Afinal, nunca estamos em estado de *não adoração*. É fácil ver que fomos criados para adorar. Somos totalmente desesperados por isso. Desde o fanatismo nos esportes até os tablóides das celebridades, e todas as outras espécies de *voyeurismos* que hoje em dia são normais em nossa cultura, evidenciamos que fomos criados para olhar para algo além de nós mesmos e nos maravilharmos, desejarmos, gostarmos com zelo, amarmos com afeto. Nossos pensamentos, nossos desejos, nossos comportamentos são sempre orientados a alguma coisa, ou seja, sempre estamos adorando – atribuindo valor a algo. Se não for Deus o alvo desse culto, é algum ídolo. Mas de qualquer jeito, não há como desligar o interruptor de adoração de nossos corações. Tim Keller escreve:

Quando o seu significado na vida é endireitar a vida de outro, pode ser que chamem isso de "codependência", mas na verdade, é idolatria. Um ídolo é aquilo que você vê e diz no fundo do coração: se eu tiver isso, sentirei que minha vida tem propósito, saberei que tenho valor, obterei significado e segurança. Existem muitas maneiras de descrever essa espécie de relação com alguma coisa, mas talvez a melhor delas seja a palavra *adoração*.[39]

Na verdade, cada vez que orientamos o âmago de nosso coração a alguma coisa, estaremos adorando essa coisa. O alvo das Escrituras é dirigir nossa adoração ao único Deus verdadeiro do Universo, e o próprio Universo foi projetado, não para ocupar nosso culto, mas para mover o mais íntimo de nosso coração a contemplar o seu Deus. Os céus, afinal, não proclamam a glória de si mesmos, mas a glória de Deus.

Sendo assim, a criação nos leva a olhar algo além de nós e nos maravilharmos disso. Toda a criação nos foi dada para que contemplássemos o tremendo Deus que tudo criou e o fez bom. João Calvino escreve:

> Desde a criação do Universo, ele criou as insígnias pelas quais mostra-nos sua glória em todo tempo e todo lugar que lançarmos os olhos... Como a glória de seu poder e sabedoria brilham mais no alto, o céu muitas vezes é chamado de seu palácio... No entanto, onde quer que lancemos os olhos, não existe um único lugar no Universo onde não possamos discernir pelo menos algumas centelhas de sua glória.[40]

---

39 Timothy Keller, *Counterfeit Gods: The Empty Promises of Money, Sex, and Power, and the Only Hope That Matters*, (New York: Dutton, 2009), *xviii*; ênfase original.
40 João Calvino, *Institutas da Religião Cristã*, 1.5.1, trad. Ford Lewis Battles, ed. John T. McNeill (Philadelphia: Westminster, 1960), 52

Isso coloca sobre nós a responsabilidade de exercer domínio sobre a criação para a glória de Deus, não para nossa própria glória nem pela própria criação. Porque Deus declarou boa a criação, temos a responsabilidade, como mordomos, de cuidar bem dela, não como servos da criação, mas como servos de Deus. Isso torna o que muitas vezes chamamos de "cuidados da criação" um aspecto válido da responsabilidade de sermos bons mordomos da boa dádiva de Deus, mas torna a adoração da criatura ou criação algo totalmente fora dos limites aceitos por Deus. Assim, os que colocam o mundo natural, seja ela a flora ou fauna, em valor maior do que os seres humanos estão envolvidos em idolatria. Igualmente, quem coloca um objeto de culto – quer o chamem de deus ou deusa ou qualquer outra coisa – dentro da própria criação, está envolvendo idolatria. Dessa espécie de disfunção de adoração, temos desde a espiritualidade da Nova Era até o panteísmo e até o eco--terrorismo anárquico. Qualquer pessoa que quer queimar um prédio onde moram pessoas para salvar árvores, ou arpoar um marinheiro para salvar as baleias está presa a uma adoração pervertida.

Contudo, fomos feitos para adorar, planejados para dar glória a algo bem maior que nós mesmos. Sendo assim, interagimos com a terra de modo a sempre mover o coração e mente quanto à bondade, beleza e graça de Deus naquilo que ele nos deu, desde sua criatividade na invenção de sabores até sua beneficência em dar-nos o calor do Sol. O testemunho consistente das Escrituras é este: a principal empreitada de Deus é para sua própria glória. Conforme aprendemos no primeiro capítulo, o ponto principal da Bíblia é o glorioso respeito devido a Deus. Assim, o propósito principal da vida humana deve ser considerar a glória de Deus.

Imagino que a maioria dos que leem este livro terá pelo menos três refeições no dia, ou no mínimo, poderia comer se quisesse. Perdemos de vista que a maior parte do resto do mundo não consegue fazer isso. Assim, em vez de fazer uma oração trivial de agradecimento a Deus pedindo que abençoe o alimento, por que não entrar em cheia e dizer: "Obrigado, Deus, porque o Senhor provê isso, e o fez de modo a requerer muito pouco esforço da minha parte, e porque o Senhor poderia tirar tudo isso em um único instante, mas não o faz"? Que tal gratidão pela provisão de Deus acima da gratidão pela glória criativa de Deus na criação de sabores e em como tudo combina?

É a razão da criação de Deus. A razão da bondade de sua criação. Nosso reconhecimento e prazer na glória de Deus.

COMO O PRESENTE SOMBREIA O PASSADO

Vemos ainda nas Escrituras depois da Queda que o plano de Deus para a redenção abarca mais do que apenas a reconciliação individual com Deus. O que permanece quando omitimos o contexto do evangelho do ar de toda a narrativa escriturística é aquela espécie de chavão sentimental que diz que a Bíblia é a carta de amor de Deus para você. Em certo sentido, isso é verdade, mas Rick Warren está certo ao iniciar seu livro campeão de vendas com: "Não é sobre você" e colocou o subtítulo: "*Para que, nessa terra, estou aqui?*"[41] vemos em toda a Escritura que a história mais completa do evangelho tem em vista muito mais que nossa própria realização, nossa segurança, nossa alegria e nosso relacionamento pessoal com Deus.

Um dos erros não intencionais de permanecer com o evangelho no chão por tempo demais é a individualização exagerada do evangelho, mas o que vemos de cima, do ar é que a bondade criativa de Deus, fraturada pela queda e ainda assim sendo seu plano de restauração, é maior do que o crente como indivíduo. Temos vislumbres desta ordem maior em sinaleiros da Escritura mesmo após a Queda. No estado atual de estar quebrado, vemos sombras da paz do passado.

Podemos ver isso primeiramente no relato do primeiro assassinato, em Gênesis 4. O filho de Adão e Eva, Caim, matou seu irmão mais

---
41 Rick Warren, *The Purpose-Driven Life* (Grand Rapids, MI: Zondervan, 2002), 17.

novo por inveja, por que Deus aceitou o sacrifício de Abel. Quando Deus se aproximou de Caim para o ajuste de contas, perguntou a Caim: Onde está o teu irmão? A que Caim respondeu: "Sou eu porventura guarda do meu irmão?" (v.9) Na resposta de Caim vemos implícita uma autoaliança: Eu sou mais eu. Não me responsabilizo por mais ninguém. Mas, também implícita, está o fruto da Queda, porque o plano de Deus para cada um de nós é que sejamos responsáveis pelo próximo, não vivendo para nós mesmos, mas para Deus e o próximo. A resposta egocêntrica de Caim revela o individualismo radical inerente à Queda, mas também o fato de que antes dela havia uma centralidade no próximo que será restaurada pelo evangelho nos novos céus e nova terra.

Vemos, por exemplo, este projeto nos Dez Mandamentos. Os primeiros quatro mandamentos correspondem à nossa relação vertical com Deus. Os mandamentos restantes correspondem a nossos relacionamentos com o próximo. A lei reflete em sombra aquilo que o evangelho traz à luz: reconciliação entre pecadores e Deus, e entre pecadores e uns aos outros. Jesus diz isso diretamente quando em sua resposta ao intérprete da lei com o Grande Mandamento: "Amarás o Senhor, teu Deus, de todo o teu coração, de toda a tua alma e de todo o teu entendimento. Este é o grande e primeiro mandamento. O segundo, semelhante a este, é: Amarás o teu próximo como a ti mesmo" (Mt 22.37-39). O mandamento trata do que o evangelho restaura. Vemos o escopo ainda mais amplo da reconciliação nas palavras de Paulo sobre o evangelho da reconciliação, concedendo aos crentes o ministério da reconciliação (2Co 5.11-21). O evangelho não termina na salvação individual. Sua meta é maior e mais ampla. Visa restaurar "todas as coisas", incluindo a fraternidade.

Nas leis do Antigo Testamento, encontramos estipulações quanto a como alimentar os animais e deixar que descansem, como deixar a *própria terra* descansar depois que foi ceifada tantas vezes. Existem razões de bom senso nesses requerimentos, claro, mas escondidos neles há um apontar tanto para a fragilidade de quebra na ordem natural quanto à história passada em que não havia essa quebra. Mesmo o declínio no tempo de sobrevida que vemos no Antigo Testamento aponta para um tempo em que a vida era épica. Lembra nos de que nossos corpos eram bons.

Os milagres de Jesus são sinais da ordem certa das coisas. Jesus não estava virando tanto as coisas de cabeça para baixo quanto as estava virando para cima, ou dando a seus seguidores vislumbres do lado direito das coisas. Os milagres de cura, libertação, provisão e ressurreição revelam, todos, que Deus, por meio de Jesus, torna novas todas as coisas, restaurando aquilo que outrora não era quebrado. A própria frase: "evangelho do reino" que é o sumário do que Jesus e seus discípulos pregavam, nos aponta para algo maior do que a salvação individual. Conquanto a salvação individual esteja na ponta do evangelho de Deus – afinal, o reino está em nosso meio – mesmo o designativo *reino* nos diz que o evangelho é plano de Deus não apenas para a restauração da humanidade, mas também a restauração de "todas as coisas" para o prazer do ser humano, o senhorio de Cristo, e a glória de seu ser trino.

LOUCURA

Há vários anos, eu pregava sobre Efésios 2 para cerca de mil e duzentas pessoas, falando da doutrina da depravação total do homem – a ideia de que nascemos em pecado. O pecado não é alguma coisa que nos acontece quando conseguimos entender o que é certo ou errado. A rebeldia é intrínseca a nosso ser. Para acreditar nisso, basta você observar as crianças. As crianças não precisam ser ensinadas sobre violência. Crianças mordem umas às outras para obter o que querem. Não aprendem isso do seu ambiente – está dentro delas. As crianças são horrivelmente egoístas – não é preciso ensinar-lhe isso. O egoísmo não é um comportamento ambientalmente aprendido. Então, eu ensinava isso: "ora, nós nascemos na iniquidade. Nascemos rebeldes. Em essência, nascemos maus".

No meio da palestra, uma jovem ergueu e balançou a mão para mim, tentando chamar minha atenção. Minha jogada principal nesses casos é ignorar isso e deixar que a segurança trate do assunto, e assim, continuei a pregar. Mas ela começou a acenar com as duas mãos e finalmente parei e disse: "Sim, senhora?" Ela ficou de pé – não podia ter mais de quinze anos de idade. Ela disse: "O Senhor tem filhos?"

Respondi: "Não tenho filhos".

Disse ela: "Então não diga que meu bebê é mau".

Falo de um momento em que fiquei sem jeito! Passei a fazer-lhe algumas perguntas. "Me conte sobre seu bebê – é menino ou menina? Que idade tem?" Mais tarde aprendi que aos catorze anos ela engravidou e teve o bebê; estava vivendo com sua avó porque os pais a expulsaram de casa. Era uma situação realmente confusa. Resolvi falar-lhe sobre o seu filho.

"Conte sobre ele. Ele sempre atende você? Já mordeu outra criança? Ele bate em alguém?" Esse tipo de coisa.

As suas respostas indicavam que sim, que ao contrário do comportamento agradável e correto que ela sempre tinha, o seu filho constantemente escolhia infligir o mal sobre outras pessoas e desobedecer às suas regras.

Com amor, fiz que ela caminhasse por essa realidade e disse, afinal: "Está vendo? É um espírito nato rebelde que aponta dentro dele".

Ela parecia bem e se sentou e eu achei que estava resolvido e continuei pregando meu sermão. Mas uns cinco minutos mais tarde, uma senhora adulta lá no fundo levantou as mãos, balançando-as no alto. Não dava para acreditar. Eu disse: "Sim, senhora?"

Ela disse: "Eu concordo com ela".

Eu disse então: "Está bem. Se alguém puder me dar um versículo na Bíblia que sustente a inocência e não existência do mal nos seres humanos, vamos conversar sobre isso. Mas, 'há caminho que ao homem parece direito, mas ao cabo dá em caminhos de morte' (Pv 14.12; 16.25).

Então, se querem conversar sobre algo que a Bíblia ensina, podemos conversar o dia todo sobre isso. Agora, se você está dizendo: 'Não me importo com o que diz a Bíblia', então na verdade não dá para conversar, porque você e eu vemos o mundo com lentes totalmente diferentes. Você argumenta pelo que você pensa, e eu argumento sobre o que diz milhares de milhares de anos de teologia e a vontade revelada de Deus. Se quiser conversar sobre a Escritura, vamos conversar".

Achei que estivesse fazendo um acordo com a multidão. Em minha cabeça, comecei a alinhar os trechos bíblicos sobre a doutrina da depravação total do homem e preparar minha defesa da fé. Aquela senhora achou que "me pegou" no portão. Respondeu ao meu desafio: "Gênesis 1 diz que Deus criou tudo e tudo que Deus criou é bom".

Foi como se ela tivesse colocado a bolinha de golfe exatamente onde deveria jogar. Com todo o amor e ternura do meu coração, eu disse: "A Senhora está totalmente correta. Deus criou o mundo e o declarou bom. Mas tem uma coisa que aconteceu em Gênesis 3 que mudou tudo isso".

É assim que chegamos a *in media res* de Romanos 8. Gênesis 3 é onde tudo vira uma loucura. Quando digo tudo, é *tudo mesmo*. O pecado entra no mundo e quebra toda a beleza, toda a bondade, toda a paz estabelecida anteriormente em todo nível da criação e da sociedade. Eu amaria viver em Gênesis 1 e 2. Mas esse não é o mundo em que vivemos. Não é o mundo onde nossos filhos estão crescendo, não é onde trabalhamos, nem onde nós moramos. Deus criou o mundo e o fez bom. Mas depois disso, aconteceu alguma coisa terrível.

Capítulo 6
O EVANGELHO NO ALTO
QUEDA

O pecado é a traição cósmica.[1]
R.C. Sproul

O mundo foi feito para a glória de Deus, mas sua glória na criação foi manifesta no homem e na mulher, os portadores de sua imagem, criados para exercer domínio sobre a criação, para serem joias da coroa do mundo material. Quando entrou o pecado em nós, também entrou no mundo. O pecado original tem efeitos além da humanidade; afeta o mundo, o cosmos. "Porque sabemos que toda a criação, a um só tempo, geme e suporta angústias até agora" (Rm 8.22). Isso não apenas nos lembra a seriedade da rebeldia contra Deus, como também indica que a rebeldia humana contra Deus rebenta a ordem natural de todas as coisas. É por esta razão que um evangelho completo tem de ser apresentado explicitamente tanto quanto à restauração dos portadores da imagem de Deus, como também quanto à restauração de todo o seu teatro de glória, todo o cosmos.

Vemos essa importante conexão entre a desobediência de Adão e a queda da própria terra em Gênesis 3, onde Deus pronuncia a maldição:

---
1 R. C. Sproul, *The Holiness of God* (Carol Stream, IL: Tyndale, 1998), 116.

> E a Adão disse:
> Visto que atendeste a voz de tua mulher
> e comeste da árvore que eu te ordenara não comesses,
> maldita é a terra por tua causa;
> em fadigas obterás dela
> o sustento durante os dias de tua vida.
> Ela produzirá também cardos e abrolhos,
> No suor do rosto comerás o teu pão,
> até que tornes à terra, pois dela foste formado;
> porque tu és pó e ao pó tornarás e tu comerás a erva do campo.
> No suor do rosto comerás o teu pão,
> até que tornes à terra,
> pois dela foste formado;
> porque tu és pó e ao pó tornarás (vv 17-19).

A harmonia que Adão e Eva gozavam com a criação de Deus, e o domínio pacífico que receberam dele, foram quebrados. "Maldita é a terra por tua causa". A quebra entre Adão e a criação reflete a quebra entre Deus e Adão. Onde antes o trabalho de Adão não era fatigante, agora seria em fadiga. Enquanto a terra antes estava maravilhosamente subjugada, agora produz relutantemente. Onde era abundante e frutífera, agora oferece o desafio de espinhos e abrolhos. E onde Adão antes era dotado de carne imperecível, o seu pecado limita a extensão de seu corpo. Tendo rejeitado as bênçãos de Deus, ele escolheu colocar sua esperança no pó do qual fora formado.

Adão e Eva foram colocados como coroas da boa criação de Deus, mas como vai a coroa, também vai a criação. Seu pecado traz a todos a maldição, e essa maldição vai longe, de leste a oeste. O estado que Adão gozava antes da queda muitas vezes é referido pela palavra hebraica *shalom*. O estudioso Cornelius Plantinga explica:

A junção de Deus, dos seres humanos, de toda a criação em justiça, realização e deleite é o que os profetas hebreus chamavam *shalom*. Nós a chamamos de paz, mas vai muito além da mera paz de mente ou cessar-fogo de inimigos. Na Bíblia *shalom* significa um *fluir universal, integridade e deleite* – um rico estado de afazeres em que as sementes naturais são satisfeitas e dons naturais empregados de maneira frutífera, um estado de existência que inspira maravilha cheia de gozo, em que seu Criador e Salvador abre as portas e dá boas-vindas às criaturas em quem tem seu deleite. Noutra palavras, *shalom* é como as coisas deveriam ser.[42]

A ordem que Deus estabeleceu no Universo e em nós, seus habitantes, com certeza se reflete na lei – está nela resumida na ordem aos primeiros humanos de não comerem da árvore do conhecimento do bem e do mal – mas é maior do que mandamentos legais. É um sistema de ordem, o estado das coisas. *Shalom* é o vocábulo para quando existe harmonia entre o estado das coisas e a santidade de Deus. Quando havia *shalom*, Adão e Eva cuidavam da criação que Deus lhes havia dado de maneira a refletir acertadamente a glória de Deus. A maneira deles de cuidar do jardim, incansavelmente suscitando dele os melhores frutos, era reflexo do modo como Deus, sem o mínimo esforço, suscitava de Adão e Eva seu melhor. Todo lugar funcionava como uma máquina bem lubrificada pela alegria do Senhor.

Seu pecado, porém, jogou uma chave que arrombou toda a engrenagem. Vemos como o relacionamento entre humanidade e jardim foi quebrado quando foi rompido o relacionamento entre a humanidade e Deus:

---

42 Cornelius Plantinga Jr., *Not the Way It's Supposed to Be: A Breviary of Sin* (Grand Rapids, MI: Eerdmans, 1995), 10; ênfase original. Em português: *Não era para ser assim* (São Paulo: Cultura Cristã, trad. Wadislau M.Gomes, 1998)

O Senhor Deus, por isso, o lançou fora do jardim do Éden, a fim de lavrar a terra de que fora tomado. E, expulso o homem, colocou querubins ao oriente do jardim do Éden e o refulgir de uma espada que se revolvia, para guardar o caminho da árvore da vida (Gn 3.23-24).

O caminho de volta está bloqueado. O *shalom* foi despedaçado. Os efeitos subsequentes são cataclísmicos e de longo alcance. Tim Keller escreve:

> Os seres humanos são tão integrantes ao tecido das coisas que quando eles se desviaram de Deus toda a urdidura e trama do mundo se emaranhou... Perdemos o *shalom* de Deus – fisicamente, espiritualmente, socialmente, psicologicamente, culturalmente. Hoje as coisas simplesmente descambam.[43]

Talvez enxerguemos mais examinando e lamentando esse tecido desfeito no livro do Antigo Testamento de Eclesiastes.

ECLESIASTES E O JARDIM BLOQUEADO

Em seu romance clássico Moby Dick, Herman Melville escreveu que "Eclesiastes é aço fundido de desventura" e que esta obra atribuída a Salomão é "o mais verdadeiro de todos os livros".[44] Está dizendo que podemos confiar em Eclesiastes devido à tristeza nele contido. Podemos confiar no coração de um homem que tenha vivido em dureza. Não tem nada a perder, portanto, podemos esperar que ele seja totalmente verdadeiro.

---

43 Timothy Keller, *The Reason for God: Belief in an Age of Skepticism* (New York: Dutton, 2008), 170.
44 Herman Melville, *Moby Dick* (Boston: Simonds, 1922), 400.

Não é essa a inclinação do mundo, que faz um ídolo do sucesso. Somos desesperados por ser bem-sucedidos. Existem companhias cuja única tarefa é motivar as pessoas ao sucesso. Você já viu os produtos "sucessórios"? Inclui os pôsteres agora icônicos como "Trabalho de equipe", com uma pequena frase embaixo. Eu gosto ainda mais dos pôsteres que zombam dos "sucessórios". São chamados de "desmotivadores".[45] (Um dos meus favoritos apresenta uma foto de um navio que se afunda, e o cabeçalho diz: "Às vezes a jornada de mil milhas acaba muito, muito, muito mal").

As pessoas devoram essas coisas. Nunca conheci alguém que dissesse: "Não quero o sucesso". Quer na empresa quer na vida quer na família quer nos relacionamentos, todos nós desejamos alguma medida de sucesso. As igrejas hoje em dia reconhecem isso, e orientam toda sua missão em volta da necessidade das pessoas pelo sucesso. A mensagem é que se você estiver fora do círculo bem-sucedido, de alguma forma você é anormal e não abençoado, afinal a verdadeira vitória é sinônima de alguma forma de sucesso terreno, prático e material.

É claro que a Bíblia fala de sucesso. Mais especificamente, a Bíblia trata de noções de sucesso nestes cinco livros que se encontram no meio do Antigo Testamento. São chamados "Literatura de sabedoria": Jó, Salmos, Provérbios, Eclesiastes e Cantares de Salomão. Cada um desses livros carrega em si um propósito específico.

O livro de Provérbios é uma espécie de guia de campo para o sucesso; trata de tudo desde dinheiro até relacionamentos e caráter. Os Salmos, pessoalmente entre meus favoritos, destaca alguns dos escritos do grande rei esquizofrênico, Davi. (Acho que ele era esquizofrênico porque numa linha escreve: "Até quando, Senhor, me desampararás?", e duas linhas adiante diz algo como: "Como é bom que tu estás tão perto de mim! Minha alma ressona com isso!") Os Salmos contém muitas canções de vitória. Cantares de Salomão é um livro que celebra o sexo dentro do casamento. Isso é um doce sucesso!

---

45 Pode-se ver a galeria de desmotivadores em http://www.despair.com/viewall.html.

Ora, sobram ainda dois livros dos de Sabedoria – Jó e Eclesiastes. Esses dois formam uma lição vinda de dois pontos de vista opostos do espectro. Jó demonstra a profundidade do sofrimento humano e proclama a profundidade da glória de Deus de modo muito pessoal. O livro de Jó traz o microscópio à qualidade de se estar quebrado e libertação, como Gênesis 2 traz o microscópio à criação. Eclesiastes, tal qual Gênesis 1, nos dá uma visão telescópica.

As pessoas que tiverem experiências como as de Jó poderão gemer: "Bem, se a vida não fosse assim, se eu tivesse mais dinheiro, se eu tivesse mais poder, se tivesse mais amigos, se tivesse uma religião melhor...", ou então: "se meus pais não fossem tão ruins, se eu tivesse crescido em outro lugar...". O que criam em sua mente é que existe em outro lugar, uma situação melhor no outro lado do arco-íris. O problema com isso é Eclesiastes.

Eclesiastes 1.1 nos diz que são "palavras do Pregador". O identificador às vezes é traduzido como "Mestre". Ainda no portão, aprendemos que este livro é mais que uma história de vida; é uma crônica de uma lição aprendida. "Palavras do Pregador [ou Mestre], filho de Davi, rei em Jerusalém". Salomão e o autor. Este homem é rei de uma rica, próspera e poderosa nação. Possui maior riqueza, poder e fama do que você nunca, jamais, por mais que queira, conseguirá. Ele é mais culto. Não é simplesmente alguém da rua. Está além de nós em educação e cultura, riqueza e poder. E no versículo 2, escreve: "Vaidade das vaidades! Tudo é vaidade".

Ora, esse vocábulo "vaidade" no hebraico tem o senso de *falta de sentido*. Que introdução animada para seu livro, não é mesmo?! "Sem sentido, sem sentido, sem sentido!" Todos nós podemos olhar para a vida e ver que algumas coisas não têm sentido – como o uso de gravatas ou a existência de gatos. Mas Salomão vai um passo adiante, e vai dizer que falta significado em *todas as coisas da vida*. "Vaidade de vaidades, diz o Pregador; vaidade de vaidades, tudo é vaidade". Não diz apenas

"Esta coisa aqui em particular está me incomodando". Diz que "tudo é vaidade"!

– Tudo, Salomão?

– E o casamento?

– Vaidade.

– E o prazer?

– Vaidade.

– E a riqueza?

– Vaidade. Tudo debaixo do sol – tudo que existe – é vaidade.

Leio isso e quero dar risada e abraçá-lo. Quero dar-lhe um abraço e recebê-lo em minha casa e assegurá-lo: "Vai dar tudo certo, Salomão". Mas ele vai, no decurso de doze capítulos, metodicamente falar de todo aspecto da vida e ligá-los à total falta de sentido.

Na verdade, nos doze capítulos de Eclesiastes, ele empregará a palavra *hebel* (falta de significado) trinta e oito vezes. Por que ele se aproxima do problema de forma tão cínica? Por que seu pessimismo é tão difuso? Em Eclesiastes 1.3 ele escreve: "Que proveito tem o homem de todo o seu trabalho, com que se afadiga debaixo do sol?" É por isso que Salomão diz que a soma de todas as experiências que se acumulam é vaidade: por todo nosso trabalho, morremos e deixamos esse lugar sem transformação. Por tudo que realizamos, quer levantemos às cinco da manhã para correr pela estrada, quer acordemos às dez, não importa o que façamos – acabamos morrendo e deixando o lugar sem mudanças. Veja o que Salomão escreve em 1.4-7:

> Geração vai e geração vem;
> mas a terra permanece para sempre.
> Levanta-se o sol, e põe-se o sol,
> e volta ao seu lugar, onde nasce de novo.
> O vento vai para o sul e faz o seu giro para o norte;
> volve-se, e revolve-se, na sua carreira,

e retorna aos seus circuitos.
Todos os rios correm para o mar,
e o mar não se enche;
ao lugar para onde correm os rios,
para lá tornam eles a correr.

Está descrevendo a vida como se fosse um ramerrão! Levantamo-nos nesse tolo padrão circular e no fim do dia cada geração corre com todo o vigor do homem suado que esteve correndo na esteira da academia. Quando tudo é dito e feito, não chegamos a lugar nenhum.

Deixe-me dar-lhe alguns pequenos exemplos. Por mais que você trabalhe, sempre há roupa suja para lavar, não é mesmo? Quantas vezes são lavadas, e quantas vezes estarão sujas novamente? Ontem tive de cortar a grama do quintal. Também fiz isso uma semana atrás. E semana que vem vou ter de fazer de novo. Tive de cortar o cabelo esta semana, ainda que um mês atrás o tenha cortado. Cresceu de volta. Tenho de pagar as mesmas contas todo mês. Estamos percebendo um tema aqui? Salomão está dizendo: "Tudo isso nos deixa exaustos, porque não tem sentido. Escreve no versículo 8: "Todas as coisas são canseiras tais, que ninguém as pode exprimir; os olhos não se fartam de ver, nem se enchem os ouvidos de ouvir".

Amanhã de manhã, o despertador dispara às 6:30. Você levanta, toma um banho de chuveiro, se veste, vai para o carro. Para e toma um café, senta esperando no trânsito, chega ao escritório ou cubículo ou estação de trabalho (que quer dizer que você apenas se encontra em um armário). Na hora de almoço, você come alguma coisa, provavelmente com alguns amigos. Depois de almoçar, volta para seu escritório/cubículo/estação de trabalho/loja/sala de aula/o que quer que seja e trabalha até às dezessete ou dezoito horas. Deixa o trabalho – quem sabe vai até a academia, mas é provável que não. Vai para casa, janta, assiste um pouco de televisão, e vai para a cama. Amanhã fará exatamente a mesma coisa. A vida é muito como o filme *Groundhog day* (Feitiço do Tempo)[46] – mais do que queremos admitir. Caímos na armadilha. Somos impedidos de chegar ao jardim. Estamos numa rotina, simplesmente nos afadigando debaixo do Sol.

Porém, algumas pessoas gostam de fingir que este não é seu caso. Deixe-me mostrar como fazem, olhando Eclesiastes 1.9-10:

> O que foi é o que há de ser;
> e o que se fez,
> isso se tornará a fazer;
> nada há, pois, novo debaixo do sol.
> Há alguma coisa de que se possa dizer:
> Vê, isto é novo?
> Não! Já foi nos séculos
> que foram antes de nós.

Salomão está dizendo basicamente que não existe nada de *novo*. A gente pensa que encontrou uma saída, diferente da rotina, mas não é nada disso. Já foi tentado e encontrado em falta. As brilhantes distrações de coisas novas fazem parte da enganosa tolice secular. Vemos isso na vida repetidas e mais repetidas vezes. Um novo aparelho, novo guarda-roupa, casa nova, barco novo ou carro novo prometem estranho alívio e empolgação, não é mesmo? Um novo celular, aquele de última geração, nos faz sentir melhor. Essa espécie de consumismo vem com afagos emotivos do tipo que dá uma animação narcótica. Mas logo passa. As coisas novas envelhecem muito rapidamente, e precisamos de mais uma novidade. As Escrituras estão dizendo: "Espere aí. Me dê uma chance. Bugigangas são apenas bugigangas."

---

[46] Alusão ao filme americano *Feitiço do Tempo*, de Harold Ramis, 1993. Na história a personagem principal acorda sempre no mesmo dia e horário e passa novamente pelas mesmas situações. [Nota do revisor]

Não nos enganemos. Nada que pensamos ser novidade vai nos tirar de nossa situação de quebradura. Isso é tudo vaidade. Nem mudança de emprego nem aumento de salário nem casa nova, nenhum novo aparelho eletrônico nem cônjuge novo vai fazer algo melhor em seu interior. É isso que Salomão lamenta.

Tal visão sombria tem enormes implicações para nós que estamos entre os ambiciosos. Os homens alfa estão pensando: "Eu não. Eu vou mudar o Universo. Estou tão bem nos negócios e farei um trabalho tão fenomenal com minha família, que minha memória ser relembrada por muitas gerações". Verifique Eclesiastes 1.11: "Já não há lembrança das coisas que precederam; e das coisas posteriores também não haverá memória entre os que hão de vir depois delas". A resposta de Salomão acaba sendo "ÃÃ, não. Você vai morrer, e ninguém se lembrará de você". Você se lembra do nome de seu *ta-ta-ra-avô*?? É o que estou dizendo.

Lemos em Eclesiastes 1.12-13: "Eu, o Pregador, venho sendo rei de Israel, em Jerusalém. Apliquei o coração a esquadrinhar e a informar-me com sabedoria de tudo quanto sucede debaixo do céu; este enfadonho trabalho impôs Deus aos filhos dos homens, para nele os afligir". Lembre-se de que quando Davi morreu e Salomão tornou-se rei, Deus ofereceu o que ele quisesse? O que quis Salomão? Sabedoria. Não pediu riqueza, nem poder – quis ser sábio. Queria ser o homem mais sábio que existia. Deus considerou ser honrável esse pedido. Depois disso, Salomão buscou descobrir "tudo que existe debaixo do sol". Utilizou seus cinco sentidos, bem como toda sua riqueza, poder e sabedoria, para obter absolutamente tudo que o mundo tinha para oferecer. E depois de tudo dito e feito, viu que era tudo vaidade.

"Disse comigo: eis que me engrandeci e sobrepujei em sabedoria a todos os que antes de mim existiram em Jerusalém; com efeito, o meu coração tem tido larga experiência da sabedoria e do conhecimento" (v.16).

Basicamente está afirmando: "Caso você pense que estou mentindo, lembre o seguinte: sou mais inteligente e poderoso que você, e tenho mais mulheres". Salomão estivera ali, fez tudo aquilo, e queimou a camiseta. Temos de confiar nele quanto a isso – ele sabe do que está falando. "Apliquei o coração a conhecer a sabedoria e a saber o que é loucura e o que é estultícia; e vim a saber que também isto é correr atrás do vento" (v. 17). Experimentou de tudo, e tudo saiu em falta. A satisfação era como correr atrás do vento.

Salomão não deixou nenhuma pedra sem ser revirada em sua busca por satisfação, e nenhuma experiência ou sabedoria do mundo conseguiu coçar sua coceira. Excedeu em muito os picos do sucesso em todas as áreas, contudo nunca chegou lá. Nunca podia alcançar ali, porque quando chegasse, ele se tornava *aqui* e ainda faltava chegar até o *lá* que ainda o aguardava. O ciclo é infindo. A procura não tem sentido.

Até que avaliemos honestamente essa vida debaixo do sol, até que estejamos prontos para ver que o verdadeiro significado está fora do sistema do mundo, estamos presos nessa roda viva. É um lugar quebrado. Não há sentido em procurar nele um acerto.

Fomos exilados do jardim para uma terra devoluta, e continuamos pensando que podemos fazer um jardim dessa terra árida. Mas isso não dá certo, e nunca dará. O que foi perdido é grande demais para recuperarmos por conta própria; o abismo é largo demais para conseguirmos fazer uma ponte com nossos fracos esforços.

ECLESIASTES E A PERDA DE *SHALOM*

Temos no coração um buraco com o formato de *shalom*, e nao importa o quanto jogamos nele, jamais conseguiremos preenchê-lo a não ser com o *shalom*. Todo mundo sabe que existe algo quebrado neste mundo. Porém, ilógica e tolamente, procuramos conserto de pessoas quebradas, com ideias quebradas e em lugares quebrados.

A minha definição predileta de pecado vem de um filósofo de nome Søren Kierkegaard, que, em *Doença até a Morte*, escreve: "O pecado é em desespero não querer ser a si mesmo diante de Deus".[47] Essencialmente, Kierkegaard está dizendo que o pecado constrói sua autoestima sobre qualquer coisa exceto Deus. Esse é o DNA do pecado. Tal visão torna a raiz do pecado mais penetrante e a tentação de pecar mais perigosa. Podemos colocar nosso autovalor em qualquer coisa, incluindo coisas que em outros aspectos são boas. Quando tomamos algo que é bom e o tornamos o máximo, estamos garantindo que essa coisa vai nos levar rente ao chão.

Deixe-me dar um exemplo. Você pode fazer do dinheiro seu alvo máximo. Não existe nada inerentemente mau no dinheiro ou possessões; se não, Deus não diria que não podemos roubar as coisas do próximo. Mas se você gasta todo seu tempo com dinheiro, toda sua energia em acumulá-lo, pode comprar uma casa em que raramente está, porque está trabalhando quinze horas por dia para juntar uma fortuna. No fim você será pintado como um palhaço, colocado em uma caixa e enterrado. Não estou sendo grosseiro – apenas realista. Vaidade, vaidade – é tudo vaidade.

Que tal algo mais espiritual? Tome, por exemplo, a religião. A religião praticada sem a presença da fé em Cristo é chamada de autojustiça na Bíblia, e nem mesmo os aperfeiçoadores dessa justiça própria, os fariseus, se qualificaram para o reino de Deus. A religião sem fé é vaidade. Não importa quantas pessoas ela ajude de maneira prática, não importa o quanto ela o faz sentir-se bem, um esforço religioso não arraigado no evangelho será apenas fundamentado em valor próprio autojustificado. Pura vaidade.

O que estamos procurando em todos esses esforços idólatras de autovalor? *Shalom*. Queremos experimentar novamente aquela harmonia ordenada por Deus, mesmo quando não sabemos. J.R.R.Tolkien diz que fomos sintonizados para almejar o jardim:

> "Com certeza houve um Éden nesta terra tão infeliz. Todos nós o almejamos, e estamos constantemente vendo pequenos vislumbres dele: toda nossa natureza, em seu

---

47 Citado por Keller, *The Reason for God*, 162.

melhor e não corrompido, mais terno e mais humano, ainda está encharcado do senso do *exílio*".[48]

Sem a mínima dúvida, nenhum livro da Bíblia ilustra tão bem a frustração e o anseio desse senso de exílio quanto o Eclesiastes de Salomão. O que pensamos primeiro em fazer quando sentimos a perda de paz? Procuramos o prazer. Salomão procurou a mesma coisa.

> Disse comigo: vamos! Eu te provarei com a alegria; goza, pois, a felicidade; mas também isso era vaidade. Do riso disse: é loucura; e da alegria: de que serve? Resolvi no meu coração dar-me ao vinho, regendo-me, contudo, pela sabedoria, e entregar-me à loucura, até ver o que melhor seria que fizessem os filhos dos homens debaixo do céu, durante os poucos dias da sua vida (Ec 2.1-3).

Está dizendo: Vou me dedicar ao prazer, e começa a sistematicamente dar as maiores festas que o mundo conheceu. Está chamando Dave Chappelle, Dane Cook e outros humoristas e comediantes mais populares (por razões que desconheço) de que se têm notícias. Traz gente engraçada no cúmulo do entretenimento, os recebe com as melhores comidas, os mais caros vinhos, e palácios decorados pelos melhores promotores de festas e eventos. Salomão vai em frente, sete dias por semana, durante um extenso período de tempo. Suas festas eram épicas.

Talvez esteja pensando: "É, ele deu festas, mas ele se divertiu mesmo?" Olhe só para 1Reis 4.22-23: "Era, pois, o provimento diário de Salomão trinta coros de flor de farinha e sessenta coros de farinha [isso são 220 litros, se você prefere o sistema métrico]; dez bois cevados, vinte bois de pasto e cem carneiros, afora os veados, as gazelas, os corços

---

[48] Citado por Miranda Wilcox, "Exilic Imagining in *The Seafarer* and *The Lord of the Rings*," in *Tolkien the Medievalist*, ed. Jane Chance (New York: Routledge, 2003), 138.

e aves cevadas". Todo comentário que li converte isso nos mesmos números: Salomão estava dando festas para quinze a vinte mil pessoas. Aquele churrasquinho, aquele barril de *chopp* de fim de tarde que você oferece no seu quintal é de escola maternal.

Eventualmente, ele cansou de acordar com ressaca no fundo de uma carruagem a caminho do México com uma nova tatuagem, e passou a pensar com maior progresso: "Vou fazer alguma coisa de minha vida. Puxa! Só estive dando festas, comendo comida boa e bebendo um bom vinho e todo mundo é turma de amigos. Não posso continuar a dormir até às onze da manhã. Preciso me aprumar, fazer algo útil".

Veja os seus próximos feitos: "Empreendi grandes obras; edifiquei para mim casas; plantei para mim vinhas. Fiz jardins e pomares para mim e nestes plantei árvores frutíferas de toda espécie. Fiz para mim açudes, para regar com eles o bosque em que reverdeciam as árvores" (Ec 2.4-6). Resolveu cortar um pouco os banquetes e dedicar-se mais a empreendimentos construtivos.

Para se ter ideia da atividade a que estamos nos referindo, o templo construído por Salomão levou sete anos para ficar pronto. Era ornado, coberto de ouro e pedras preciosas, considerado uma das maravilhas do mundo antigo. Em comparação, o palácio de Salomão levou catorze anos para ser construído. Não somente isso: ele construiu casas para todas as suas mulheres, uma enorme proeza.

Qual o seu propósito em tudo isso? Um senso de orgulho e permanência ocorre quando finalmente você é proprietário de sua casa. Quando deixa seu apartamento, e finalmente compra uma casa grande, tem esse senso de permanência, de que *chegou lá*. Há também algo que acontece com a alma daquele que trabalha fora o dia todo para construir alguma coisa. Nossa alma é sintonizada para ressoar com essa espécie de trabalho, pois se assemelha ao mandato original de Deus a Adão de cultivar, guardar e dominar a terra. Quando você faz a jardinagem de seu terreno, sujando as mãos na terra e no gramado, deixando tudo maravilhoso, você dá um passo para traz e pode dizer: "Que lindo que ficou", você está entrando naquele sentimento de pré-exílio.

Mas para não ser sobrepujado, Salomão diz ainda: "Não plantei só um jardim; plantei uma *floresta*. Gostei do que você fez com os amores-perfeitos e os gerânios, mas eu fiz uma floresta". Ele vai muito além do que a maioria de nós consegue compreender. Salomão não é um mero guerreiro de final de semana na casa de construção. Na verdade, se você for ao lado sudeste de Jerusalém, chegará a um lugar de crateras na terra, chamado de piscinas de Salomão. Foi onde Salomão cavou buracos cavernosos e os encheu de água para irrigar todos os parques nacionais e tudo mais que construiu. Mas diz ele que até mesmo esse gigantesco embelezamento não tinha sentido. E nós achamos que fazer um laguinho para peixes ou algum detalhe com água vai ajudar a encontrar tranquilidade! O que vem depois?

Comprei servos e servas e tive servos nascidos em casa; também possuí bois e ovelhas, mais do que possuíram todos os que antes de mim viveram em Jerusalém.

> Amontoei também para mim prata e ouro e tesouros de reis e de províncias; provi-me de cantores e cantoras e das delícias dos filhos dos homens: mulheres e mulheres (Ec 2.7-8).

Basicamente, Salomão se tornou Billy Madison[49]. Diz ele: "Não fiz nada para mim mesmo. Levantava por volta das onze, alguém preparava o café da manhã, mastigava pra mim e depois me dava uma massagem. Passei então para a limpeza de pele e o pedicuro..." Tentou banquetear e depois construir e agora está apenas relaxando, vivendo tranquilo. Tentou o cenário do *Riquinho*. Experimentou o cenário do clube de pólo. Tentou o panorama musical. Se ele gostasse de determinada música, ele não copiava o MP3, ele comprava a banda toda. Em cima de tudo isso,

---

49 Alusão ao filme *Billy Madisson, Um Herdeiro Bobalhão*, 1995. [Nota do revisor]

ele cedia ao que o tornou famoso: as mulheres. Salomão tinha setecentas mulheres. Ora, não existe como fazer sete mulheres serem felizes, quanto menos setecentas! Salomão tinha setecentas mulheres e trezentas concubinas a seu dispor. Isso não é um grande amor – é grande luxúria. Salomão experimentou a sexualidade totalmente desinibida. Fez com que Hugh Hefner parecesse amador.

Salomão experimenta de tudo e o experimenta maior e melhor que qualquer outra pessoa. Isso não deixa de ser notado. Veja Eclesiastes 2.9: "Engrandeci-me e sobrepujei a todos os que viveram antes de mim em Jerusalém". Está dizendo "Fui muito popular". Não é de se admirar? Também, com as festas que dava, tantos projetos gigantescos de terraplanagem e construção, tão vasta riqueza, tanta vantagem sexual, é de se admirar que ele fosse o homem mais famoso de sua época? Todos os cinco milhões de pessoas do *facebook* o curtiriam! Estaria nas capas de todas as revistas. Era como Einstein, J. F. Kennedy e Justin Bieber numa só pessoa!

Mas é intrigante o que diz a segunda parte desse versículo: "perseverou também comigo a minha sabedoria". O que quer dizer com isso. Creio que significa que ele jamais se esqueceu do que estava fazendo. Nunca ficou tão envolvido na busca do prazer que esqueceu de seu alvo inicial, que era ver se realmente existia algo de valor no mundo. Desde o primeiro dia, ele não se esquecia de que isso era apenas um experimento. Pode ser fácil dizer: "Bem, se você cede a ponto de perder o controle, claro que não encontrará satisfação". Mas Salomão estava fortemente envolvido em todas essas coisas, e ainda manteve sua sabedoria. Não perdeu de vista sua procura por entendimento em todos esses prazeres. Tinha o melhor de ambos os mundos. De alguma forma, ele, podia agir como um viciado e ainda manter a cabeça firme.

Você e eu não conseguimos fazer isso, principalmente porque não temos a sabedoria sem paralelos que Deus deu a Salomão. A linha básica não é que Salomão buscou prazer e não o encontrou. Ele o *encontrou*. Diz ele: "Tudo quanto desejaram os meus olhos não lhes neguei, nem privei o coração de alegria alguma, pois eu me alegrava com todas as minhas fadigas, e isso era a recompensa de todas elas" (2.10).

Salomão está dizendo: "Esse cenário de festa – não vou mentir. Em me diverti bastante, cara". Construir as casas e piscinas, plantar os jardins, essas comidas e bebidas maravilhosas, festas pródigas, as melhores orquestras, abundantes mulheres mais belas, o dinheiro, as coisas todas – Salomão se divertiu muito. Então vem o versículo 11: "Considerei todas as obras que fizeram as minhas mãos, como também o trabalho que eu, com fadigas, havia feito; e eis que tudo era vaidade e correr atrás do vento, e nenhum proveito havia debaixo do sol".

Não perca a vista disso! O vazio de nosso coração, com forma de *shalom*, só pode ser preenchido pelo *shalom* de Deus.

Acabaram as fantasias de Salomão. Ele fizera tudo que vinha na cabeça. Jogara, desempenhara tudo. No final, tinha feito tudo que seria possível, e ainda assim estava no mesmo lugar que estivera antes de começar essa busca, sentindo que a vida é um tédio previsível, frustrado e irritado por tudo isso.

A poderosa ironia dessa frustração é que Deus é o autor de toda boa dádiva. Prazer, festas, jardins, trabalho, dinheiro, coisas materiais e sexo, todas essas coisas são suas ideias. Adão e Eva foram criados e colocados no jardim sem vestimenta alguma. Isso é uma grande coisa! Amo o jeito que Deus começou as coisas: um homem, uma mulher, um imenso terreno livre, e ambos nus. "Vão brincar, folguem, divirtam-se". É assim que parecia o *shalom*! De alguma maneira, nós ficamos com a ideia de que Deus seria um desmancha-prazeres cósmico, mas nos firmamos na Escritura para dizer que esse profundo anseio que se encontra em nosso cerne clamando por felicidade e deleite foi ali colocado por ele, e *ele quer que nós sejamos satisfeitos*.

Corremos atrás dessa satisfação desde o primeiro dia. Neste mundo decaído, saímos do ventre materno desesperados por obter *shalom*. A partir do segundo em que nascemos, procuramos nossa própria alegria, não é mesmo? Às quatro da manhã, no meio da noite, no meio da tarde, durante um culto na igreja, no funeral da vovó, não importa aonde: "Me dê mamadeira. Me dê meu dedão de chupar. Me dê comida. Divirta-me. Dance para mim. Faça aquelas caretas engraçadas". Saímos estalando os dedos pedindo satisfação, e na verdade, nunca paramos com isso.

Tal necessidade jamais muda, ainda que mude a busca. Pode parecer diferente quanto mais velhos nós ficamos, mas o desejo sempre será o mesmo. Buscamos nossa própria felicidade, nosso próprio prazer. Ele sempre é o fator que motiva tudo que fazemos. Não é a necessidade o que está errado; é a ordem em que exibimos caminhos separados de Jesus onde buscamos alcançá-la. As palavras de Salomão são, portanto, lembrete vívido de quão profundo vai o nosso vazio. Ilustram o quanto se distanciou nosso *shalom*. Mas Salomão nos fez um grande serviço. Eclesiastes está na Bíblia para que nada esteja em nosso coração exceto Jesus.

A PROCURA COMO SENTIDO

Toda pessoa busca sentido, significado, felicidade. Qualquer que seja o rótulo, qualquer modo que o identifiquemos, todos estamos procurando por realização. A própria busca de realização devia nos indicar que existe mesmo esse preenchimento verdadeiro.

Nos anos de 1600, houve uma aberração, gênio de matemática, filosofia e teologia chamado Blaise Pascal. Ele disse:

> Todos os homens buscam a felicidade. Isso sem exceção. Quaisquer que sejam os meios diferentes que empreguem com esse fim, tendem todos a tal finalidade. A razão pela qual alguns vão à guerra, enquanto outros a evitam, é o mesmo desejo em ambos, atendido de diversos modos. É este o motivo da ação de todo homem, até mesmo dos que se enforcam.[50]

---

50 Blaise Pascal, *Thoughts*, trans. W. F. Trotter (New York: Collier, 1910), 138 (Em português: Pascal, Pensamentos, Martin Claret, 2003)

A felicidade é a força motriz por trás de tudo que se faz. Qualquer coisa que você faça tem em seu centro o desejo por felicidade. Mesmo as coisas desagradáveis que fazemos são feitas porque as vemos como finalmente preferíveis e condutíveis à felicidade do que outras alternativas. Como pais, tenho de contar que uma das piores coisas é levar os filhos para tomar injeções. Em nível superficial, não quero que meus filhos sejam sujeitos à dor da injeção, e certamente não fico feliz em forçá-los a sofrer com as vacinas. Porém, na raiz dessa decisão de imunizar as crianças, está a decisão de não querer que elas tenham as doenças contra as quais as injeções protegem; isso faria com que ficássemos infelizes (elas e nós). Nenhuma doença se iguala à felicidade. Sempre fazemos o que queremos, por pensar que enfim será para nossa alegria.

Contudo, conforme eu já disse, o problema não está na própria felicidade. O que fazer com Salomão, que procura por prazer com toda sua força e volta dizendo: "Pode procurar o quanto quiser, mas no fim será tudo vaidade. É correr atrás do vento"? C. S. Lewis pode nos ajudar aqui. Certa vez ele escreveu: "Não procurei a religião para me tornar feliz. Sempre soube que uma garrafa de vinho do porto faria isso".[51] E em sua obra clássica, *Peso de Glória,* ele escreve:

> Se paira na maioria das mentes modernas a idéia de que desejar nosso próprio bem e sinceramente esperar gozá--lo seja algo mau, sugiro que tal noção tenha se rasteado vindo de Kant e dos estóicos, e não tem nenhuma parte com a fé cristã.[52]

Emanuel Kant foi filósofo que ensinava que quanto mais se ama alguma coisa, menos virtuoso se torna esse seu amor. (Sei, isso não

---
51 C. S. Lewis, "Answers to Questions on Christianity," in *"God in the Dock": Essays on Theology and Ethics* (Grand Rapids, MI: Eerdmans, 1993), 58. (*Deus no Banco sos Réus*)
52 C. S. Lewis, "The Weight of Glory," in *"The Weight of Glory": And Other Addresses* (New York: HarperCollins, 2001), 26.

faz sentido). De acordo com Kant, eu seria mais virtuoso se odiasse minha esposa, mas ficasse junto dela devido ao meu compromisso para com ela, do que se eu realmente amá-la e quiser estar junto a ela. Seria mais virtuoso se lastimasse a própria existência de minha esposa, mas, em razão de meu voto, permanecesse com ela do que se eu a amasse de todo coração. Está bastante claro que Kant tinha necessidade de um abraço.

Mas tal conceito já não teria infiltrado o cristianismo? Nós não elevamos a ideia de amar as pessoas até mesmo quando não temos vontade de amá-las? De alguma forma, não comunicamos que é virtude realizar atos de amor a pessoas com as quais sentimo-nos repulsados? Porém, quando Jesus viu as multidões, ele não sentiu repulsa: sentiu compaixão (Mt 9.36). É verdade que "o amor é um verbo" e tudo mais, e quando Paulo define o amor em 1Coríntios 13, não o faz a partir da estrutura de *sentimentos*, porém, Deus não nos fez para que experimentássemos o amor como uma turma de rabugentos. Ele nos dá afetos por uma razão. Assim, Lewis acertou em cheio quando escreveu:

> Concedo que tal ideia tenha se rastejado de Kant e os estóicos, e não tem parte com a fé cristã. Na verdade, se concedermos às descaradas promessas de recompensa e a surpreendente natureza das promessas de galardão nos evangelhos, parece que Nosso Senhor veria os nossos desejos não fortes demais, mas demasiadamente fracos.[53]

De acordo com Lewis, Deus não nos olha dizendo: "Não acredito que eles estivessem procurando pelo próprio prazer", mas nos vê e diz: "Não estão procurando com suficiente afinco". O coice chega na próxima asserção de Lewis:

---

53 Ibid.

> Somos criaturas de tíbio coração, brincando com bebidas e sexo e ambição, quando a alegria infinita nos é oferecida, como criança ignorante que prefere continuar fazendo bolinhos de lama num cortiço porque não consegue imaginar o que significa passar férias numa praia ao mar. Contentamo-nos facilmente em demasia.[54]

Quando o pecado entrou no mundo e o dilacerou, Romanos 1.23 diz que trocamos Deus, o infinito criador, por sua criação. Ocorrendo isso, começamos a nos acomodar a prazeres transitórios e temporários ao invés daquilo que é eterno e satisfaz a alma.

Dez anos atrás, você tinha em mente um retrato do que esperava de sua vida dez anos depois. Pensava que se conseguisse alcançar *isso*, seria feliz e satisfeito. Durante seus últimos dez anos, você tem dedicado sua energia – consciente ou inconscientemente – para chegar lá. A maioria de vocês pensava: "Se apenas eu conseguir terminar os estudos, conseguir um bom emprego, arranjar um marido (uma esposa), ter filhos, ter dinheiro suficiente para passar boas férias, conseguir um carro que realmente funcione na maior parte do tempo, se eu apenas conseguisse isso, eu teria aquilo." Mas a realidade é que mesmo se conseguiu alcançar os seus alvos, você ainda não terminou, pois já substituiu o seu plano de dez anos por outro plano também para daqui a dez anos. Quase todos nós, quer admitamos quer não, temos comprado a filosofia de que aquilo que realmente precisamos para finalmente sermos felizes é ter mais do que já possuimos. Isso é loucura. Não tem sentido.

Eclesiastes 3.11 diz que "Deus também pôs a eternidade no coração do homem". Em algum nível, no mais profundo de nossa alma, ela recorda, como quer que seja, como era a vida antes da Queda. Em algum nível bem profundo, nossa alma tem essa impressão gravada pelo dedo

---

54 Ibid.

de Deus, como os sulcos de um disco, codificando a memória de como era quando o pecado ainda não entrara no mundo. Lembramos lá no fundo que em certo tempo passado éramos plenos, éramos felizes, houve um tempo quando realmente nada nos pressionava para baixo. As nossas almas estão *gemendo*, desejosas de voltar até lá. O vazio, porém, tem o formato de Deus, conforme diz Pascal:

> Houve certa vez no homem verdadeira felicidade da qual hoje só resta a marca e traço vazio, que ele em vão tenta preencher a partir de seu ambiente, buscando ajuda de coisas ausentes por não obter em coisas do presente... Estas, porém, são todas inadequadas, porque o abismo infinito só poderá ser preenchido por objeto infinito e imutável, ou seja, apenas pelo próprio Deus.[55]

O sulco tem o comprimento da eternidade, e tudo que temos em nosso próprio poder para preenchê-lo é apenas temporário. Salomão chega ao final de seus alvos e diz ser tudo vaidade, sem sentido, e nem o mais rico, sábio, experiente homem na história humana possui os recursos necessários para ali chegar. Que espécie de chance *você* acha que tem?

Minha história favorita na Bíblia se encontra em João 4. As Escrituras dizem que Jesus resolveu passar pela Samaria apesar do fato de que ninguém – especialmente os judeus – queria passar por lá. Ele senta à beira de um poço e uma mulher que troca sexo pelo aluguel da casa aparece ao meio dia, porque se viesse de manhã cedo, provavelmente levaria uma surra. Ela é uma pária social.

Jesus lhe diz: "Ei, você me dá um copo d'água?" Ela pega um pouco de água, embora achasse estranho que ele falasse com ela. Entrega a água, ele bebe e começa a conversar a respeito de água. Diz: "Sabe, vou

---

55 Pascal, *Thoughts*, 138–39

beber essa água, mas vou ficar com sede de novo". Ela pergunta: "Quer mais um copo?" (A propósito, esta é uma paráfrase).

Ele continua falando de água, dizendo: "As pessoas continuarão vindo até este poço o dia todo. Na verdade, as mesmas mulheres que vieram hoje cedo tirar água para o dia vão voltar porque vão ter sede de novo. Ouça bem: se você beber da água que eu lhe der, nunca mais vai ter sede". Ela não entende nada.

Você lembra a história? Ela diz: "Você nem tem um copo para pegar água. Como diz que me dará água?"

O que é que Jesus está dizendo? Ele está afirmando: "Eu sou eterno. Preencho o sulco. Encho o vazio".

Ora, deixa-me dizer o que estou afirmando e o que não estou dizendo. Não estou dizendo que sem Jesus você não conseguirá ter um bom casamento. Lauren e eu temos bons amigos que não conhecem Cristo nem têm o mínimo desejo de frequentar uma igreja. Eles vêm sempre à nossa casa. Estamos querendo que vejam Jesus em nós. Mas esse nosso vizinho é um bom marido, sua esposa é excelente e são bons pais. Possuem a criatividade e competência de desempenhar bem as suas funções, melhor até do que muitos cristãos. A despeito de tudo isso, eles jamais conhecerão a plenitude do que o casamento foi criado para ser, porque somente quem se submete a Cristo poderá experimentar a plenitude de alma que é a máxima felicidade.

No final, não existe nada debaixo do sol que traga realização eterna. Temos de olhar além do Sol. O sulco de nossos corações não pode ser preenchido com o que é temporal. Exige a eternidade.

Portanto, a nossa própria busca por mais e mais, cada vez maior, cada vez melhor, é o nosso sentimento de que algo está fora, defeituoso, deformado e quebrado. No mesmo sentido que a morte, a dor e o sofrimento dizem-nos que algo no mundo está quebrado, a nossa busca insaciável nos diz que algo maior que a própria terra está faltando de nossa alma.

O ANSEIO POR REAL SATISFAÇÃO

Estamos tentando estabelecer que o pecado não é apenas algo pessoal: é cósmico. Conquanto o evangelho no chão mostra-nos que a depravação é muito pessoal, que está *aqui dentro*, o evangelho no alto demonstra que a depravação afeta o tecido e sistema social da terra que também se encontra *lá fora*. Claro que está *lá fora* porque está *aqui dentro*, mas, conforme revelam as lembranças de Salomão em Eclesiastes, não é apenas que necessitamos satisfação; todas as coisas boas no Universo, com exceção de Deus, está quebrado demais para nos satisfazer.

Quão insatisfeito fica Salomão devido a tal fratura?

> Pelo que aborreci a vida,
> pois me foi penosa a obra que se faz debaixo do sol;
> sim, tudo é vaidade e correr atrás do vento.
> Também aborreci todo o meu trabalho,
> com que me afadiguei debaixo do sol,
> visto que o seu ganho
> eu havia de deixar a quem viesse depois de mim.
> E quem pode dizer se será sábio ou estulto?
> Contudo, ele terá domínio
> sobre todo o ganho das minhas fadigas
> e sabedoria debaixo do sol; também isto é vaidade.
> Então, me empenhei por que o coração se desesperasse
> de todo trabalho com que me afadigara debaixo do sol.
> Porque há homem cujo trabalho é feito com sabedoria,
> ciência e destreza; contudo, deixará o seu ganho
> como porção a quem por ele não se esforçou;
> também isto é vaidade e grande mal (Eclesiastes 2.17-21)

Existe um retorno diminuto no prazer que Salomão procura, portanto, ele começa a odiar a vida. Já chupou todo o tutano dela, e ainda está na casa dos trinta anos de idade. Passa de entristecido para frustrado. Observe que ele se frustra até mesmo pelo que virá depois dele. Pela história, sabemos que após Salomão, a nação de Israel se desfez completamente. Nesta passagem, pegamo-lo olhando para seus filhos. Ele foi sábio; construiu Israel com riqueza e poder, mas olha seus filhos e pensa nos problemas: "Estamos em apuros. Não fiz nada senão gerenciar com sabedoria, no entanto, esses sujeitos virão e destruirão tudo depois de mim". Reconhece que não tem poder para controlar o que acontecerá com a riqueza que ele acumulou. Não poderá levar consigo nem garantir que não seja desperdiçado depois que ele se for. A falta de sentido começa a se acomodar, e ele entrega o coração ao desespero.

Aqui vou mostrar como estou antiquado por causa deste exemplo, mas eu era (sou) enorme fã da banda Nirvana. Prestei bastante atenção ao que acontecia com Kurt Cobain, para o que *Kurt Cobain* fez com Kurt Cobain. Por toda a história, tem havido pessoas de projeção que, cedo na vida, atingiram tudo que poderiam ter sonhado, e depois perderam os seus sonhos. Quando isso acontece, entra o desespero. Acho que é o que aconteceu a Kurt Cobain. Quando o senso corrosivo de desperdício começou a tomar conta de sua alma, o que ele faria? Mais um disco de platina? Iria comprar mais uma casa, outro badulaque? Acha que um novo telefone celular iria animá-lo? Ele entrou num desespero tal, que suas coisas favoritas – sua família e sua música – não podiam minorar. Tirou a própria vida porque odiava viver, a despeito de tudo que conseguiu realizar, atingir e acumular.

Foi o que aconteceu a Salomão. "Consegui. Fiz de tudo. Realizei. E vou deixar tudo para meus filhos idiotas. Tudo desperdiçado. Puxa, odeio essa vida!" Porém, preste atenção a seu testemunho enquanto progride. Odiar sua vida não é o fim da sua história. Ele começa a fazer a pergunta eterna: "Pois que tem o homem de todo o seu trabalho e da fadiga do seu coração, em que ele anda trabalhando debaixo do sol?" (Ec 2.22).

Está falando sobre aqueles que obtiveram tudo que queriam. Se Jó é um livro sobre alguém que perdeu tudo, Eclesiastes é sobre um sujeito que obteve tudo. Esse homem sente que o mundo nada mais é que sofrimento, pois adquiriu tudo que poderia ter, e isso só aumentou sua tristeza. "Pois que tem o homem de todo o seu trabalho e da fadiga do seu coração, em que ele anda trabalhando debaixo do sol? Porque todos os seus dias são dores, e o seu trabalho, desgosto; até de noite não descansa o seu coração; também isto é vaidade" (vv 22-23). Se toda receita que o homem mais sábio sobre a terra pode dar não funciona, tem algo errado conosco ou com nosso mundo. Existe resposta? Tudo é desesperança?

Salomão acaba descobrindo a resposta. Ele escreve: "Nada há melhor para o homem do que comer, beber e fazer que a sua alma goze o bem do seu trabalho. No entanto, vi também que isto vem da mão de Deus, pois, separado deste, quem pode comer ou quem pode alegrar-se?" (vv 24-25). Salomão acaba de dizer que o prazer duradouro que a alma experimenta só vem como dom de Jesus.

Deus dá dons a todos os homens. Quer creia quer não creia em Deus, você está vivo, andando, usando os seus bens. Ele dá alimento, bebida, trabalho, amigos, família a todos. Dá dons a todo mundo, mas apenas os que creem em Jesus recebem o dom do prazer que perdura. Por quê? Porque se formos orientados a Jesus, nossa satisfação estará amarrada apenas nele. Podemos realmente gozar das boas dádivas de Deus, conforme foram criadas para ser apreciadas, pois estão em órbita em volta do sol certeiro – não nosso eu, mas nosso Salvador.

A maioria dos seres humanos acredita que as pessoas e as circunstâncias existem para torná-las felizes. Cremos que a quebradura interior pode ser satisfeita por coisas exteriores. Se não estamos felizes, a quem devemos culpar? As pessoas e as circunstâncias. Você vê como isso não faz sentido? Pessoas quebradas esperam que gente quebrada conserte as coisas, ou esperam que as coisas boas de Deus façam tudo por elas? Pensando bem, é uma ideia ridícula.

    Tudo está confuso. O sistema e todas as suas peças estão faltosos. Eclesiastes não nos mostra isso? Não há *shalom* em nossos corações; e não existe *shalom* nas ofertas do mundo. Somos amaldiçoados; a natureza é amaldiçoada. Estamos gemendo. A criação geme. A dor é maior do que todos nós.

    Carecemos de uma redenção maior do que todos nós.

Capítulo 7
O EVANGELHO NO ALTO
RECONCILIAÇÃO

Quando Deus avalia a depravada desordem em que a humanidade se tornou, ele observa a justiça de Noé, mas descreve a difusão do pecado bem como sua repercussão do seguinte modo:

> A terra estava corrompida à vista de Deus e cheia de violência. Viu Deus a terra, e eis que estava corrompida; porque todo ser vivente havia corrompido o seu caminho na terra. Então, disse Deus a Noé: Resolvi dar cabo de toda carne, porque a terra está cheia da violência dos homens; eis que os farei perecer juntamente com a terra (Gn 6.11-13)

Por que Deus inundaria toda a Terra? O que a ela fez para Deus? Claro, a resposta é *nada*, mas a destruição de todos os seres vivos – com exceção dos que se encontravam na arca – demonstra as profundas ramificações de nossa traição cósmica contra Deus. Porque os mordomos da criação são corruptos a Terra também está corrompida. Somos os opostos do Rei Midas – tudo que tocamos não se transforma em ouro, mas em cinzas. O chão é maldito devido o pecado de Adão e Eva, devido ao *nosso* pecado, porque as consequências do pecado têm de refletir a expansão da glória de Deus.

A glória de Deus é eterna, portanto, o pecado é ofensa eterna. É por esta razão que cremos em vida eterna, como também em eterno inferno, e um refazer não apenas de algumas, mas de todas as coisas. As boas novas são que o plano de Deus para a redenção está ligado à sua glória, e abarca toda a criação. Aquilo que está corrompido será novamente declarado "muito bom". No fim da história de Noé e da arca, quando finalmente ele planta seus pés sobre a terra seca e faz uma oferta queimada ao Senhor, Deus promete: "Não tornarei a amaldiçoar a terra por causa do homem, porque é mau o desígnio íntimo do homem desde a sua mocidade; nem tornarei a ferir todo vivente, como fiz" (Gn 8.21).

A promessa de Deus ali prefigura o dia que ainda virá quando a maldição será erradicada – de um a outro pólo, do leste ao oeste – da terra. É gigantesco o plano de redenção de Deus. A visão que ele tem para o mundo, portanto, não é de destruição, como preveem alguns cristãos, mas sim, de redenção e restauração. "Pois a terra se encherá do conhecimento da glória do Senhor, como as águas cobrem o mar", diz Habacuque 2.14. Seremos novamente inundados, mas dessa vez, de água viva!

A reconciliação que Deus tem em mente mediante a obra expiadora de Jesus Cristo é claramente pessoal e *superpessoal*. Porque todas as coisas na terra foram corrompidas pela queda do homem, Deus estará "reconciliando consigo o mundo" (2Co 5.19) e "sujeitando todas as coisas debaixo de seus pés" (1Co 15.27).

A ÉPICA OBRA DE CRISTO

Quando Jesus estava ensinando seus discípulos a orar, seu exemplo incluía este pedido ao Pai: "venha o teu reino; faça-se a tua vontade, assim na terra como no céu" (Mt 6.10). Em essência, era este o propósito de seu ministério: trazer o reino de Deus para a terra. No céu, todas as coisas são orientadas para a adoração de Deus. A Divindade Trina está no centro do Universo celeste. Sobre a Terra, o pecado derrubou todas as coisas fora de órbita. Nós nos revolvemos em volta de uma variedade de ídolos, que são apenas projeção de nossa orientação em volta de *nós mesmos* como deuses.

Conforme vimos, porém, toda a criação também se encontra fora dos propósitos. A mancha do pecado afetou a criação. Até o chão que pisamos é amaldiçoado por nossa culpa. O ministério de Jesus de inaugurar o reino de Deus, sendo que ele mesmo é rei, não era simplesmente missão de recrutamento de súditos, ainda que primeira e principalmente fizesse isso, mas trata também de reverter a maldição. Os Evangelhos mostram Jesus e seus amigos pregando o "evangelho do reino", que trata do início de colocar em ordem todas as coisas, garantindo que a glória de Deus se reflita em tudo na terra assim como é no céu. A missão de Jesus, portanto, é de transformação pessoal, como também de transformação global. É épica a sua obra.

Vemos ao longo de todo o ministério de Cristo o aperitivo do evangelho no alto. Por exemplo, observe nos Evangelhos que Jesus redime as almas de homens e mulheres, como também as suas histórias. As esperanças dos filhos de Deus em todo o Antigo Testamento não são apenas sobre a salvação individual – ainda que obviamente isso esteja em vista mas tratam da redenção nacional, restauração pactual, e reconciliação "no mundo real".

A expectativa do judeu comum podia estar descentrada do que foi realizado por Jesus, mas as esperanças e os anseios que vemos através da Lei e dos Profetas da antiga aliança não foram ignoradas por Deus. Com isso quero dizer que os judeus do tempo de Jesus podiam estar esperando que o Messias derrubasse política e militarmente o império romano, porém, o fato de Jesus não o ter feito *daquela forma*, como imaginavam, não quer dizer que ele não tenha realizado isso. Quando vemos

Jesus cumprindo o foco da lei no seu Sermão do Monte, por exemplo, instituindo a Ceia do Senhor como cumprimento contínuo da Páscoa ou limpando, com violência, o templo ou pronunciando os "ais" contra Jerusalém e seus líderes religiosos, nós o estamos vendo proclamar uma restauração do reino que trata tanto de transformação individual como também de *muito mais*. Nesses atos, e em outros, ele está proclamando que o evangelho é cumprimento dos anseios políticos, religiosos, culturais e históricos de toda nação.

O evangelho de Jesus é épico. Quando ele diz que viu Satanás caindo como um raio do céu, está dizendo que o evangelho trata da derrubada do próprio mal, não apenas do nosso comportamento pecaminoso. Quando Jesus expulsa os demônios, está afirmando que o evangelho trata de sua autoridade e soberania. Quando Jesus cura os enfermos e aleijados, está afirmando que o evangelho trata da erradicação da quebradura física. Quando Jesus alimenta os cinco mil, está dizendo que o evangelho trata de abundante provisão em Cristo para um mundo faminto. Quando Jesus anda sobre as águas ou acalma a tempestade, está afirmando que o evangelho trata de seu senhorio sobre o caos da criação caída. Quando Jesus confunde os líderes religiosos, derruba as mesas, diz aos ricos que para eles o caminho será difícil, quando diz "dá a César o que é de César", quando entra na cidade, montado em um jumento, prediz a destruição do templo, e permanece calado diante dos governantes políticos, está afirmando que o evangelho produz efeitos profundos sobre nossos sistemas vigentes. Quando Jesus perdoa os pecados e ressuscita os mortos, está dizendo que o evangelho é sobre o novo nascimento, mas também vitória sobre o pecado e a morte.

A missão de Jesus é tão grandiosa que João Batista, em Mateus 3.3, quer que lembremos estas palavras de Isaías 40.3-4:

>Voz do que clama no deserto:
>Preparai o caminho do Senhor;

> endireitai no ermo vereda a nosso Deus.
> Todo vale será aterrado,
> e nivelados, todos os montes e outeiros;
> o que é tortuoso será retificado,
> e os lugares escabrosos, aplanados.

Você consegue enxergar como sendo épica a obra de Jesus? É de importância fundamental. Claro que essa obra culmina no fim pelo qual o Filho foi enviado: morrer na cruz e ressuscitar.

A CRUZ CÓSMICA

Voltemos a Romanos 8, desta vez, considerando o trecho de outra perspectiva.

> Porque para mim tenho por certo que os sofrimentos do tempo presente não podem ser comparados com a glória a ser revelada em nós. A ardente expectativa da criação aguarda a revelação dos filhos de Deus. Pois a criação está sujeita à vaidade, não voluntariamente, mas por causa daquele que a sujeitou, na esperança de que a própria criação será redimida do cativeiro da corrupção, para a liberdade da glória dos filhos de Deus. Porque sabemos que toda a criação, a um só tempo, geme e suporta angústias até agora. E não somente ela, mas também nós, que temos as primícias do Espírito, igualmente gememos em nosso íntimo, aguardando a adoção de filhos, a redenção do nosso corpo (vv 18-23).

Em nosso estudo da criação (capítulo 5), dissemos que Romanos 8 coloca o cenário *in media res,* como quando vemos filmes de ação com tudo caótico e desmoronando antes da personagem principal começar a pensar em como tudo aconteceu. Não é necessário ser religioso para olhar o estado do mundo e dizer: "Está tudo errado", perguntando: "Como é que chegamos a isso?" Mas depois que o filme volta atrás e revela cena por cena a história que conduz ao ponto da crise, a história volta ao presente. O clímax se aproxima, e surge nova pergunta: "Como sair dessa confusão toda?"

Todo mundo tem uma resposta a tal pergunta. Quase todo mundo procura um plano de escape da violência. Toda religião propõe uma rota de fuga. Os candidatos políticos têm muitas ideias. Oprah oferece muitas sugestões. Nas livrarias, metade dos livros é de autoajuda. A necessidade de consertar as coisas está sempre pressionando, e os manuais de reparo não são difíceis de achar.

Desta vez, em nosso exame de Romanos 8, veremos que Paulo, ao mesmo tempo em que revela a quebradura, está revelando o conserto. Diz ele que "a criação aguarda com ardente expectativa". Existe um desejo, uma expectação dentro da criação, de que algo acontecerá, que dará fim ao erro e juntará aquilo que está quebrado. A fratura implora por reconciliação. Paulo utiliza a ilustração das dores do parto, tanto em 1Tessalonicences 5.3 como em Gálatas 4.19. Existe angústia, mas existe também algo belo, prestes a acontecer. Você já ouviu falar sobre como as cientologistas têm de ficar quietas quando estão parindo? Lauren e eu tivemos uma abordagem oposta. Ela gritava, e o médico gritava conosco mandando parar de gritar. Mas o bebê entra na sala, e com ele a alegria. Paulo está tentando apreender esse quadro vívido das dores de parto para dizer que algo está sendo parido em meio à quebradura. Nosso corpo geme, angustiado pela quebra, geme ansioso por redenção. Igualmente, toda a criação grita pela expectativa de que o que deu errado será consertado. Qual o conserto? Será libertado, experimentará a adoção, conhecerá a redenção. Conforme Romanos 8, não somos somente nós que clamamos por esse conserto, mas todo nosso mundo.

O escopo cósmico da crucificação de Cristo é revelado nos eventos em sua volta. Lembre-se dos detalhes de Mateus 27.45-54:

> Desde a hora sexta até a hora nona, houve trevas sobre toda a terra. Por volta da hora nona, clamou Jesus em alta voz, dizendo: Eli, Eli, lamá sabactâni? O que quer dizer: Deus meu, Deus meu, por que me desamparaste? E alguns dos que ali estavam, ouvindo isto, diziam: Ele chama por Elias. E, logo, um deles correu a buscar uma esponja e, tendo-a embebido de vinagre e colocado na ponta de um caniço, deu-lhe a beber. Os outros, porém, diziam: Deixa, vejamos se Elias vem salvá-lo. E Jesus, clamando outra vez com grande voz, entregou o espírito. Eis que o véu do santuário se rasgou em duas partes de alto a baixo; tremeu a terra, fenderam-se as rochas; abriram-se os sepulcros, e muitos corpos de santos, que dormiam, ressuscitaram; e, saindo dos sepulcros depois da ressurreição de Jesus, entraram na cidade santa e apareceram a muitos. O centurião e os que com ele guardavam a Jesus, vendo o terremoto e tudo o que se passava, ficaram possuídos de grande temor e disseram: Verdadeiramente este era Filho de Deus.

O céu escurece. A terra treme. O véu do templo é rasgado de alto a baixo. Sepulturas se abrem, e corpos ressurretos estão fazendo a dança macabra pelas ruas de Jerusalém. Está claro que a obra de Cristo sobre a cruz é maior do que nossa mente insignificante consegue imaginar. A reação da ordem natural das coisas conecta a morte de Cristo a uma fenda dento do próprio tecido da criação.

Romanos 8, que oferece a perspectiva dupla das consequências da queda – o gemido sobre o chão e no alto – aponta para a cruz como o meio de libertação até a liberdade da glória. Recebemos também essa dupla visão em Colossenses 1. Nessa passagem, Paulo fala claramente sobre a natureza do evangelho com relação aos indivíduos. Você e eu somos reconciliados com Deus por meio de Jesus Cristo – especificamente pela cruz e ressurreição de Jesus Cristo, não por qualquer obra da nossa parte:

> E a vós outros também que, outrora, éreis estranhos e inimigos no entendimento pelas vossas obras malignas, agora, porém, vos reconciliou no corpo da sua carne, mediante a sua morte, para apresentar-vos perante ele santos, inculpáveis e irrepreensíveis (vv 21-22).

Somos reconciliados com Deus mediante a crucificação e ressurreição de Jesus Cristo, e Colossenses fala com frequência sobre essa verdade: "Ele nos libertou do império das trevas e nos transportou para o reino do Filho do seu amor" (Cl 1.13). Uma vez reconciliados com Cristo já não somos mais inimigos de Deus. A relação pessoal que Adão e Eva gozavam com ele foi restaurada. Mas Colossenses 1 também oferece uma visão de ângulo muito mais amplo – bem do alto – dessa restauração. É como focalizar sua casa no *Google Earth*, para então aumentar o "zoom" de volta e ver todo o hemisfério ocidental.

Sobre Cristo, Paulo escreve:

> Este é a imagem do Deus invisível, o primogênito de toda a criação; pois, nele, foram criadas todas as coisas, nos céus e sobre a terra, as visíveis e as invisíveis, sejam tronos, sejam soberanias, quer principados, quer potestades. Tudo foi criado por meio dele e para ele. Ele é antes de todas as coisas. Nele, tudo subsiste. (Cl 1.15-17)

É algo cósmico, não é mesmo? Aqui você não está apenas sentado no colo de Jesus; não é algo individualizado. É incrivelmente cósmico.

Ele é o criador de todas as coisas. É quem sustenta tudo. "Nele tudo subsiste". Tudo é por Cristo, por meio de Cristo e para Cristo, desde seres humanos até elefantes, desde peixes *bioluminescentes* em alguma caverna negra da América do Sul que ninguém jamais descobriu, até micróbios sob uma geleira glacial em algum planeta distante que ninguém jamais descobrirá. Cristo é Senhor de tudo. Colossenses 1 quer que vejamos o senhorio de Cristo como algo muito, muito grandioso. Com certeza não é nada menos que nosso senhor e salvador pessoal, mas também profundezas, anos-luz e eras *mais* que isso. Paulo continua:

> Ele é a cabeça do corpo, da igreja. Ele é o princípio, o primogênito de entre os mortos, para em todas as coisas ter a primazia, porque aprouve a Deus que, nele, residisse toda a plenitude e que, havendo feito a paz pelo sangue da sua cruz, por meio dele, reconciliasse consigo mesmo todas as coisas, quer sobre a terra, quer nos céus (vv. 18-20).

Um dos perigos de um evangelho que permanece no chão por tempo demasiado é ficar centrado no homem. A ideia, por exemplo, de que "a Bíblia é a carta de amor de Deus para você" tem uma semente de verdade, mas mostra como facilmente trocamos a centralidade da glória de Deus para a centralidade de nossa própria necessidade. Colossenses 1.18 é uma adaga no coração do evangelho centrado no homem. Cristo é a cabeça. Cristo é o princípio. Cristo é o primogênito. Cristo tem de ser preeminente. Portanto, o evangelho explícito engrandece a glória de Deus enquanto anuncia a supremacia de seu Filho. O evangelho em Colossenses 1 é épico; postula uma cruz que é cósmica. Vemos a paz feita pelo sangue da cruz cobrindo "todas as coisas".[56] O escopo da obra reconciliadora de Cristo na cruz abrange a quebra entre o homem e Deus e a quebra entre a terra e o céu.

---

[56] É por essa razão que rotulei esse ponto da trama na narrativa de reconciliação "No alto" em vez de usar o termo mais comum "redenção".

A cruz de Cristo é primeira e centralmente o meio pelo qual Deus reconcilia as pessoas pecadoras com o *seu* ser sem pecado. Porém, é muito mais que isso. Do chão, vemos a cruz como nossa ponte para Deus. Do ar, a cruz é nossa ponte para a restauração de todas as coisas. A cruz do filho de Deus que foi quebrado é a alavanca que quebra o bloqueio até o Éden. É nossa chave para um Éden *melhor*, para as maravilhas do reino da nova aliança, da qual a antiga era apenas sombra.

A cruz é a cavilha da roda no plano de Deus de restaurar toda a criação. É de se admirar, então, que o túmulo vazio se abrisse para um jardim?

RECONCILIADOS PARA RECONCILIAR

Para que a reconciliação feita pela cruz seja cósmica, ela tem de abarcar mais do que apenas nosso relacionamento individual com Deus. Cada qual pode ser salvo individualmente, mas não fomos salvos *para* uma vida individualista. Somos parte da restauração que Deus faz de todas as cosias, e fomos trazidos ao testemunho missional do evangelho restaurador de Deus, o corpo de Cristo.

Quando você e eu fomos reconciliados com Deus por meio de Jesus Cristo, fomos trazidos a uma comunidade pactual da fé. Fomos trazidos à igreja universal. Somos membros, como dizem as Escrituras, do "corpo de Cristo". Em nível universal, tenho irmãos e irmãs por todo o mundo. Estive em Jaipur, na Índia, onde adoram a Jesus na língua *hindi*. Estive na China, África e no México, onde a maioria das pessoas não se parece nem fala como a maioria das pessoas na América do Norte. Mas em Cristo, temos ali uma família. Fomos salvos na família de Deus em nível universal, e assim, temos irmãos por todo o mundo. Em quase toda tribo, língua e nação sobre a terra, existem pessoas que proclamam: Jesus é Senhor.

Em Cristo, fomos também chamados não apenas para a igreja universal, mas à igreja local. Em meu caso, sou pastor da igreja *Village*, em

Dallas, no Texas. Fui chamado para eles, e eles para mim, e isso quer dizer que tenho uma relação pactual com os outros membros da igreja *Village*. Faço parte deles, e eles fazem parte de mim. Os seus dons e os meus dons vão ao encontro uns dos outros em uma comunidade de fé, para que todos nos tornemos tudo que Deus quer que sejamos juntos, em Cristo.

Isso tudo significa que não sou adequado em e por mim mesmo para realizar essa coisa de "corpo de Cristo", e você também não é, por si somente, capaz de realizar isso tudo. Foi-nos dado a comunidade do pacto porque temos necessidade uns dos outros, e juntos seremos mais amadurecidos, experimentaremos maior vida, conheceremos maior alegria do que poderíamos ter separados uns dos outros.

É este um tambor do Novo Testamento que jamais para de bater. Devemos preferir em honra uns aos outros (Rm 12.10), servir uns aos outros (Gl 5.13; 1Pe 4.10), e sermos edificados por tudo que suprem as juntas (Ef 4.15-16). Deus tem nos sintonizado e dotado intrinsecamente como indivíduos, e tal fiação e dotação não nos foi dada simplesmente para nossos próprios propósitos, mas para a edificação até a maturidade do corpo de Cristo.

Pensando sobre a reconciliação do evangelho em círculos concêntricos, somos primeiramente reconciliados com Deus em Cristo, e em seguida, reconciliados uns aos outros na comunidade pactual, e em terceiro lugar, ao que Deus **está** fazendo na renovação de toda a criação.[57] Noutras palavras, pense no evangelho como uma pedra jogada em um lago. A vida, morte e ressurreição de Jesus são a causa de muitas ondulações; é o epicentro da obra de Deus no mundo. A primeira ondulação é nossa reconciliação pessoal com Deus. A segunda ondulação estabelece o corpo de Cristo, enquanto somos reconciliados uns aos outros. A

---

57 Ouvi pela primeira vez essa ideia de "círculos concêntricos" em um sermão pregado por Mark Dever em uma conferência 9Marks em SBTS em 2010, http://www.9marks.org/audio/9marks-southeastern-2010-mark-dever.

terceira ondulação é a postura missional da igreja que se mobiliza a proclamar a plenitude da reconciliação no evangelho. Em essência, somos reconciliados a fim de reconciliar.

Paulo denomina esse trabalho missional de "ministério da reconciliação", que ele traça em 2Coríntios 5.17-20:

> E, assim, se alguém está em Cristo, é nova criatura; as coisas antigas já passaram; eis que se fizeram novas. Ora, tudo provém de Deus, que nos reconciliou consigo mesmo por meio de Cristo e nos deu o ministério da reconciliação, a saber, que Deus estava em Cristo reconciliando consigo o mundo, não imputando aos homens as suas transgressões, e nos confiou a palavra da reconciliação. De sorte que somos embaixadores em nome de Cristo, como se Deus exortasse por nosso intermédio. Em nome de Cristo, pois, rogamos que vos reconcilieis com Deus.

Observe como ele começa com a transformação individual, destacando a obra do evangelho sobre o chão: "Se alguém está em Cristo, é nova criatura". Em seguida, progride do singular para o plural: "Deus *nos* reconciliou por meio de Cristo". Passa então da nossa reconciliação com Deus em conjunto para nossa obra externa de compartilhamento do evangelho: Deus nos deu o ministério da reconciliação. Nesta passagem, vemos que fomos reconciliados como indivíduos, mas esse não é o fim da história do evangelho nem de suas implicações. É-nos dado o dom de confiar em Cristo, e então confiada a nós a repetição da mensagem deste dom.

DISPOSIÇÃO MISSIONAL DE MENTE

O evangelho explícito transforma o modo como concebemos a missão da igreja. Se o evangelho é cósmico e também pessoal, a Grande Comissão nos une à missão de Deus de restaurar todas as coisas.

Isso quer dizer que o ministério da reconciliação é maior, possuiu muito mais aspectos do que muitos de nós enxergamos.

A missão da igreja se apresenta de forma simples. Consiste basicamente em evangelização e discipulado. Como desenvolvemos esses esforços é uma questão de suma importância. Como é que discipulamos? Como nós evangelizamos? Em geral, existem dois modos de fazer o trabalho da missão. Um modo pode ser chamado de *atracional*. O outro pode ser chamado de *encarnacional*, ou missional.[58]

Quanto à evangelização, algumas pessoas simplesmente vão à igreja e ali ouvem o evangelho. Seus vizinhos não necessariamente compartilham pessoalmente o evangelho com eles, mas dizem: "Ei! Você tem de vir comigo à igreja para ouvir meu pastor falar". Ou então: "Venha assistir o pequeno grupo comigo. Sente aqui e escute". Levamo-los a um lugar onde o evangelho é apresentado ou ensinado. Chamamos de "atracional" essa abordagem, porque trata de atrair as pessoas a uma apresentação do evangelho, em vez de levar a apresentação do evangelho a tais pessoas. Podemos dizer que reformula "Vá e conte" para "Venha e ouça".

Nesse modelo, se a fé toma raiz, se Deus abrir os olhos, se Deus abrir os corações e as pessoas afirmarem: "Ponho em Jesus a minha fé", começa o processo de discipulado. Afinal de contas, a Grande Comissão é "Ide fazei discípulos", e não: "ide fazei convertidos". É importante entender esse ponto. Algumas igrejas tornam-se gigantescas porque, no final, ninguém se interessa por discipulado, mas em acúmulo de decisões que passam como conversões. Isso é correr atrás do vento. É um nível de estultícia que não ajuda ninguém e nada faz quanto ao mandado que recebemos de ser agentes de reconciliação em um mundo carente

---

58 É incerta a origem precisa dos termos *atracional e missional*, mas é certo que dois dos primeiros a popularizar os termos – se não os primeiros – a usar os termos como hoje fazemos são Michael Frost e Alan Hirsch, a começar com seu livro: *The Shaping of Things to Come: Innovation and Mission for the 21st-Century Church* (Grand Rapids, MI: Baker, 2004) [A formação das coisas por vir: inovação e missão para a igreja do século 21].

de liberdade da escravidão ao declínio. Em fim, o discipulado ocorre dentro da igreja, em geral, organicamente, quando não mecanicamente.

Permita que eu explique a diferença. Há alguns anos, eu fazia parte de um grupo de pastores que possuíam uma rede de liderança chamada *Think Group* (grupo pensante). Tomavam uns quinze pastores com idade média de trinta e cinco anos ou menos, e congregações de menos de duas mil pessoas, e nos colocavam juntos numa sala para conversar. Traziam então os pastores mais velhos para servir de mentores, falar como eles faziam as coisas em suas igrejas, como elaboravam seus sistemas e pastoreavam o povo. A primeira questão que queríamos discutir era o discipulado. Como as pessoas amadurecem na fé, e qual o papel da igreja nesse processo? Como projetar isso? O *Think Group* trouxe duas pessoas com visões opostas. O primeiro afirmou: "Queremos que as pessoas sejam unidas, como *velcro*, à Bíblia e umas as outras". Eu não tinha certeza do que ele estava dizendo, e, porque sou um tanto pragmático perguntei: Isso dá certo?

Disse ele: "Temos X número de pessoas nos grupos, e X número de grupos, e esse programa..."

Mas o problema é que fazer as pessoas pertencer a grupos não significa que os estamos discipulando. Não significa que eles estejam amadurecendo na fé. Por experiência própria, sei que é possível ter muita gente em muitos grupos e ainda não ter muitos que estejam amadurecendo em sua fé.

O outro pastor era diametralmente oposto. Onde o primeiro promovia uma abordagem de discipulado mais orgânica, baseada na família, em que garantir a maturidade acontecia de forma natural, o outro propôs uma abordagem mais mecânica, tamanho único, de assimilar as pessoas no sistema de discipulado. Ele tinha três volumes de materiais para compartilhar conosco. A sua igreja tinha um programa de dois anos que as pessoas precisavam fazer, a fim de aprender liderança, teologia, filosofia, e toda espécie de coisas. Pareciam um pouco com aulas de seminário para *Josés Comuns*. Minha pergunta era a mesma: "Está dando certo?"

"Ah sim! Tem sido ótimo".

Minha segunda pergunta foi: "Quantas pessoas já passaram por esse programa?"

"Treze".

Isso, dentre cerca de quatro mil pessoas. Deixe-me dizer: treze pessoas treinadas desse jeito é um grande dom! Se olharmos o modelo do ministério de Jesus, ele só tinha onze. Em certo sentido, existe grande vantagem em ter treze pessoas. Mas quanto ao nível leigo de simples discipulado, não parece tão eficiente quanto deveria ser. Sua abordagem me lembra as aulas de grego. Se você ainda não estudou grego, deixe-me contar como é. No primeiro dia de aula, tem muita gente, mas quando se chega ao fim, só ficou um remanescente. Por isso os que completaram seus estudos de grego merecem profundo respeito. Se você já viu pessoas que lutaram juntos em uma guerra, eles possuem uma camaradagem construída em volta do rigor e risco que sofreram juntos. Isso se assemelha aos que sobreviveram o curso de grego *koiné*. Começa grande, e vai diminuindo até uma pequena irmandade de sobreviventes.

Tudo isso para dizer que o método mecânico de discipulado possui uma evidente fraqueza. Podemos trazer muita gente para a porta da frente, mas apenas uns poucos continuam firmes até o final. Eu poderia facilmente me colocar diante da igreja *Village* e dizer: "É assim que fazemos discipulado. Estas são as classes que estamos oferecendo. Você tem de se inscrever para as aulas. Pode chegar ao primeiro nível ao segundo nível, ao terceiro nível e então estará sendo discipulado". Todo mundo se inscreveria no começo, e a frequência nas primeiras duas semanas seria estelar. Depois, simplesmente diminuiria, diminuiria, ficando cada vez menor. É uma das fraquezas do método mecânico.

Existem também fraquezas no modelo orgânico. É difícil saber o que ocorre nos relacionamentos. Como medir acertadamente se a maturidade está sendo cultivada? A abordagem mecânica pode ser demasiadamente preta e branca, mas a orgânica é cinzenta demais.

Tentamos fazer na igreja *Village* o que chamamos de "casa verde". Procuramos fazer o mecânico e o orgânico simultaneamente. Queremos que as pessoas aprendam, saibam, compreendam doutrina e teologia, mas que o façam dentro do contexto de relacionamentos. Descobrimos que a aquisição de informação fora dos relacionamentos de raiz transforma cristãos imaturos em polícia teológica. Quando ocorre essa espécie de arrogância doutrinária, as pessoas acabam desprezando a doutrina porque não a enxergam a partir da beleza de relacionamentos reconciliados. Ninguém gosta de polícia teológica. Quando domina essa espécie de arrogância doutrinária, as pessoas acabam desprezando a doutrina por não enxergar a beleza na beleza dos relacionamentos reconciliados. Vemos apenas o que Paulo chama, em 1Coríntios 13, de *címbalo que retine*. Queremos que aconteça essa conexão orgânica e relacional, mas também alguma estrutura, para que as pessoas saibam como participar e o que devem aprender.

Tudo isso é predicado do modelo *atracional* de missão. As pessoas chegam à igreja, se convertem, e começamos a discipulá-las. Não há nada intrinsecamente errado com uma abordagem atrativa feita de maneira biblicamente apropriada. Não é errado convidar as pessoas à igreja ou à reunião do pequeno grupo. *Devemos* fazer isso. O que destroça a missão é quando esse é o *único* modelo.

O modelo *encarnacional* de missão, por outro lado, nos lembra que o discipulado e a evangelização não devem ocorrer apenas dentro das paredes da igreja, mas também fora delas. A abordagem *encarnacional* procura quebrar as paredes de separação entre o sagrado e o secular, para que vejamos tudo como sagrado e paremos de temer o secular.

Existem, de acordo com sociólogos, nove domínios da sociedade: economia, agricultura, educação, medicina, ciência e tecnologia, comunicação, artes e entretenimento, governo e justiça, e família. No modo de ministério *encarnacional*, a missão de evangelização e discipulado da igreja nos coloca vivendo intencionalmente dentro desses nove domínios, como agentes de reconciliação evangélica. Assim, quando olhamos para nosso trabalho, por exemplo, não importa qual seja, não o vemos como nosso propósito de vida, e sim como o lugar onde Deus nos colocou, em sua soberania, com o propósito de fazer Cristo conhecido e engrandecer o seu nome. Se você for professor, se for político, se for empresário ou agricultor, se for construtor ou tecnólogo, se estiver no campo das artes, você não deve dizer: "Tenho de descobrir meu propósito neste trabalho", e sim, "Tenho de trazer o propósito de Deus a este trabalho".

O cristão missional deverá enxergar todas as coisas pela lente do evangelho, porque a meta do evangelho é "todas as coisas".

Extrapolando daqui, a mente missional tem implicações para aquilo que chamamos "ministérios de misericórdia" ou "ministérios sociais". Quando começamos a receber o coração de Deus para "todas as coisas", começamos a viver de mãos abertas. Vivemos abaixo de nossas posses para que abençoemos aqueles que possuem menos do que nós. Vamos a outras partes do mundo para cuidar de "um desses meus pequeninos irmãos" (Mt 24.34-40). Essa é a razão pela qual queremos nos encontrar com os governantes da cidade e perguntar-lhes: "O que podemos fazer pela cidade? Como nossa igreja pode agir em prol da cidade?" É o resultado natural de estar reconciliado com Deus e uns com os outros, para então, como agentes de reconciliação, envolver o mundo ao nosso redor.

Ora, existem dois erros principais que podem ocorrer nesses esforços. São minas explosivas que temos de cuidar para não pisar, e trazem muita controvérsia às fileiras pastorais. A primeira mina explosiva é construir todos os nossos atos de misericórdia, todos os nossos atos de justiça social, em volta de uma evangelização contingente. É claro que a evangelização é necessário, mas com "evangelização contingente" eu me refiro às igrejas que dizem: "Temos comida para vocês se vocês forem crentes", e coisas semelhantes. Alguns dizem: "Temos recursos para oferecer se você crer", ou "se você tomar uma decisão por Cristo". Pode ser que existam algumas situações em que tal contingência faça sentido, mas é extremamente manipulativo, uma isca e chicote legalista, e não reflete o coração de Deus para com o ser humano.

Devemos amar livremente o estrangeiro e desterrado, porque fomos estrangeiros e peregrinos e Deus assim nos amou. Não tínhamos esperança, e ele nos deu esperança. O evangelho de reconciliação sempre está na vanguarda da ação social da igreja, porque uma barriga cheia não é melhor que uma alma reconciliada. Uma é temporária; a outra eterna. Se não temos prata e ouro, temos de dar "o que temos" (At 3.6), que é sem preço. *Mas isso não quer dizer que não devamos encher a barriga.* Enchemos a barriga. Vivemos vida de mão aberta, buscamos enxergar a injustiça e o desespero à nossa volta e adentramos a tristeza e dor para que o amor, a beleza e a misericórdia de Deus sejam vistas em nossa vida, na esperança de que um mundo quebrantado veja e dê glória a Deus.

No final, Tiago fala claramente que para se compreender o evangelho de verdade é necessário ser transformado no modo de viver, especialmente nas áreas de justiça e misericórdia para com os doentes, os famintos, os pobres, e os marginalizados. Se o evangelho realmente possui ramificações profundas em "todas as coisas", temos de esperar que nossa missão tenha implicações para as culturas, os sistemas e as estruturas. Sendo assim, a primeira mina ao esforço missional é a presunção errônea de que as obras de amor e misericórdia têm de ser contingentes à resposta evangelística.

Se essa primeira mina explosiva é estabelecer uma contingência evangelística inapropriada, a mina explosiva número dois é remover completamente da ação missional a obra expiatória de Jesus Cristo. O problema essencial de toda a humanidade não é a falta de recursos, mas falta de santidade. Parece que alguns cristãos pensam que a cruz de

Cristo para o perdão dos pecados é componente opcional da missão cristã. Contudo, se alijamos a cruz, não somente perdemos nossa missão como também perdemos a capacidade de chamar aquilo que fazemos de autenticamente cristão.

Como pastor de uma igreja predominantemente de classe média alta posso dizer que ter água limpa e viver em boas casas não corrige a raiz do que está errado com a humanidade. Existem tantas trevas, tanto desespero onde há acesso a encanamento interno e excelentes cuidados médicos quanto existe em lugares que não possuem tais recursos. Sei que muita gente fica zangada quando ouve essas coisas. Contudo, já estive dos dois lados. Existem apenas três milhas de estradas asfaltadas no sul do Sudão. E quando há água limpa, é por meio de uma bomba de poço. É uma grande perda? Existe desespero ali? Claro que sim. Ali existe esperança? Estranho, mas às vezes vejo mais esperança no Sudão do que em Dallas, Texas. Mas o liberalismo clássico diria: "Ei, vamos acabar com essa conversa de pecado e não falar muito sobre a obra expiadora de Jesus Cristo, porque mais pessoas podem se juntar a nós e alimentar os que têm fome, cuidar dos pobres, alcançar os marginalizados, e lutar contra a injustiça. As pessoas tendem a se agrupar em torno disso". Essa tendência nos mudaria de sermos missionários cristãos para reformadores sociais irrealistas – o que qualquer herege pode ser.

O maior ato de amor que podemos realizar é compartilhar as boas novas de Jesus Cristo de que Deus salva os pecadores. O problema singular da humanidade não é a falta material ou deficiência física – é o pecado pessoal contra um Deus que é santo. Este é, em primeiro lugar, o fato gerador da carência material e deficiência física. Às vezes, somos tão míopes que perdemos de vista a complexidade que resulta do evangelho simples. É o evangelho no chão que abre as portas à restauração para os problemas que vemos do ar. Se Deus abre coração e alma, o evangelho começa a solucionar a complexidade de todas as questões sistêmicas que mantém as pessoas pobres e dilaceram os seus países.

Algo que sempre me incomodou é o número de crianças que morrem de disenteria em países de terceiro mundo. Você ou eu poderíamos ir agora mesmo a um posto de gasolina, comprar remédio que salvaria a vida de centenas de milhares de crianças que vivem em lugares a um vôo de distância de viagem. Sabe por que não conseguimos por esses remédios em suas mãos? Pela ganância dos homens, pela avidez por poder e ambição política. Ora, essas são questões sistêmicas que o evangelho simples pode desfazer. Só o evangelho muda os corações dos que têm acesso aos medicamentos. Ciclos de violência como os vistos em Ruanda e Sudão são interrompidos, não por atos comuns de caridade, mas pelo evangelho. Os missionários entram nessas situações, dizendo: "Vocês não precisam se vingar. Precisam, sim, perdoar o irmão. Deixar para Deus a vingança, e confiar nele pela graça. Se Deus salvou sua vida, você pode responder como ele aos que o feriram".

O poder missional não vem de boas intenções, mas do próprio evangelho. Esse conhecimento requer humildade missional. Nós não conseguimos transformar. Só Deus pode fazer isso. Não somos quem faz novas todas as coisas. Não é nosso ato que renova a cidade. É a cruz que desempenha a renovação. Somos chamados a simplesmente obedecer ao chamado de Deus, e se no evangelho temos em vista "todas as coisas", é contrário à mente missional isolar alguma área como sendo "à prova do evangelho". De acordo com Abraham Kuyper, "Não existe uma polegada sequer, em todo domínio de nossa existência humana, sobre a qual Cristo, soberano sobre tudo, não clame: Meu!"[59] Assim, não deve haver um centímetro sequer em todo domínio da existência humana sobre o qual não possamos dizer: "É dele". Ver do ar o evangelho, nos ajuda a manter em vista "todo domínio" e suas multidões de centímetros quadrados. É a mente missional: em cada espaço onde nos encontramos, crer e viver conforme a obra reconciliadora de Deus.

---

59 Abraham Kuyper, "Sphere Sovereignty," in *Abraham Kuyper: A Centennial Reader*, ed. James D. Bratt (Grand Rapids, MI: Eerdmans, 1998), 461; ênfase acrescida.

Quando o evangelho toma conta da vida, faz que o crente viva para fora, ou seja, a igreja também vive para fora. Somos reconciliados para reconciliar, e todas as coisas que a igreja faz são feitas a serviço dessa missão de proclamação do evangelho. Uma igreja missional pode empregar uma mistura certa de abordagens atrativas e encarnacionais ao evangelismo e discipulado, desde que todas as coisas sejam feitas para a glória de Deus e não a nossa, tendo o evangelho de Jesus como o centro. Em Colossenses 1.6, Paulo disse que o evangelho que veio entre nós está produzindo frutos e crescendo em todo o mundo. Se nossos corações estiverem sintonizados ao evangelho explícito, estaremos nos unindo a Deus nessa obra cósmica.

A OFENSIVA VITORIOSA

Para mais um pequeno retrato do nível cósmico da reconciliação, vejamos o que diz Pedro. Amo o fato de Pedro ser discípulo, porque se Pedro pode ser discípulo, qualquer um pode. É apenas uma pessoa que constantemente ficava confusa e tentava endireitar as coisas, falando antes de pensar. Isso me enche de esperança.

Encontramos nas Escrituras uma cena onde Jesus pergunta aos discípulos: "O que é que estão dizendo de mim nas ruas?" (Mt 16.13-20). Eles respondem: "Alguns dizem que você é Elias, outros, João Batista. Outros dizem isso ou aquilo". Então ele pergunta: "E vocês, quem pensam que eu sou?"

Claro que a turma se calou, com exceção de Pedro. Ele dispara: "Você é Filho de Deus. O Messias. O Santo", a que Jesus diz: "Bendito Simão, pois Deus e não o homem foi que revelou isso a você. Sobre essa pedra, edificarei minha igreja".

Os estudiosos fazem conjeturas quanto Jesus estar se referindo a ele mesmo ou a Pedro, mas é a próxima linha a mais importante para a presente discussão. Jesus diz que "As portas do inferno não prevalecerão contra ela" (v.18). Esse versículo tem imensas implicações para a postura missional do cristianismo. Portas não são armas ofensivas, ou são? Ninguém diz: "Vamos lá, levantem a porta!" Ninguém faz isso. As portas são, por projeto, defensivas. Assim, quando Jesus diz que vai edificar a igreja e as portas do inferno não prevalecerão contra ela, está dizendo que evangelismo, discipulado, justiça, auxílio social, o envolvimento do povo de Deus, tudo isso e mais ainda, feito no poder do evangelho – bate contra as portas do inferno. Tudo que vemos dando errado em Romanos 8 é atacado pela ofensiva evangélica de Deus. O plano de Deus é renovar e recriar a criação – e *Deus não perde a guerra*. As portas do inferno não prevalecerão. A ofensiva missional é a ofensiva vencedora. A *única* ofensiva vencedora.

Assim, a postura fundamental do cristianismo não pode ser a defesa. Precisamos de atalaias sobre os muros? Sim. Precisamos de pessoas que guardam a igreja contra as heresias? Com certeza. Precisamos de pessoas intelectuais com forte voz a oferecer defesas apologéticas para a fé cristã? Sem dúvida. Mas a posição fundamental, a postura central da igreja de Cristo e de nossa vida cativada pelo evangelho é ofensiva e de missão.

Portanto, não devemos ter medo de dizer uns aos outros: "Vamos olhar bem a cidade, vamos trabalhar pelo bem-estar da cidade, vamos identificar as fortalezas em e em volta de nossa cidade para sermos agentes de reconciliação nessas áreas". Uma boa visão a partir do ar, do evangelho, nos ajuda a fazer bem isso.

Por favor, ouça o que estou dizendo. Não creio que possamos construir uma escada para o céu. Não estou me referindo aqui a qualquer espécie de utopia que possa ser alcançada mediante progresso social ou evolução espiritual, seja lá o que for. Na verdade, a escada de que precisamos já foi construída – a escada de Jacó, pela qual Deus desce até nós, e não o contrário. No fim, nossa responsabilidade não é tornar a cultura, as cidades e vilarejos, nosso meio ambiente, em baluartes de cultura cristã, mas nos envolver, envolver e envolvermo-nos até que Deus nos chame de volta para casa ou rompa o céu e torne novas instantaneamente todas as coisas. No entanto, trabalhamos com esse fim, até que ele venha. Não sejamos encontrados dormindo!

Prosseguimos na ofensiva, cheios de confiança no evangelho, porque vemos aproximar-se o dia quando aquilo que Deus inaugurou em Cristo ele completa em Cristo. Vamos adiante, na fé, esperança e no amor, porque em breve virá esse dia da consumação.

Capítulo 8
O EVANGELHO NO ALTO
CONSUMAÇÃO

Preciso confessar algo. Até recentemente, eu evitava o assunto sobre a doutrina das últimas coisas (escatologia) e nunca havia pregado uma mensagem clara sobre a consumação final. Existem algumas razões para tal negligência, nenhuma delas realmente justificável, mas possivelmente a maioria dos leitores simpatizará e entenderá essas razões. Primeiro, as pessoas ficam muito estranhas quando se trata de escatologia. O assunto desperta muita paixão em volta de conjeturas.

Tive algumas experiências desagradáveis com esse tipo de paixão no começo de meu andar com o Senhor, que deram um gosto amargo na boca. Desde o cara que me entregou um rolo de pergaminho feito na sua garagem, na minha primeira semana como pastor, ao moço de olhar enlouquecido na esquina da rua portando um cartaz sanduíche com os dizeres "O fim está próximo", até os pastores marginais que dizem poder decifrar o código da Bíblia que revela o dia exato da volta de Jesus. Fui influenciado a simplesmente evitar o assunto porque parece que atrai energia desfocada e paixão desvairada. Não estou dizendo que isso é uma boa razão para evitar o assunto escatológico, mas ela é compreensível.

A segunda razão é que as Escrituras parecem me confundir um pouco quanto ao assunto. A hermenêutica necessária para um entendimento apocalíptico de textos proféticos parece estranha. É provável que isso revele minha falta de preparo formal, mas enquanto eu estudava as Escrituras e lia livros sobre escatologia, fiquei com mais incertezas do que certezas. Não conseguia passar da leitura de trechos de Isaías sem pensar que eram significativas para os tempos de Isaías, e as profecias de Daniel tendo de significar algo para Daniel. No livro do Apocalipse, as coisas começaram a realmente ficar estranhas. Há dragões, virgens, bebês engolidos por dragões, um terço da terra aniquilada, estrelas caindo do céu, e muita confusão – e eu não fui muito ajudado pelas conjeturas de homens sabidos. Fiquei cansado do jogo de adivinhação quanto ao gafanhoto em um trecho significar um helicóptero Apache ou Gogue ser referência à Rússia.

Muitas vezes me encontrava nos textos apocalípticos sem âncora exegética. Lia o ponto de vista de determinada estrutura interpretativa, e pensava: "É parece que é isso mesmo que está dizendo", para em seguida ler outra interpretação do mesmo texto e conceder: "Está bem, dá para entender como isso faz sentido". Quando o assunto era escatologia, eu me encontrava em uma situação desconfortável – não o desconforto da revelação de pecado em minha vida feita por Deus, mas a inquietação de não possuir confiança suficiente em meu entendimento para proclamá-lo.

Aconteceram, porém, duas coisas que me empurraram para uma posição menos tênue quanto ao assunto, fazendo-me ficar sério quanto a entender o que a Bíblia ensina sobre a consumação de todas as coisas. Primeiro, fui diagnosticado com câncer no cérebro. Não tinha a tendência de pensar muito sobre o céu (e o que vem depois do céu) quando estava na casa dos vinte e dos trinta anos, porque eu tinha excelente saúde e nunca ficava doente. Pensava muito sobre o evangelho, proclamá-lo e prega-lo, sabendo que a volta de Cristo podia acontecer a qualquer momento e a morte, em qualquer ponto de minha vida. Pensei nessas coisas como muitos de nós: sabia que podia morrer, e sabia que muitas pessoas ficam cancerosas, mas não sabia intimamente que eu seria uma dessas pessoas. *Outras* pessoas tinham câncer; eu não achava que *eu* teria câncer.

Essa posição é muito arrogante, mas era ali que eu andava. É surpreendente como o interesse fica aguçado para examinar as coisas eternas quando se escuta *"oligodendroglioma anaplástico, terceiro grau"*. Foi o primeiro chute no traseiro que fez com que eu examinasse o que diz a Bíblia sobre o futuro.

A segunda coisa que provocou meu interesse por escatologia foi quando um amigo me chamou de lado e disse achar que meu problema com a escatologia era resultado de me atolar nos detalhes periféricos. Sua repreensão foi gentil, mas firme, ao me informar que eu estava perdendo de vista o estudo dos últimos dias. Ele me perguntou: "Quando Deus finalmente fizer novas todas as coisas, conforme promete nas Escrituras, como serão as coisas? Onde nós estaremos?" Disse-me para começar com as grandes questões e uma vez entendido o plano de Deus a nível cósmico, eu poderia trabalhar o assunto de detalhes de tempo e espaço, o que fazer com o milênio, e tudo mais.

Ele estava certo. Eu havia perdido interesse pela floresta porque me frustrava tentando entender a ciência das células de duas ou três árvores diferentes. Este é também o principal mau funcionamento de tanta especulação escatológica hoje em dia. A Bíblia propõe que aguardemos desejosos do nosso destino e pensemos na cidade do porvir. Muitos especuladores evangélicos, contudo, nos envolvem em ponderações sobre o tipo de capim que cresce na rampa de saída da terra.

No grande quadro apresentado no evangelho no alto, podemos abordar o assunto do fim dos tempos com alegria e senso de maravilha, grande expectação e esperança, porque temos um vislumbre melhor da grandeza do plano de Deus para o cosmos (ao invés de fazer especulações sobre o seu plano para a Líbia ou coisas semelhantes. Até aqui em nosso estudo, temos examinado como Deus criou o Universo, como o Universo foi dilacerado pela queda do homem, e como Deus, mediante a obra redentora de Cristo está reconciliando para si todas as coisas. Agora queremos gastar um tempo examinando o que acontecerá quando Cristo consumar aquilo que ele inaugurou. O que acontecerá quando Deus tornar novas todas as coisas?)

A IMPORTÂNCIA DA CONSUMAÇÃO

Em seu livro *The Bible and the Future* (A Bíblia e o Futuro), Anthony Hoekema explica três razões da importância de entender a consumação. A primeira razão pela qual é importante entender a consumação, diz Hoekema, é que necessitamos compreender corretamente do que trata a vida no porvir. Como pastor e alguém que viaja e prega em muitos lugares, tenho observado que a maioria de nós acredita que iremos, quando morrermos, para um céu de *Tom e Jerry*. Se você já assistiu aos desenhos animados de Tom e Jerry, provavelmente sabe do que estou falando. No desenho, quando Tom morre, ele voa vaporosamente por um espaço etéreo entre nuvens, e ali ele toca harpa. Essa imagem risível e também tediosa, infelizmente, é o que a maioria das pessoas pensam a respeito do céu. Presumem que vamos ao céu tocar música de câmara, vestidos de togas brancas, empoleirados em uma nuvem ou caminhando pelas ruas de ouro ao lado de um mar literalmente de cristal. Cremos nisso porque fomos ensinados que os símbolos bíblicos assim nos ensinam. Vemos muitas versões artísticas desse lugar. Até mesmo cantamos a respeito de como estaremos sempre cantando no céu. Talvez o mais famoso hino na história inclua as palavras:

> E quando ao Céu em glória eu for,
> Ao lar de paz e luz,
> Pra sempre, então, eu cantarei
> Da graça de Jesus![60]

O quadro pintado por esse grandioso hino é de uma eterna sessão de música de louvor. Eu me lembro de sentir um tanto envergonhado com tal ideia após a minha conversão. Embora amasse o Senhor, o conceito de apenas ficar cantando durante trilhões e trilhões de anos era mais do que minha mente conseguia imaginar. Pensei: "Com certeza vamos ficar entediados com isso aí". Mesmo as coisas mais maravilhosas na terra acabam ficando chatas depois de algum tempo. Então, como é que vou ficar tocando minha harpa em perfeito contentamento durante bilhões e trilhões de anos? Previmos tal futuro em outros cânticos, como: "Ao passar pelo rio, nada mais temerei... ó que glória tão sublime quando eu subir para os céus! Cantarei a linda história do Cordeiro de Deus; Céu, lindo céu, há mansões celestiais, todas feitas por Deus".[61] Mais uma vez, a imagem é de gente com roupões brancos, tocando eternamente harpas sobre nuvens em um céu de Tom e Jerry. Isso realmente é como será o céu? Anthony Hoekema vai nos dizer que, para entendermos o que vai ocorrer de verdade, temos de cavar mais fundo para ver como será quando tudo for dito e feito.

A segunda razão pela qual é importante entender a consumação de todas as coisas é a necessidade de compreendermos toda a dimensão do plano *redentivo* de Deus. Hoekema escreve:

> A obra total de Cristo é nada menos que redimir toda a criação dos efeitos do pecado. Tal propósito não será rea-

---

60 John Newton, "Amazing Grace" (1760–1770). Porém, a letra da última estrofe do hino aqui citada, pode ser atribuída a um autor desconhecido. [Hinário Adventista do Sétimo Dia No. 208 - Graça Excelsa]

61 Richard Torrans, "Céu lindo Céu".

lizado até que Deus inaugure a Nova Terra, até que o Paraíso Perdido se torne em Paraíso Reconquistado. Portanto, precisamos uma clara compreensão da doutrina da nova terra, a fim de ver em suas dimensões cósmicas o programa redentivo de Deus. Temos de reconhecer que Deus não estará satisfeito até vir todo o universo purificado de todos os resultados da queda do homem.[62]

Finalmente, a terceira razão, segundo Hoekema, para compreender a consumação de todas as coisas é para entendermos corretamente a profecia do Antigo Testamento. As profecias do Antigo Testamento falam de um glorioso futuro para a terra. Dizem que em algum tempo futuro, ela será muito mais espetacular e produtiva do que atualmente.

Por estas e outras razões, sou compelido a estudar mais fundo o que as Escrituras revelam sobre o plano de Deus para o futuro do cosmos. Vejamos o retrato celeste pintado para nós pela Palavra de Deus.

NOVOS CÉUS E NOVA TERRA

Durante meu primeiro ano de faculdade, meu colega de quarto, Jimmy, fez uma pergunta quando eu estava caindo no sono. Era noite, estávamos em nossas camas e eu prestes a perder a consciência, cambaleando no limiar do sono, quando Jimmy disse: "Ei Matt, onde é que na Bíblia diz que vamos para o céu quando morremos?" Fui despertado como que por sacudida. Naquele momento, eu conhecia alguns versículos da Bíblia, mas em geral apenas acreditava que quando morresse, iria para o céu e que em algum dia Deus destruiria a terra e levaria todo mundo para estar conosco. Tal crença foi reforçada pela popular série de livros "Deixados para trás" e por minha ignorância geral de quaisquer outros pontos de vista que as Escrituras tivessem sobre o assunto. Olhando para trás, para a pergunta de Jimmy que me assustou, reco-

---

62 Anthony A. Hoekema, *The Bible and the Future* (Grand Rapids, MI: Eerdmans, 1994), 275.

nheci naquele momento que eu precisava conhecer melhor a Bíblia para clarificar minha visão da vida após a morte. Desde que me arrependi dessa negligência no estudo de tais coisas, reconheci que a visão que me ensinaram não é inteiramente fiel à história da Escritura.

Tenho observado na Bíblia quatro coisas que me ajudaram a mudar de ideia quanto a Deus destruir a terra e nos trazer a todos, flutuando, para estar com ele num céu de Tom e Jerry.

O primeiro aspecto que devemos ver é como o Antigo Testamento enxerga a redenção futura como uma restauração da vida na criação. É surpreendente ler na Escritura a história de que Deus escolheu para si um povo, ensinando-o e confiando a ele seu plano, que se estende para toda a criação. Deus chama as tribos de Israel para sair do meio dos pagãos e nações a seu redor, usando a nação para mostrar ao mundo como ele deve funcionar. É importante ver que as leis dadas por Deus a Israel moldavam todos os aspectos de sua vida. A lei foi dada para governar seu ambiente, sua economia, sua família, sua sociedade, sua vida política, suas vidas em particular, e tudo mais que entremeasse esses aspectos. À medida que Israel se submetesse às leis de Deus, estaria demonstrando às nações em redor qual o propósito de Deus para o funcionamento do mundo, qual a intenção divina para a criação, e todos os seus componentes. Israel, sendo portador da imagem de Deus, deveria mostrar ao mundo como caminhar, sob reconhecimento explícito da soberania e majestade divina, completamente sintonizado com o projeto de Deus.

Para aqueles que conhecem razoavelmente bem as suas Bíblias: como os israelitas desempenharam tal papel? Estou certo de que você sabe que eles se deram muito mal. O Antigo Testamento é uma crônica do aperfeiçoamento na arte do fracasso. Vez após vez, eles falharam, e os profetas entre eles aguardavam o dia quando Israel, povo escolhido de Deus, voltaria à sua terra e se arrependeria dos seus pecados, a fim de viver consoante a vontade de Deus. Dessa forma, Israel seria uma luz para as nações. Os profetas falavam, muitas vezes e com longos detalhes, sobre todas as nações serem atraídas ao reino de Deus, que englobaria o mundo inteiro. Fugir da terra não parecia ser uma grande consideração.

Se lermos todo o Antigo Testamento, verificaremos que ele vê o destino da humanidade como sendo ligado inseparavelmente à vida aqui na terra. O próprio Jesus afirma tal visão do Antigo Testamento. Seu anúncio da chegada do reino de Deus tem de ser colocado neste contexto. Quando Jesus prega o evangelho do reino, os judeus do primeiro século estão ouvindo que a restauração de todas as coisas está próxima, e que eles, bem como aqueles justos que já morreram, participarão dessa restauração e ressurreição.

Jesus não procurava mudar o entendimento que eles tinham da nova terra e dos novos céus, que foram aperfeiçoados pelo fato de que Deus reconciliou para si mesmo todas as coisas. O ministério do evangelho de Jesus e de seus seguidores mostra Jesus operando dentro do arcabouço de uma expectação vétero-testamentária de uma nova criação. Seus feitos milagrosos demonstram que ele curava um mundo alquebrado, revelando que o evangelho do reino inclui a erradicação da doença, a usurpação da morte, e o prenúncio de uma nova ordem.

Não estou tentando prometer mais do que a Bíblia aqui. Jesus inaugurou o reino em sua primeira vinda, mas ainda não o consumou. Hoje, você e eu vivemos na tensão disso – em um mundo de já, mas ainda não, onde Jesus comprou para nós a reconciliação, mas a consumação ainda está por vir. Na verdade, vemos em Mateus 19.28 que Jesus fala sobre sua volta ser precursora deste novo mundo. Deste lado da morte, ressurreição e ascensão de Jesus, vivemos a tensão de estar em um mundo pelo qual já foi paga a redenção, porém ela ainda não foi totalmente desenrolada.

Além de este ser o entendimento do Antigo Testamento, reforçado por Jesus, o entendimento de Paulo também é ligado à previsão do Antigo Testamento quanto a uma nova criação, e a afirmativa de Jesus dessa visão. Já fizemos um exame detalhado de Romanos 8, mas não há perigo de fazer que pareça desgastado. Assim, se olharmos novamente os versículos 19-22, veremos Paulo dizer que até mesmo a criação não humana compartilha o destino do povo escolhido de Deus. A terra foi amaldiçoada por nossa causa. Geme. Foi sujeitada à futilidade. Com isso não estamos dizendo que ela é viva em sentido pagão e panteísta, mas simplesmente que a linguagem metafórica de Paulo se refere à realidade de que a qualidade de quebra da terra está ligada ao nosso pecado; portanto, a solução para os problemas da terra está jungida à nossa redenção.

No tempo em que escrevo isto, o mundo está olhando para o Japão, onde um terremoto de índice 8.9 na escala *Richter* e seus *tsunamis* consequentes dizimaram centenas de quilômetros quadrados, matando milhares de pessoas. Essa tragédia lembra-nos de que algo está muito errado. O que aconteceu no Japão, acontece todos os dias. O tempo mata aqueles que não são protegidos, crianças morrem de malária, médicos diagnosticam câncer nas pessoas, e a feira de vaidades vai passando de maneira cíclica, fazendo com que nós gemamos ansiosos por libertação. Toda a criação aguarda, ansiosa, sua alforria. A libertação que você e eu gozaremos em nossos corpos novos, será gozada pela criação não humana, na sua restauração.

O alvo da história da redenção é um corpo ressurreto sobre uma nova terra. Escreve o profeta: "Pois eis que eu crio novos céus e nova terra; e não haverá lembrança das coisas passadas, jamais haverá memória delas" (Is 65.17). Amo este versículo. Como pastor, vejo de primeira mão como coisas horríveis acontecem na vida das pessoas. Em meu ministério, tenho enterrado crianças, jovens, homens e mulheres. Vejo o câncer assolar corpos fortes. Casamentos rompidos devido a adultérios e dureza de corações. Tenho ouvido a confissão de pecados hediondos. Mas Isaías me instiga a olhar para frente e ver o dia quando Deus criará novos céus e nova terra, em que todas as coisas antigas – toda a dor, sofrimento, dificuldades, rebeldia – não mais serão lembrados. João nos diz:

> Vi novo céu e nova terra, pois o primeiro céu e a primeira terra passaram, e o mar já não existe. Vi também a cidade santa, a nova Jerusalém, que descia do céu, da parte de Deus, ataviada como noiva adornada para o seu esposo (Ap 21.1-2).

Nestes textos, vemos que o alvo da história redentiva é a restauração da criação caída por meio do prenúncio de novos céus e nova terra. Porém, temos aqui algo digno de nota. Em Apocalipse 21, como também 2Pedro 3, que veremos embaixo – a palavra grega para "novo" é *kainos*, não *neos*. Ora, *kainos* significa "novo de natureza ou em qualidade", enquanto *neos* significa "novo em tempo ou origem". Quando essas passagens empregam a frase "novo céu e nova terra" estão afirmando um *mundo renovado*, não um mundo novinho em folha. Portanto, o que vemos na visão da Escritura do fim da história da redenção não é uma terra jogada no lixo com seus habitantes justos fugindo nas nuvens, com felicidade desencorpada, mas uma terra restaurada, em que a criação foi reconciliada com Deus. Um exame cuidadoso de Apocalipse 21 mostra o céu se encontrando com a nova terra, céu e terra colidindo para ser algo novo (ou renovado) e todas as coisas feitas novas sobre essa nova terra. Como será isso?

Lauren e eu temos estado múltiplas vezes no sul da Califórnia. Gostamos de comer em um restaurante em *La Jolla* chamado "George's on the Cove". Se você estiver lá na hora do pôr-do-sol, verá a vista espetacular do poente sobre o oceano Pacífico. Por mais deslumbrante que seja essa vista, como parte de nosso mundo quebrado, é apenas uma pálida imitação de outros ocasos que existiram e um dia ainda existirão. Pode imaginar a maravilha do pôr-do-sol numa nova terra? Não sei se é possível imaginar. Deste lado do céu, tal pensamento vai além de nós.

A Bíblia nos diz algumas coisas maravilhosas sobre essa nova terra. Isaías 35.1 diz que os desertos florescerão como as rosas. Quando pensamos no deserto, pensamos em uma terra árida, inóspita, mas a Bíblia diz que o deserto vai brotar como as rosas. Amós 9.13 diz: o que lavra segue logo o que ceifa, e as montanhas destilarão vinho doce. As montanhas, deste lado da consumação, são espetaculares e provocam um sentimento de grandiosidade, mas aguardamos as novas cordilheiras da terra, onde rochas sem frutos e frígida neve produzirão abundância e vinho doce. Em Isaías 65, aprendemos que não haverá mais som de choro, que os dias do povo de Deus serão como os dias da árvore, e o lobo conviverá junto ao cordeiro. Vemos em Isaías 11 que ninguém ferirá ou destruirá coisa alguma no monte santo do Senhor. E, conforme Habacuque 2.14, isso será verdade porque o mal será lançado no lago de fogo e a terra estará cheia do conhecimento de Deus como as águas cobrem o mar.

Pense nisso! Vá mais devagar e pondere. Se você conhece algum lugar no mundo que seja renomado por sua espetacular beleza, ele ainda é quebrado, e o que está por vir na nova terra é muito além do que podemos imaginar ou vislumbrar. A obra que Deus faz em nós pelo poder do evangelho da obra redentiva de Jesus é um mistério glorioso, questão de eterno interesse de anjos curiosos (1Pe 1.12). É de se maravilhar que tenhamos de possuir um mundo maravilhoso que venha de encontro à maravilha da salvação? Veja 2Pedro 3.11-13:

> Visto que todas essas coisas hão de ser assim desfeitas, deveis ser tais como os que vivem em santo procedimento e piedade, esperando e apressando a vinda do Dia de Deus, por causa do qual os céus, incendiados, serão desfeitos, e os elementos abrasados se derreterão. Nós, porém, segundo a sua promessa, esperamos novos céus e nova terra, nos quais habita justiça.

Porque sabemos que Jesus está tornando novas todas as coisas (Ap 21.15), e porque esta passagem de 2Pedro 3 diz que aguardamos novos céus e nova terra, nós não veremos o fogo e a destruição da qual Pedro fala como a aniquilação da criação, e sim, a refinação e recriação da mesma. Pense como o ferreiro aquece o pedaço de metal para torná-lo maleável antes de martelar e moldar a sua figura.

Nós que confiamos em Cristo somos *contados como justos* em Cristo – essa é nossa justificação – e *estamos sendo feitos justos* pela obra santificadora do Espírito em nós, para que estejamos aptos a ocupar uma criação santificada. Somos declarados justiça de Deus (porque Cristo é nossa justiça – 2Co 5.21) a fim de que estejamos prontos para "a terra em que habita a justiça".

Este é o fruto máximo da missão do evangelho, e sem dúvida é aquilo pelo qual Jesus orava ao dizer para que viesse o reino divino e assim a vontade de Deus fosse perfeitamente feita na terra como no céu. O próprio Jesus era a resposta a essa oração, inaugurando o reino mediante seu ministério aqui na terra e testificando que as pessoas que colocam sua confiança somente nele gozarão a bênção da futura consumação do reino, quando todos os caminhos tortuosos serão finalmente endireitados.

OS CORPOS RESSURRETOS

Como será a vida no reino consumado? Quando Deus restaurar o que foi quebrado pela queda, entregando-nos novo céu e nova terra, qual será o papel dos crentes em Cristo? Estaremos para sempre tocando nossas harpas? Existem muitas possibilidades a conjeturar, mas podemos razoavelmente asseverar, das Escrituras, que os considerados filhos de Deus, em seus corpos ressurretos, com certeza reinarão e governarão com Deus essa nova criação.

A reforma da criação não é realmente o ápice da consumação da redenção. Somos nós. Assim como criou Adão para refletir sua glória ao dominar a ordem criada, Deus está refazendo seus filhos para dominarem a criação restaurada em Cristo, o novo Adão. Não apenas a criação é feita nova, a Bíblia é bastante clara quanto a você e eu sermos renovados e recebermos novo corpo. Romanos 8.23 diz que estamos aguardando a redenção de nossos corpos.

Na maioria dos dias, os meus filhos não sabem que seus corpos aguardam redenção. A não ser que adoeçam ou caiam, não estão cônscios de que estejam crescendo apenas para que toda sua força e energia sejam retiradas. Aprendemos isso quando estamos ficando mais velhos. De fato, toda a ênfase do último capítulo de Eclesiastes é que nossos corpos se desgastam. Não importa quão forte seja nosso Espírito; Eclesiastes 12 diz que virá o dia quando estaremos cansados de estar vivos. Temos de nos lembrar de que a morte faz parte da queda, e todos estamos indo nesse rumo. Não importa quanto espinafre comamos, quantas aulas de *pilates* façamos, ou quão sábios sejamos nas nossas escolhas de vida – vamos morrer, e nossos corpos vão parar de funcionar. Ouvi, certa vez, Ray Ortlund dizer que gastamos cerca de um terço de nossa vida dormindo para recuperar as nossas forças, para então morrer, o que nos diz claramente que só Cristo é forte.

Os cristãos devem entender que nosso corpo se desgasta porque ainda estamos aguardando o corpo que não definha. Esse novo corpo não será algo espiritual e etéreo. Aguardamos um novo corpo físico. Sei que alguns de vocês estão dizendo: "É mesmo, para que fiquemos tocando nossas harpas por toda a eternidade". Veja a visão épica do novo e tangível corpo que Paulo descreve em 1Coríntios 15.35-45:

> Mas alguém dirá: Como ressuscitam os mortos? E em que corpo vêm? Insensato! O que semeias não nasce, se primeiro não morrer; e, quando semeias, não semeias o corpo que há de ser, mas o simples grão, como de trigo ou de qualquer outra semente. Mas Deus lhe dá corpo como lhe apraue dar e a cada uma das sementes, o seu corpo apropriado. Nem toda carne é a mesma; porém uma é a carne dos homens, outra, a dos animais, outra, a das aves, e outra, a dos

> peixes. Também há corpos celestiais e corpos terrestres; e, sem dúvida, uma é a glória dos celestiais, e outra, a dos terrestres. Uma é a glória do sol, outra, a glória da lua, e outra, a das estrelas; porque até entre estrela e estrela há diferenças de esplendor. Pois assim também é a ressurreição dos mortos. Semeia-se o corpo na corrupção, ressuscita na incorrupção. Semeia-se em desonra, ressuscita em glória. Semeia-se em fraqueza, ressuscita em poder. Semeia-se corpo natural, ressuscita corpo espiritual. Se há corpo natural, há também corpo espiritual. Pois assim está escrito: O primeiro homem, Adão, foi feito alma vivente. O último Adão, porém, é espírito vivificante.

O que vemos nos versículos 35 a 45 é que por mais impressionante que nosso corpo físico seja, por meio de dietas, exercícios corretos, dormir o suficiente, boas técnicas de gerenciamento de estresse, e livros de dicas de autoajuda, ele é apenas uma semente. Não obstante quão poderoso você tenha feito seu corpo, ele ainda é transitório.

Aprendi essa difícil verdade quando fui diagnosticado com câncer, simplesmente por que, quando surgiu repentinamente minha doença, eu provavelmente estava na minha melhor forma física, comendo do melhor e mais saudável, mais forte que nunca. Literalmente, em um instante, isso me foi tirado. A Bíblia ensina que o corpo que temos – bem como os olhos que leem este livro – desvanece. É uma semente que tem de morrer e ser substituída.

Em 1Coríntios 15.47-49, Paulo passa a comparar e contrastar o homem de pó (Adão) e o homem do céu (Jesus Cristo). Todos nós, nascidos de mulher, nascemos à imagem de nosso primeiro pai, Adão. Assim, cada um de nós preferiu a criação ao Criador, cada um de nós acreditou ser mais sábio que Deus, e cada um de nós deixou de reconhecer a Deus. Se Cristo tardar, cada um de nós morrerá a morte de Adão.

Lembre-se de que não havia morte até que o pecado entrou no cosmo. Quando a queda aconteceu, a morte começou a reinar. Você e eu vamos morrer fisicamente, teremos necessidade de substituir este corpo perecível. Teremos de nos revestir do imperecível, que foi comprado para nós pelo homem vindo do céu. Receberemos corpos novos como o corpo ressurreto de Cristo; onde antes vivíamos como imagens quebradas de Deus, portaremos a imagem de Jesus, que é a perfeita imagem do Deus invisível. A qualidade de estar quebrado em cada um de nós será consertada para sempre, e nossos principescos corpos eternos substituirão nossa carne idosa. Não ficaremos doentes, não mais seremos feridos nem nos cansaremos. Há muitos anos aprecio o que diz Agostinho em sua *Cidade de Deus*:

> Quão grande será a felicidade (na Cidade de Deus) que jamais será maculada por nenhum mal, a que não faltará nenhum bem, e oferecerá tempo de descanso para os louvores de Deus, que será tudo em todos... Todos os membros e órgãos do corpo incorruptível, que ora vemos apto para variados e necessários usos, contribuirá aos louvores de Deus. [...] Que poder de movimento tais corpos possuirão, não tenho a audácia de definir precipitadamente, pois não tenho a capacidade de conceber. Contudo, direi em qualquer caso, tanto em movimento quanto no descanso, serão belos, como em sua aparência, pois naquele estado nada desagradável será admitido. Como não existe nada maior ou melhor que ele, o próprio Deus, autor da virtude, será o seu galardão, pois isso prometeu a si mesmo... Ele, que será visto sem fim, será o fim de nossos desejos, amado sem saturação, louvado sem canseira. Tal afeto que se estende para fora, tal emprego, com certeza será, como a própria vida eterna, comum a todos.[63]

---

63 Agostinho, *Cidade de Deus*, XXII.30, trans. Marcus Dods (New York: Random House, 1950), 864–65.

Nos novos céus e nova terra, glorificar a Deus incansavelmente será dever, deleite e atividade de todos, compartilhada por todos que partilham da vida eterna. Basicamente, Agostinho está dizendo: "Olhem aqui, toda a energia e vitalidade que seu corpo físico gasta ao funcionar, não mais existirá. O seu fígado não terá mais de limpar o sangue. Os seus rins não terão mais função purificadora. Não precisará mais dessas coisas. Toda a energia gasta nessas coisas agora será utilizada no louvor, governo e reinado com Deus".

Paulo nos derruba da estratosfera em 1Coríntios 15.54-57:

> E, quando este corpo corruptível se revestir de incorruptibilidade, e o que é mortal se revestir de imortalidade, então, se cumprirá a palavra que está escrita: Tragada foi a morte pela vitória. Onde está, ó morte, a tua vitória? Onde está, ó morte, o teu aguilhão? O aguilhão da morte é o pecado, e a força do pecado é a lei. Graças a Deus, que nos dá a vitória por intermédio de nosso Senhor Jesus Cristo.

Já ouvi este texto usado de maneira relapsa em funerais, onde pregadores gritam: "Onde está, ó morte, o teu aguilhão?", a centímetros de um caixão aberto e ocupado. Sempre quero gritar de volta: "Está aí! Ali está o aguilhão da morte!"

Você percebe onde, em 1Coríntios 15, que a morte perde seu aguilhão? Vê quando ela é tragada pela vitória e não pode mais criar o luto? Será aí que nos revestiremos do incorruptível. Assim, em enterros, nós lamentamos e sofremos – a morte fere e é uma verdadeira perda. Este texto, usado corretamente em um funeral, deverá apontar para a esperança daquele dia quando a morte não mais ferirá.

Naquele dia, a vitória de Cristo sobre a morte será tangível, palpável e visceral. Receberemos novos corpos, impulsionados pelo Espírito, capazes de feitos inimagináveis a nossas mentes atuais, possuidoras de tão tênue luz. Seremos capazes de nadar fundo na glória de Deus que cobre toda a terra. É provável que nossos corpos ressurretos sejam como foi o corpo ressuscitado de Jesus. Talvez o corpo glorificado de Cristo seja prenúncio do nosso. Se ele nos justifica, ele também nos glorificará (Rm 8.30).

VIVER COMO NOVAS CRIATURAS

À luz dessa visão épica da consumação do reino, Paulo nos desafia: "Portanto, meus amados irmãos, sede firmes, inabaláveis e sempre abundantes na obra do Senhor, sabendo que, no Senhor, o vosso trabalho não é vão" (1Co 15.58).

Compreendendo que nossa vida presente é perecível e nossos corpos são mera semente, vivemos e enxergamos o mundo de maneira diferente. Estamos mais dispostos a servir, muito mais dispostos a nos sacrificar, muito mais dispostos a perseverar em meio ao desconforto, porque sabemos ser momentânea essa vida quebrada. Vemos o tempo todo esse sentimento nos escritos de Paulo, quando diz que o sofrimento atual é "leve e momentânea tribulação" (2Co 4.17) e a seguir passa a fazer uma lista de coisas que estão muito além da luz e, no entanto, são momentâneas. Quando vemos a vida aqui e agora como momentânea, e nossos corpos físicos como semente que tem de morrer para então estar com Cristo ressurreto, o resultado é uma ousadia para com Jesus, que estava ausente quando víamos a vida como apenas "Essa vida é tudo que existe, e assim, vou maximizar meu prazer, meu conforto e minha alegria, experimentando agora mesmo tudo que é possível experimentar da vida".

A Bíblia diz claramente que o jeito mais rápido para se perder a vida é tentar ganhá-la, e o jeito de ganhar a vida é perdê-la (Marcos 8.35). 1Coríntios 15.54 nos ensina como aplicar essa verdade ao conhecimento da restauração por Deus de todas as coisas na consumação da história.

Enquanto chegamos ao final deste capítulo, é propícia uma visita ao cenário final da Bíblia, e algumas descrições do que vemos no grande final do Apocalipse são cativantes e pungentes assim como N. T. Wright. O que segue vem de seu livro *Surprised by hope* (Surpreendido pela esperança):

> Assim chegamos ao que... talvez seja a maior imagem da nova criação, da renovação cósmica, de toda a Bíblia. Esta cena apresentada em Apocalipse 21-22 não é suficientemente conhecida ou ponderada (talvez porque para ter o direito de ler corretamente, é necessário que se leia primeiramente todo o livro da Revelação de São João, o Apocalipse, o que para muitos é atemorizante demais). Desta vez, a imagem é do casamento. A Nova Jerusalém desce dos céus como noiva adornada para seu marido.
> Notamos imediatamente como é drástica a diferença de todos os outros cenários que querem ser cristãos, nas quais a história do fim do mundo é do cristão que vai como alma ao céu, nu e sem adorno, encontrar, com temor e tremor, a seu Criador. Como em Filipenses 3, não somos nós que vamos ao céu – é o céu que vem até nós. Na verdade é a própria igreja, a Jerusalém celeste, que desce à terra. Esta é a rejeição máxima de todo tipo de gnosticismo, de toda cosmovisão que vê o alvo final como separação do mundo e de Deus, do físico e do espiritual, ou da terra e do céu. É a resposta final da oração do Senhor, que venha o reino de Deus e sua vontade seja feita na terra como é no céu. É sobre isso que Paulo fala em Efésios 1.10; que o desígnio e a promessa de Deus é resumir todas as coisas, tanto as da terra quanto as do céu, em Cristo. É o cumprimento final, em rica imaginação simbólica, da promessa de Gênesis 1, que a criação de macho e fêmea refletiria juntos a imagem de Deus ao mun-

do. É também a realização final do grande projeto de Deus de vencer e abolir para sempre a morte – que só pode significar o resgate da criação da sua atual situação de decadência.[64]

Em seguida, Wright expõe a maneira como a nova criação é cumprimento da ideia de Deus de frutificação, na ordem criativa:

Parece que céu e terra não são pólos opostos, necessariamente separados para sempre quando todos os filhos do céu forem resgatados deste mundo mau. Também não são diferentes maneiras de ver a mesma coisa, conforme implica alguma forma de panteísmo. Não, eles são diferentes; radicalmente diferentes, contudo, feitos um para o outro, do mesmo modo (o Apocalipse sugere) que macho e fêmea. Quando finalmente se ajuntam, será causa para regozijo do mesmo modo que um casamento: um sinal criacional de que o projeto de Deus prossegue; que os pólos opostos na criação são feitos para a união e não para competição; que o amor, e não o ódio, terá a última palavra no Universo; que a frutificação, e não a esterilidade, é vontade de Deus para a criação.

O que é prometido nesta passagem é o que Isaías previu: novos céus e nova terra, substituindo o antigo céu e a antiga terra, que estavam a caminho da destruição. Isso não quer dizer que Deus vá limpar a tábua e começar do zero, pois se fosse assim, não haveria causa de celebração, nem conquista da morte, nem longa preparação para algo agora completo. À medida que se desenvolve o capítulo, a noiva, esposa do Cordeiro, é descrita com amor: ela é a nova Jerusalém prometida pelos profetas do Exílio, especialmente por Ezequiel. Mas, diferente da visão de Ezequiel, onde o templo reconstruído toma eventualmente a posição central, não existe templo nesta cidade (21.22). O templo de Jerusalém foi sempre projetado com apontador e avançado símbolo da presença do próprio Deus. Quando a realidade estiver presente, o sinaleiro não é

---

64 N. T. Wright, *Surprised by Hope: Rethinking Heaven, the Resurrection and the Mission of the Church* (New York: HarperCollins, 2008), 104–5.

mais necessário. Como em Romanos e 1Coríntios, o Deus vivo habitará seu povo, enchendo a cidade de sua vida e seu amor, derramando graça e cura no rio da vida que corre da cidade para todas as nações. Existe aqui um sinal do projeto futuro que aguarda os redimidos no eventual novo mundo de Deus. Assim, longe de estarmos sentados sobre nuvens ou tocando harpas como imaginam muitas pessoas, os redimidos de Deus no novo mundo serão agentes de seu amor que prossegue de novas formas, para realizar novas tarefas criativas, para celebrar e estender a glória do seu amor.[65]

Portanto, você e eu não seremos como Tom e Jerry tocando suas harpinhas; estaremos em uma nova criação, com novos corpos que trabalham desimpedidos pelo peso da destruição, do pecado e da rebeldia, para a glória de nosso grande Deus e Rei. Em culto de adoração? Sim, mas uma adoração muito maior que apenas cânticos.

É aqui que olhamos, esperançosos. É para este fim que oramos, e é o que ansiamos quando nos sentimos cansados deste mundo dilacerado. Por esta razão jejuamos e ansiamos por sua volta. Por isso é que João encerra sua revelação dizendo: "Maranata. Vem Senhor Jesus!" (Ap 22.20). É quase possível ouvir seu suspiro sofrido.

Quando olhamos o evangelho do ar, por meio da grande narrativa das Escrituras, vemos que ele não trata somente de Deus perdoar nossos pecados e dar-nos a vida eterna, mas também trata *daquilo pelo qual fomos* perdoados, e *como é* essa vida eterna. Não podemos negar, como alguns, que o plano de Deus de restaurar todas as coisas é o evangelho (conforme veremos no capítulo 10), porque a Escritura nos mostra que a obra expiatória de Cristo é a boa nova para a criação decaída. Mediante as boas novas da vida, morte e ressurreição de Jesus, somos reconciliados com Deus, em vista da nossa herança de "todas as coisas" que Deus também está reconciliando (Rm 8.32). Noutras palavras, ver o evangelho do ar mostra-nos sua narrativa que a tudo engloba, revelando que

---

65 Ibid., 105–6.

ele não é apenas de primeira importância, mas de total importância (ver 1Co 15.3). É essencial que abracemos um evangelho em escala que faz jus à glória de Deus.

# TERCEIRA PARTE
IMPLICAÇÕES E APLICAÇÕES

Capítulo 9
IMPLICAÇÕES E APLICAÇÕES
PERIGOS DE UM EVANGELHO TEMPO DEMAIS NO CHÃO

O evangelho explícito mantém o evangelho no chão e no alto como sendo complementares, duas visões do mesmo plano redentor que Deus tem para o mundo, por meio da obra de seu Filho. Ao manter juntas essas perspectivas, fazemos jus ao modo multifacetado da Bíblia de proclamar as boas novas. Quando não as mantemos juntas ou afirmando uma exageradamente ou descartando (até mesmo rejeitando) a outra, criamos um desequilíbrio que conduz a toda espécie de erro bíblico.

Existem perigos em um evangelho que está sobre o chão ou no alto por tempo demais. Contudo, antes de estudar diversos perigos de um evangelho que permanece tempo demais no chão, temos de falar algumas coisas sobre ideia de uma encosta escorregadia. Uma *encosta escorregadia* é simplesmente uma reflexão ou ação que dá movimento ao pensamento ou à ação, levando-o além daquilo que você originalmente pretendia fazer ou além daquilo que você inicialmente cria. As pessoas que preferem o evangelho no chão e criticam o evangelho no alto têm a tendência de dizer algo como: "Essa espécie de abordagem conduzirá a erros cada vez maiores. A história nos mostra que leva ao evangelho social e outras formas de liberalismo".

A primeira coisa que devemos dizer como resposta é que essa encosta escorregadia, embora vista claramente através da história, não é inclinada em ângulo de noventa graus, ou seja, esta encosta não é um precipício. Segundo, embora sejamos todos seres humanos pecadores, e cada um de nós seja propenso a reações exageradas, essa encosta escorregadia, na verdade, afeta a todos. Não existe uma teologia ou doutrina ali que não seja por ela atingida. Nenhum único ângulo possui o monopólio sobre a tentação para escorregar abaixo para o erro.

Vemos nas Escrituras a cautela que se revela na tensão entre graça e obras. Existem alguns que balançam exageradamente no pêndulo de uma noção da graça que exclui a necessidade da obediência cristã. Paulo trata com clareza disso em Romanos 6.1-2: "Que diremos, pois? Permaneceremos no pecado, para que seja a graça mais abundante? De modo nenhum! Como viveremos ainda no pecado, nós os que para ele morremos?" Paulo está dizendo que a graça de um coração verdadeiramente regenerado será revelada, como evidência dos efeitos regeneradores do Espírito, pelas *obras*. Tiago concorda com isso (Tg 2.14-26).

Outros balançam no pêndulo até o outro lado, enfatizando exageradamente as obras. Tomam os mandamentos bons e claros de Deus, bem como as inúmeras exortações de obedecê-los, e dizem que somos parceiros com Deus em nossa justificação. A tensão entre fé e obras, entre lei e evangelho, está sempre no coração. Podemos ver Paulo, e outros, falando repetidamente sobre essa tensão.

Outro lugar em que vemos o perigo da encosta escorregadia está em 1Coríntios 10, onde Paulo examina a tensão entre a liberdade cristã e o antinominianismo – a ideia de que não precisamos mais da lei, que a nós não é requerido obedecer aos mandamentos de Deus – e entre santidade e legalismo. Em 1Coríntios 10.23 ele escreve: "Todas as coisas são lícitas, mas nem todas convêm; todas são lícitas, mas nem todas edificam". Uma das coisas que aprendi como pastor de uma igreja jovem é que, quando abrimos a porta da liberdade, as pessoas que antes se sentiam constrangidas pela lei correm a mil por hora, e acabam usando sua recém-descoberta liberdade para a licenciosidade. Assim, temos de constantemente puxá-los de volta à realidade de que a liberdade em Cristo e a liberdade da lei nos foram dadas para o bem de nossos irmãos e irmãs.

Vemos essa encosta escorregadia trabalhando na batalha da igreja primitiva contra as heresias. O verdadeiro problema com a encosta escorregadia é o elemento de verdade existente nos primeiros passos que levam morro abaixo. Algum bom cristão negaria a verdade da graça ou a doutrina de *sola gratia*? No entanto, não será aí que começa o erro da crença fácil? O antinominianismo começa com a verdade essencial de *sola gratia*. Assim, geralmente não é a afirmativa da verdade que leva alguém a escorregar morro abaixo, mas a negação de verdades correspondentes. Noutras palavras, toma-se aquilo que é verdade além de seus limites bíblicos. Vemos isso pela história da igreja no arianismo, modalismo, pelagianismo, adocionismo, nestorianismo, trideísmo, universalismo e outras heresias. O que aconteceu em cada um e outros desses erros doutrinários é que alguém tomou um elemento que era verdadeiro e o perverteu a ponto de heresia, e tais heresias ainda hoje levantam suas cabeças.

Mesmo em alguns dos círculos reformados nos quais ando encontro pessoas que amam suas Bíblias e são zelosos da boa doutrina, mas têm erros bíblicos, porque é perigosamente fácil tomar uma verdade e excluir a totalidade daquilo que Deus tem revelado. Assim, vemos, por exemplo, em relação à doutrina bíblica da soberania de Deus, uma falha quanto à missão da igreja, ou quanto à oração ou o erro de fazer de Deus a causa da existência do mal. Alguns tomam a verdadeira doutrina da depravação total do homem, e escorregam encosta abaixo em um ensino de falta de responsabilidade humana, ou desprezo do valor humano.

O básico é que realmente não importa qual a doutrina que olhamos. Quando homens pecadores estão envolvidos, é sempre possível a encosta escorregadia.

As boas novas são que as Escrituras, bem como o testemunho da história, nos mostra quais são essas encostas escorregadias, como elas funcionam, e quais as suas trajetórias. Não podemos deixar que os erros da história definam nosso ministério, Temos de permitir que as Escrituras façam isso. Mas podemos enxergar a partir desses erros os campos minados e as armadilhas, para que sejamos fiéis à Escritura e não repetidores dos mesmos erros do passado.

Assim sendo, ao olharmos neste e no próximo capítulo algumas das colinas bíblicas e históricas que têm ocorrido em resposta a essas duas perspectivas –o evangelho no chão e o evangelho no alto – é importante entender que as preocupações não são conclusões decididas, mas sim, *possibilidades*. Se não cuidarmos especialmente de evitar esses erros históricos, tais possibilidades se tornam *probabilidades*. Novamente, não estou afirmando que alguém que esteja no chão ou no alto por tempo demais *tenha* de fazer tais coisas, mas que a história e as Escrituras demonstram ser essas coisas possibilidades contra as quais devemos vigiar.

Então, quais são alguns perigos quando o evangelho fica no chão por tempo demais e não é equilibrado, como deveria ser, por uma visão do evangelho no alto?

PERIGO NÚMERO 1: PERDER A GRANDE MISSÃO DE DEUS

Se permanecermos focados no evangelho no chão, a primeira coisa que pode acontecer, se não vigiarmos constantemente, é perdermos o entendimento do plano missional de Deus para todas as áreas da vida. Uma das coisas que procuro sempre ensinar ao povo de minha igreja, *The Village*, é uma visão da soberania de Deus que faz sentido em todos os aspectos cotidianos. Um de meus textos prediletos, e que reflete essa ideia, está no Salmo 139. De algum modo o Salmo 139 foi sequestrado pelos ministérios das mulheres, e embora eu considere importante que as mulheres entendam que são criadas assombrosamente maravilhosas, e não entrem no jogo tolo de se comparar com outras a seu redor, creio que este texto tem muito mais substância do que apenas isso.

> Pois tu formaste o meu interior
> tu me teceste no seio de minha mãe.
> Graças te dou, visto que por
> modo assombrosamente maravilhoso me formaste;
> as tuas obras são admiráveis,
> e a minha alma o sabe muito bem;
> os meus ossos não te foram encobertos,
> quando no oculto fui formado
> e entretecido como nas profundezas da terra.
> Os teus olhos me viram a substância ainda informe,
> e no teu livro foram escritos
> todos os meus dias,
> cada um deles escrito e determinado,
> quando nem um deles havia ainda (Salmo 139.13-16)

Amo esta passagem por duas razões. Primeiro, diz que Deus me teceu dentro do ventre de minha mãe. Teceu intricadamente minha estrutura. Meu corpo externo e físico foi criado e sintonizado por Deus, que sabia como usaria todos os meus dias. Sempre tive o que os adultos chamam de "voz carregada". De fato, uma das ironias de minha vida é que antigamente era repreendido e até suspenso da escola por aquilo que hoje sou pago para fazer. Não tenho a capacidade de sussurrar. Sou projetado, pela minha composição genética, a falar alto. Não consigo virar para a pessoa do lado e cochichar de maneira que outros não escutem. Simplesmente não tenho essa capacidade. Assim também minha estrutura física

– tenho dois desengonçados metros de altura e peso perto de cem quilos – foi criada e sintonizada por Deus ainda dentro do ventre de minha mãe. Isso não significa que tenho alguma característica física pela qual me gabar, mas diz que antes de eu ser concebido, Deus tinha um plano para minha composição física que estava ligado à sua missão.

Segundo, Deus não estava apenas envolvido na confecção e funcionamento de minha aparência externa, mas também em sintonizar minha estrutura interna e emotiva. Enquanto o versículo 13 diz: "formaste o meu interior; tu me teceste no seio de minha mãe", o verso 16 afirma: "teus olhos viram minha substância ainda informe". O versículo 16 diz que minha estrutura emocional – a essência da personalidade que está naturalmente em mim – foi ali colocada por Deus. Deus me sintonizou física e emocionalmente, para seu bem e sua glória, durante todos os dias que planejou para mim, antes mesmo de eu viver um dia sequer.

Você já notou como determinadas pessoas são atraídas a determinados *hobbies*? Existe uma resposta intrínseca a certas atividades: "Ah, eu amo isso!" Ou então: "Isso aí é chato". Tenho um bom amigo cujo pai ama beisebol. Quando esse amigo era menino, seu pai o levava a todos os jogos e queria jogar com ele no quintal de sua casa. Esse pai amava jogar, mas meu amigo detesta esse jogo até hoje. Ele tem um excelente relacionamento com seu pai, mas essa coisa de beisebol nunca "pegou" nele. Simplesmente nunca foi fã de beisebol. É muito mais atraído a outras atividades.

Existe em nossa alma um "clicar" intrínseco que nos arrasta para as coisas que nos atraem. Creio que o Salmo 139 esteja se referindo a isso como sendo ordenado por Deus, que é *coisa de Deus*, que Deus faz isso segundo seus propósitos. Observe como Paulo trata essa matéria em seu sermão de Atos 17:

> O Deus que fez o mundo e tudo o que nele existe, sendo ele Senhor do céu e da terra, não habita em santuários feitos por mãos humanas. Nem é servido por mãos huma-

nas, como se de alguma coisa precisasse; pois ele mesmo é quem a todos dá vida, respiração e tudo mais; de um só fez toda a raça humana para habitar sobre toda a face da terra, havendo fixado os tempos previamente estabelecidos e os limites da sua habitação; para buscarem a Deus se, porventura, tateando, o possam achar, bem que não está longe de cada um de nós; pois nele vivemos, e nos movemos, e existimos, como alguns dos vossos poetas têm dito: Porque dele também somos geração (vv. 24-28).

Atos 17 toma a ideia de que fomos singularmente sintonizados por Deus, mostrando-nos que fomos singularmente *colocado*s em determinada situação por Deus. Os limites de minha habitação, bem como os tempos determinados de minha vida, de acordo com Atos 17, foram postos para mim de acordo com o plano predeterminado de Deus. Sou sintonizado de forma singularmente única e colocado em lugar singular. O versículo 27 conecta isso à esperança de que os homens possam tatear no seu caminho até Deus porque "na verdade ele não está longe de cada um de nós". Podemos perder a expansividade daquilo que Deus pretende fazer conosco em nosso relacionamento pessoal com ele, se nosso foco evangélico for apenas sobre esse relacionamento.

Entendo, pelas Escrituras, que vivo na vizinhança em que estou de acordo com o plano predeterminado de Deus. Fui feito em sintonia com ele e atraído a determinadas coisas para que as pessoas conheçam a Deus, e ouçam de Deus, e vejam o evangelho vivido, e sejam atraídas como por gravidade a ele, e o vejam pregado e proclamado. Sendo assim, quando vou para casa após um dia de trabalho no escritório, entendo que não moro nesse bairro por acaso. Os meus vizinhos à esquerda, à direita, e diretamente atravessando minha rua, estão ali por desígnio de Deus, para que o evangelho seja anunciado a eles através de mim. Quero ver desse modo a minha academia de ginástica, a loja onde tomo um café, quero ver dessa maneira os pais que estão sentados comigo assistindo os filhos jogando bola, e também os que presenciam os recitais de balé de minha filha. Quero ver o mundo inteiro pela lente de como Deus me fez e onde me colocou para sua glória.

Podemos perder de vista esse contexto maior da missão de Deus se virmos o evangelho apenas como sendo pessoal. Esse é apenas um passo errôneo de se ver o evangelho como sendo *particular*.

PERIGO NÚMERO 2: UMA FÉ RACIONALIZADA

A encosta vai ficando mais escorregadia. Uma vez que tenhamos cedido à ideia de que o evangelho trata apenas de nossa relação pessoal com Deus e não do seu plano redentor de renovar todas as coisas, damo-nos permissão para parar de nos envolver com o mundo ao nosso redor. Uma vez que não estejamos envolvidos em compartilhar o evangelho de Jesus Cristo com o mundo que nos cerca, e não estejamos mais cuidando da viúva e do órfão em seus sofrimentos, mas deixando que outros o façam, teremos removido um dos componentes mais importantes do verdadeiro discipulado bíblico.

O envolvimento com a dor, com o sofrimento e a tristeza do mundo a nosso redor é uma das formas pelas quais somos burilados na obra da santificação pela missão de Deus de reconciliar consigo mesmo todas as coisas. Enquanto nos engajamos, Deus nos mostra nossas próprias imperfeições, insuficiências e temores. Somos alertados sobre o lugar onde não confiamos em Deus com nosso dinheiro ou talentos. Envolver-nos na cidade a nosso redor e ministrar às suas necessidades nos revela as fortalezas de pecado que ainda existem em nossa vida pessoal, as áreas que recusamos entregar a Deus. No fim, se permanecermos tempo demais com o evangelho no chão, o discipulado pode se transformar em apenas uma transferência de informações que não produzem maturidade nem geram crescimento interior no fruto do Espírito.

Quando o discipulado não é mais um modo de viver e sim, apenas informações a serem apreendidas, ocorre uma compartimentalização de nosso pensamento espiritual, que resulta em hipocrisia. Podemos acabar tendo uma igreja que não enxerga a confissão e o arrependimento como ética constante, mas apenas como verdades para serem defendidas. Em vez de sermos missionais em nossa compreensão do mundo, assumimos uma postura defensiva. Em vez de seguirmos a Cristo, acabamos apenas encurralando as carroças.

Estou plenamente cônscio de que há coisas que precisam ser resguardadas; somos ordenados a contender pela fé e cuidar especialmente da doutrina (Judas 3;1Tm 4.16). Contudo, conforme delineei no capítulo 7 sobre reconciliação, a principal postura cristã não é defensiva, e sim ofensiva. Não somos chamados para montar uma loja e espantar os outros, mas para estar em missão com Deus. Contendemos pela fé e guardamos a sã doutrina *enquanto estamos em missão,* como um componente dessa missão.

Quando comecei a pastorear a igreja *The Village*, a primeira coisa que fiz foi pregar o livro de Efésios. Eu o fiz porque nossa igreja tinha começado a morrer. Quando comecei, a igreja se chamava *Highland Village First Baptist Church* (Primeira Igreja Batista da Vila de Highland), e tinha encolhido até uns cem membros. Estava endividada, era muito confusa teológica e missiologicamente, e se encontrava em estado de confusão geral. Resolvi pregar através de Efésios porque ali podemos ver bem o nascimento e a morte de uma igreja.

Vemos em Atos 19 o nascimento da igreja de Éfeso, e foi algo espetacular. Apolo chega e ensina sobre Jesus. A Bíblia não menciona o que estava faltando na pregação de Apolo, mas Priscila e Áquila tiveram de chamá-lo de lado para explicar-lhe mais plenamente o caminho de Deus. Então Apolo sai, e chega Paulo, trazendo com ele o Espírito Santo. A igreja dispara. Paulo está realizando milagres e pregando o reino, e coisas maravilhosas estão acontecendo. De fato, ele vai diariamente à escola de Tirano, onde sabemos que "Durou isto por espaço de dois anos, dando ensejo a que todos os habitantes da Ásia ouvissem a palavra do Senhor, tanto judeus como gregos" (v. 10). Isso não é incrível? A missão de Paulo em Éfeso é tão efetiva e inegável que até as forças demoníacas da área tinham ouvido falar. Nos versículos 21 a 41, vemos que o evangelho fincou suas raízes de modo a transformar todo o clima socioeconômico da cidade de Éfeso. Os que ganhavam dinheiro com coisas pecaminosas não conseguiam mais fazer a vida com isso, simplesmente devido à penetração do evangelho na cultura.

A transformação de Éfeso é extraordinária e poderosa. Em Atos 20, Paulo está a caminho de Jerusalém, sabendo que vai ser preso, sabendo que provavelmente será o começo do fim de seu ministério, e ele ajunta os presbíteros e lhes diz, basicamente: "Estou limpo, quanto a vocês. Estou limpo porque proclamei a vocês todo o conselho de Deus". Em seguida, inspirado pelo Espírito Santo, ele diz-lhes que depois que for embora, lobos entrarão na igreja e tentarão devorar as ovelhas, e surgirão falsos mestres. Até mesmo alguns desses presbíteros estarão no meio desse grupo que desviarão as pessoas com perversões da verdade. Em seguida, Paulo ora sobre os presbíteros efésios, e vai embora.

O livro de Efésios é a carta de Paulo, escrita da prisão em Roma, aos crentes na cidade de Éfeso. Nesta carta, ele admoesta a igreja a falar a verdade, deixar de lado toda falsidade. Os principais temas desta carta são: Cristo reconcilia toda a criação com ele; Cristo une a si as pessoas de todas as nações; e Cristo junta as pessoas da igreja umas às outras. Embora essas ênfases indiquem algumas necessidades projetadas da igreja de Éfeso, não aprendemos muito nesta epístola sobre o que está acontecendo do ponto de vista doutrinário.

Mas em Primeira e Segunda a Timóteo, Paulo escreve a Timóteo, um dos presbíteros da igreja de Éfeso, e é interessante notar que dentro de uma década desde a sua profecia em Atos 20, de que lobos e falsos mestres atacariam a igreja, sua previsão aconteceu. Então Paulo instrui

Timóteo na controvérsia de Éfeso, ordenando-o a lutar contra a heresia e instruir extensivamente a igreja quanto ao papel do evangelho. Paulo está ensinando seu filho na fé, Timóteo, a usar o evangelho para combater a controvérsia dos efésios, que tinha algo a ver com algumas pessoas tentarem perverter a natureza do evangelho.

Chegamos então a Primeira e Segunda João. João era presbítero em Éfeso. Um aparte que sempre me surpreende: havia grande nível de habilidade pastoral ali. No entanto, mesmo com esse "Time Alfa" de cuidado pastoral, a igreja estava deslizando para um ensino falso. Em sua carta, João apela ao amor e à graça, como também a combater aqueles que acham desnecessário confessar ou se arrepender do pecado. São esses alguns vislumbres dos estágios da igreja de Éfeso. Porém, em Apocalipse 2, vemos o que indicará a morte daquela igreja:

> Ao anjo da igreja em Éfeso escreve: Estas coisas diz aquele que conserva na mão direita as sete estrelas e que anda no meio dos sete candeeiros de ouro: Conheço as tuas obras, tanto o teu labor como a tua perseverança, e que não podes suportar homens maus, e que puseste à prova os que a si mesmos se declaram apóstolos e não são, e os achaste mentirosos; e tens perseverança, e suportaste provas por causa do meu nome, e não te deixaste esmorecer. Tenho, porém, contra ti que abandonaste o teu primeiro amor. Lembra-te, pois, de onde caíste, arrepende-te e volta à prática das primeiras obras; e, se não, venho a ti e moverei do seu lugar o teu candeeiro, caso não te arrependas (Ap 2.1-5).

Aqui está claro que mesmo neste estágio tardio do jogo os efésios faziam algumas coisas muito bem. Vemos no versículo 2 que eles têm perseverança e paciência, não suportam a maldade, e testaram os falsos apóstolos. Conhecem suficientemente a doutrina para compreender o que é ensino verdadeiro e o que é falso. Estão suportando com paciência o sofrimento pelo qual estão passando. Podemos resumir todas essas características com duas coisas: suportar a dor e contender pela sã doutrina. No papel, parece uma igreja à qual eu gostaria de pertencer. Soa como uma igreja onde quero que meus filhos cresçam até a plenitude de Cristo. Mas há uma palavra também de admoestação: "Tenho, porém, contra ti que abandonaste teu primeiro amor. Lembra-te, pois, de onde caíste, arrepende-te e volta à prática das primeiras obras; e, se não, venho a ti e moverei do seu lugar o teu candeeiro, caso não te arrependas".

Eles abandonaram o primeiro amor. Muitas vezes ouvimos isso como uma forma etérea, elevada e sentimental de amar a Jesus. Mas cavando mais fundo, acho que a chave desse texto está naquilo que ele manda fazer. "Lembra-te de onde caíste, arrepende-te e volta a praticar as primeiras obras". Em seguida vem a ameaça: "Se não te arrependeres, virei e removerei o teu candeeiro" (v. 5).

A grande questão é esta: O que eles faziam no começo de tão importante, que devem voltar a fazer? Se voltarmos a seu começo em Atos 19, veremos aquilo que os marcava como congregação:

> Muitos dos que creram vieram confessando e denunciando publicamente as suas próprias obras. Também muitos dos que haviam praticado artes mágicas, reunindo os seus livros, os queimaram diante de todos. Calculados os seus preços, achou-se que montavam a cinquenta mil denários. Assim, a palavra do Senhor crescia e prevalecia poderosamente (vv.18-20).

Uma das coisas que acontecia no começo da igreja em Éfeso era uma admissão crua e corajosa de culpa e falhas, mas de alguma forma, com o passar do tempo, aquela igreja se tornara civilizada e um tanto fria, obsessivamente acirrada em seu entendimento doutrinário, de maneira que eles se alinharam com a verdade, porém perderam seu foco missional. Haviam abraçado uma fé excessivamente racionalizada. A cabeça estava no lugar certo, mas o coração não seguia o mesmo rumo. Tinham aparência de piedade, mas negavam o poder que produziria um afeto radical por Jesus, arrependimento radical dos pecados, e amor radical por um mundo perdido. Afinal, eram tão orgulhosos e estavam tão longe do Senhor que Jesus teve de dizer: "Vou remover de vocês a minha luz, se não voltarem a viver como viviam no começo".

É bem provável que a igreja em Éfeso tivesse descido a encosta escorregadia desde a posição de precisão doutrinária para a de arrogância doutrinária, transferindo seu afeto por Cristo e por seus vizinhos para um intelectualismo, até que, de repente, em seu papel de reconciliação entre eles e por todo o mundo, os crentes de Éfeso não estavam mais lidando com bruxaria, magia, e desvios sexuais, não estavam mais enfrentando seus próprios pecados, e não estavam mais fazendo que seu alvo principal fosse o evangelho. Ficaram civilizados, e sua fé se tornara racionalizada. Isso pode acontecer com qualquer um de nós, se pararmos de ver o quadro maior do evangelho e passarmos ao hiper-foco da micro-imagem de "minha fé". Nosso intelecto vem preencher o templo de nosso coração, e não trememos mais no temor de Deus nem nos entregamos a uma mente disposta para a missão em resposta à glória de Deus manifestada, como fez Isaías, porque simplesmente paramos de contemplá-la. Nossa visão está a tanto tempo no chão que cortamos da moldura a plenitude da majestade de Deus.

TERCEIRO PERIGO:
UM EVANGELHO AUTOCENTRADO

Tais erros nos conduzem pelo escorregadio morro abaixo, até o que considero o último e mais significativo perigo do evangelho sobre o chão por tempo demais. Quando enfatizamos exageradamente a perspectiva do evangelho sobre o chão, tornamos esse evangelho cada vez mais individualista. Tornamos o evangelho centrado no homem. Tornamos o evangelho centrado no *eu*.

Ninguém jogou melhor esse jogo do que os fariseus e escribas. Vejamos Lucas 15, a começar com o primeiro versículo: "Aproximavam-se de Jesus todos os publicanos e pecadores para o ouvir. E murmuravam os fariseus e os escribas, dizendo: Este recebe pecadores e come com eles". Esse versículo parece não pesar muito, porque sem entender o que estava acontecendo historicamente, temos a tendência de dizer: "Ah, bem, ele é pecador, você é pecador, eu sou pecador. Somos todos pecadores". E a maioria de nós já ouviu que os cobradores de impostos eram sujeitos que tomavam mais dinheiro do que deviam, embolsando o extra, e por isso todo mundo os odiava. Mas essa não é toda a história.

No tempo de Jesus, Roma dominava o mundo desde a Índia até a Inglaterra, mas como alguém governava desde a Índia até a Inglaterra em tempos anteriores à modernidade? Digamos que aqui, no meu estado, alguns pensem que o Texas deveria ser um país independente. Digamos que estivessem na floresta, brincando com seus *winchesters,* e resolvessem se separar da União. Há uma rebelião. "Não estamos mais acatando isso aí – ninguém vai nos dizer que não podemos portar nossos rifles totalmente automáticos quando entramos num restaurante *Tex-Mex!*" Começaria a rebelião. Os Estados Unidos da América simplesmente mandariam uns dois helicópteros da base militar mais próxima e lançariam um míssil de alguma casamata ultrassecreta, e a coisa acabaria em poucos minutos.

Não é como faziam as coisas no Primeiro Século. Como se governava desde a Índia até a Inglaterra no primeiro século, sem o auxílio de armas de longo alcance, aviões e veículos velozes? Só com um exército gigantesco, e o único modo de conseguir prover e treinar tal exército era mediante impostos. Os cobradores de impostos eram odiados dos judeus porque levantavam dinheiro para um dominador pagão, de força opressiva, que provavelmente já tinha matado ou aleijado alguém conhecido. Os cobradores de impostos eram uma classe desprezível, no entanto, foram atraídos ao evangelho.

Estavam também presentes os "pecadores". Embora sejamos pecadores e saibamos que todo mundo peca, os pecadores no primeiro século eram uma classe de pessoas. Tinham trabalhos ou passados mal-afamados, ou alguma doença ou má formação que fazia com que as pessoas dissessem "Deus o julgou". Aos pecadores não era permitida a entrada no lugar de culto. Eles eram marginalizados e não podiam participar da vida da comunidade. Essa foi a razão pela qual a mulher samaritana veio tirar água do poço no calor do meio-dia em vez da fresca da manhã.

Eis o cenário: cobradores de impostos e pecadores estão chegando mais perto para ouvir o evangelho da boca do próprio evangelho, Jesus. Porém, não são os únicos ali. Os escribas e fariseus murmuravam dizendo: "Esse homem recebe pecadores e come com eles".

Uma das coisas que acontece quando não aceitamos mais que Deus se importe com o menor desses pequeninos, quando não o ouvimos chamando a *nós* para nos envolver com o mundo na sua dor e injustiça, é que empacamos e esquivamos do discipulado. Nossa fé fica sendo somente a nosso respeito com o Senhor e a obtenção de nossa passagem para o céu. Existe um grão de verdade no dizer: "Jesus teria morrido por você se você fosse a única pessoa no mundo", mas a verdade é que você não é a única pessoa viva. Além do mais, descartar o evangelho no alto para centralizar o evangelho no chão facilmente nos tenta a pensar que o evangelho é a nosso respeito, e não a respeito de Deus. Quando temos uma visão panorâmica e compreendemos a história da Escritura que abarca tudo, vendo o evangelho no alto, enxergamos a história de Deus da redenção, tendo Cristo como centro, e sua glória como seu principal interesse. Se perdermos isso de vista, o evangelho fica centrado no homem.

Mais uma vez, isso perverte nosso relacionamento com o Senhor e nosso chamado para sermos agentes de reconciliação no mundo que nos cerca. Quando permanecemos focados no chão por tempo demais, tornamos a fé individualista, em vez de reconciliadora e missional.

Se permanecermos no chão tempo demais, começaremos a ler a Bíblia tendo como centro a nós mesmos. Será um curto escorregão até as piores formas de sectarismo e isolacionismo. É um jeito de tornar-se orgulhoso e arrogante, de racionalizar a desobediência à Grande Comissão e ao Grande Mandamento. É uma forma de ignorar missão ou evangelização. Em uma estranha ironia, tanto o *avivalismo hiperarminiano* quanto o *isolamento hipercalvinista* têm em sua raiz um evangelho egoísta e centrado no *eu*.

Mas existem também perigos ao ficar no alto por tempo demais.

Capítulo 10
IMPLICAÇÕES E APLICAÇÕES
PERIGOS DO EVANGELHO NO ALTO POR TEMPO DEMAIS

Algo sutil, mas muito perigoso, acontece quando o evangelho é colocado apenas em termos da restauração que Deus faz de todas as coisas: fica muito fácil abraçar o chamado "evangelho social" que se caracteriza por ser biblicamente deficiente. Uma visão cósmica do evangelho nos capacita a ver que o plano de redenção de Deus engloba toda a criação. Inclui uma reversão da maldição da queda com todas as suas ramificações, porém é centralizada no amor de Deus pelo pecador, no sacrifício de Cristo para a justificação do ser humano, e na ressurreição de Cristo para a vida eterna do homem. No entanto, o evangelho social não é apenas algo que Deus faz; o homem desempenha um papel vital nele. Devíamos erguer bandeiras vermelhas quando ouvimos coisas como: "Seja o evangelho" ou ouvimos a linha repetidamente citada: "Prega o evangelho a todo tempo; se necessário, use palavras".[66]

---

[66] Este chavão lamentável geralmente é atribuído a São Francisco de Assis, e além da falência teológica da ideia, outro problema é que São Francisco nunca disse isso. Ver Mark Galli, "Speak the Gospel", *Christianity Today* Online (May 21, 2009), http://www.christianitytoday.com/ct/2009/mayweb-only/120-42.0.html.

O perigo de manter o evangelho no alto por tempo demais é deslizar na encosta escorregadia do evangelho social. Quando obscurecemos ou perdemos de vista a verdade central e primária que é revelada quando vemos o evangelho no chão, torna-se difícil distinguir a função do evangelho de um ato de caridade de um budista ou altruísmo demonstrado por um ateu.

PRIMEIRO PERIGO: SINCRETISMO

Se o perigo de enfocar demais o evangelho sobre o chão é essencialmente de sectarismo, o perigo de enfatizar demais o evangelho no alto é definitivamente o de sincretismo. Noutras palavras, estar demasiadamente no chão leva-nos a afastar-nos demais do mundo e nos desligar de nossa missão, enquanto ficar no alto por muito tempo quase sempre leva a igreja a ficar indistinta do mundo.

O sincretismo começa de maneira aparentemente inocente. Jamais se inicia com um plano de subverter ou aniquilar o verdadeiro evangelho. De fato, o que descobri ao estudar a história eclesiástica e me encontrar com certos pastores é que, geralmente, os que caem em sincretismo quase sempre começaram com uma motivação pura de ver as pessoas conhecerem, amarem e seguirem a Jesus. Saíram do trilho quando dominados pela frustração de ver a falha dos outros ou o estado em que se encontra o mundo. Muitos dos que acabam vivendo igual ao mundo e ainda querem se chamar de cristãos apontam as falhas da geração passada em alimentar os pobres, acolher os sem-teto, batalhar pela igualdade racial, e coisas semelhantes. Apontam para os prédios, programas e principais ênfases da igreja estabelecida como evidências da omissão do evangelho em sua totalidade.

Muitas de suas frustrações são válidas – geralmente eles percebem alguma coisa real. Mas enquanto essa angústia juvenil se desenrola, enquanto observam os mandamentos de Deus de amar aos alquebrados e aos que sofrem, e são movidos a agir baseados nessa percepção, eles deparam com a dureza de alguns cristãos, o que os leva a usar o sentimento de culpa como força motriz para a ação. Uma vez que a culpa seja fator motivador em lugar do próprio evangelho, teremos uma salvação baseada em obras e não na graça. Em vez do amor de Deus ser a força que move nosso envolvimento com os que carecem ouvir desse amor, trabalhamos por senso de culpa. De repente, a missão é impulsionada por obras, não impelida pelo evangelho. É esse o primeiro passo de sincretismo, porque confunde a missão cristã com uma religião de obras, que é uma falsa religião e acaba sendo a raiz de toda religião que *não* é cristã.

Vemos o verniz do sincretismo, quando não muito mais dele, cada vez que vemos cristãos enfatizando "tornar o mundo um lugar melhor" – acima de salvação do mundo do pecado pessoal, por um Salvador pessoal, enviado por um Deus pessoal. Em algumas dessas campanhas cristãs, é difícil encontrar qualquer coisas autenticamente cristãs com respeito à mensagem. O evangelho foi trocado por uma mensagem que qualquer religioso (ou mesmo não religioso), com disposição de ajudar o próximo poderia praticar. Essa é parte do *design* no impulso do sincretismo – atrair pessoas para o evangelho por meio de uma ênfase sobre como o evangelho fala de justiça econômica, por exemplo, ou sobre salvar a mata brasileira – mas quase invariavelmente, tais ênfases se tornam missões de outra espécie. A Bíblia não ensina justificação mediante o reciclar dos recursos naturais, mas seria difícil saber disso a partir de algumas organizações cristãs que têm permanecido no alto há tanto tempo que seus pés não pisam mais no chão.

A missão se torna vaga quando se mantém com o zoom no espaço. Perdemos a fé e não sentimos sua falta, porque a trocamos por ação social. O que acontece no sincretismo de vento em popa é que a verdade bíblica se mescla à idolatria. As pessoas não escolhem a idolatria por acharem-na menos atraente. No entanto, nas piores formas de sincretismo de missão cristã, é dada ampla vazão a abordagens pluralistas de fé, sentimentalismo de nova era, e heresias que vendem muito mais livros do que o evangelho puro. Jesus acaba se tornando uma figura na prateleira de muitos outros deuses que nós pecaminosamente rotulamos de "cristãos".

SEGUNDO PERIGO:
UM EVANGELHO SEM CRISTO

Uma vez que ocorreu aquele primeiro nível de sincretismo, e nós estamos ali fazendo as coisas que a Bíblia nos ordena no confronto com níveis sistêmicos de injustiça, tristeza e pobreza, procurando interação evangélica com pessoas e poderes mundanos, uma das coisas que aprendemos rapidamente é que as pessoas se ofendem com a mensagem da obra de expiação de Jesus sobre a cruz. A morte de Cristo na cruz é uma acusação formal de como somos horrendos em nosso cerne, e nada é mais frustrante para os que estão fora da fé, do que reconhecer que são, por natureza, quebrados e pecadores – não apenas por seus atos, mas *por natureza*. A maioria das pessoas se compara ao seu vizinho, ou a alguém que conhecem que "realmente tem problemas", ou até mesmo ao criminoso que viram na televisão – e sentem que são pessoas boas. E imaginar um Deus que mataria o próprio Filho para salvá-los? Fora de questão! Isso não consegue entrar em sua mente e coração. Se você se lembra de nossa discussão no capítulo 4, a mensagem do evangelho pode acabar endurecendo o coração dos ouvintes.

Quando pessoas permanecem do alto tempo demais, elas podem começar a tornar o evangelho mais palatável, porque querem desesperadamente que pessoas conheçam e amem a Jesus. Enquanto alimentam os pobres, constroem casas para os sem teto, e se envolvem nessas partes sistêmicas do sofrimento de nosso mundo, elas começam a diluir a mensagem do evangelho. Tomam os mandamentos claros da Escritura e começam a distorcê-los esperando que alguns creiam e sejam salvos. Em essência, estão tentando salvar o evangelho modificando-o.

Com base no que tenho observado em minhas viagens, não posso dizer isso de maneira suficientemente forte. É importante que os pastores e todos os crentes em Jesus Cristo saibam e compreendam que nunca vamos tornar o evangelho tão atraente que todo mundo deseje submeter-se a ele. Conforme as Escrituras, a mensagem terá cheiro de morte para aqueles que perecem (2Coríntios 2.16). Assim, não importa como você se veste, qual a tecnologia usada em seus cultos, quais acessórios criativos utiliza no púlpito – se estiver pregando o evangelho bíblico, haverá aqueles que não querem nada com ele. Muito do que vejo e leio em livros que visam especificamente os jovens evangélicos refletem a ideia que, de alguma forma, se apenas criarmos uma experiência confortável e não mencionarmos questões secundárias, mais pessoas serão atraídas, confiarão e seguirão a Jesus Cristo. Assim, cortamos fora grandes pedaços da Bíblia porque não agradará o alvo de nosso perfil demográfico.

Se olharmos a história, vendo, por exemplo, a filosofia e obra de Walter Rauschenbusch e o movimento de evangelho social que ocorreu no final dos anos de 1800, perceberemos o desaparecimento surpreendente, num período de tempo, da obra expiatória de Jesus Cristo sobre a cruz. Historicamente, isso funciona com "pequenas concessões" feitas sobre o que as pessoas chamam de "questões secundárias". A ideia é fazer concessões quanto a alguns itens e esperar um meio termo quanto ao que é central. Mas aqueles que odeiam o verdadeiro evangelho e amam a si mesmos, sempre insistem que a expiação de Cristo é questão secundária. É assim que a doutrina da substituição penal veio a ser considerada questão secundária e alguns tentam eliminá-la completamente da mesa. Assim, é com boa razão que pessoas que enfatizam o evangelho no chão por tempo demais ficam nervosas com o termo *missional*, e cautelosos quanto ao fato de a igreja ser para a cidade. A história tem comprovado para onde tal trajetória geralmente leva.

Na verdade, o problema não é a meta-narrativa ou a justiça social, mas aqueles que permanecem tempo demais no alto e deixam de lado a obra expiatória de Cristo, adentrando o chamado de Deus para cuidar dos pobres, da viúva e do órfão, envolvidos em obras de justiça e misericórdia apenas de modo vagamente bíblico ou teísta. As pessoas estão completamente corretas quanto a esse temor somente até o ponto em que o evangelho no alto obscurecer a obra expiatória de Cristo, ou até o ponto de fazer do verdadeiro evangelho sinônimo de evangelho social, de transformação cultural. Estaríamos errados ao dizer que a criação, queda, redenção e consumação nunca podem ser o evangelho bíblico (Colossenses 1.20 seria a "primeira prova" nesse caso).

TERCEIRO PERIGO: A CULTURA COMO ÍDOLO

Não são apenas contos históricos de cautela que causam ansiedade quanto ao impulso missional. Existem muitas razões de preocupação nos movimentos atuais. Essa flutuação em direção à ausência de Cristo acontece até hoje. Quando permanecemos no alto por demasiado tempo, podemos equivocar-nos quanto a uma incompleta "redenção de todas as coisas" como sendo a história toda. A realidade é que podemos criar em nossa mente uma ideia utópica dos propósitos cósmicos de Deus, que tem pouca ou nenhuma semelhança com o modo como a Bíblia diz que o evangelho afeta as culturas e os sistemas. A encosta escorregadia dessa perspectiva é camuflar os conceitos bíblicos e promover outras ideias que caibam melhor em nossa noção moderna de como é uma cultura redimida.

Consideremos, por exemplo, o escorregão nessa encosta dentro do protestantismo tradicional no Ocidente, na questão de mulheres e a liderança da igreja. A questão tem sido vista basicamente da mesma forma nos últimos dois mil anos de historia eclesiástica, e pode ser resumida desta maneira: *Homens e mulheres foram criados por Deus iguais, contudo distintos. Os homens têm a incumbência de liderar no lar e na igreja, e as mulheres foram dadas aos homens como auxiliares idôneas.* Contudo, à medida que a igreja começou a se envolver na cultura moderna, começamos a ouvir questionamentos tais como: "As mulheres não possuem tantos dons quanto os homens? Com certeza os textos bíblicos não podem significar o que parecem dizer, porque, olhem só nossa cultura!" Muda o referencial. A cultura começa a definir as Escrituras, e as Escrituras não mais definem a cultura.

O igualitarismo nas igrejas protestantes tradicionais é uma concessão à cultura vigente, um meio de rejeitar valores bíblicos e dizer: "No fim das contas, a Bíblia não é nossa autoridade. A cultura sim é nossa autoridade".

Sei que essa acusação ofende. Algumas pessoas dirão: "Não é assim. Não acho que as Escrituras ensinem o que você está dizendo que ensinam. Essa não seria apenas a *sua* interpretação da Escritura?" O que ocorre é um jogo de *tênis textual* em que alguns versículos são tirados do contexto para combater outros versículos que declaram claramente como Deus queria que funcionassem as coisas. Um esnobismo cronológico entra em cena, onde os dias de outrora são vistos como tenebrosos e maus, e nossos dias atuais são o estado esclarecido das coisas. Ou alguns apontam para os abusos de homens pecadores e maus, dizendo: "Está vendo o que acontece quando se escuta a Escritura conforme ela está escrita? Com certeza isso era para os tempos antigos e não tem nada a ver com nosso tempo".

Torcemos versículos e dizemos estar sob autoridade da Escritura, mas acabamos tendo conclusões contrárias ao modo como a Bíblia foi interpretada ou definida nos últimos dois mil anos. O que aconteceu? Todo o projeto de Deus foi considerado antiquado e inadequado às necessidades hodiernas. A cultura, e não Deus, dita nossa missão, e é assim que a cultura torna-se ídolo.

Aqui quero ressaltar que Paulo jamais usou um argumento cultural ao declarar os desígnios de Deus para os papéis de gênero. Ele sempre aponta para trás, para a obra criativa de Deus. Paulo mostra como o desenho de Deus pode ser *aplicado* aos ambientes culturais, mas não estabelece os gêneros e seus papéis distintos pelo ambiente cultural. É por esta razão que dizemos que é vontade de Deus que as mulheres assumam a modéstia, mas não é sua vontade que as mulheres não usem tranças no cabelo. A distinção básica é eterna; a aplicação é cultural. Se confiássemos em Deus, creríamos que ele criou o mundo para funcionar de modo a conduzir à nossa maior alegria possível.

Então, Paulo não argumenta a cultura. Não considera o envolvimento de mulheres na igreja questão cultural. Ele não pensa que o problema seja resultado de alguma quebra patriarcal, sistema rígido que, afinal, tem de existir para que os homens permaneçam donos do poder. Na verdade, é o oposto. Ele vai martelar sobre os homens repetidas vezes por sua falha ao não agir com liderança de servo, para que amem bem as suas mulheres. Mas se escutarmos a voz do protestantismo das igrejas estabelecidas, elas insistem que a cultura deve nos guiar.

Pode ser que você pergunte: "Matt, não seria essa uma questão secundária? Por que começar uma briga sobre isso? Não podemos discordar e ainda ser parceiros de ministério evangélico?" Claro que sim. Mas permanece meu ponto: nossa confiança na Escritura fica abalada e começamos a ser nossa própria autoridade – pior, deixamos que a cultura dite a verdade – e no fim, acabamos deslizando para longe do que está claro na Escritura. Justificamos nosso próprio modo de ler as Escrituras para dizer aquilo que queremos, tornando-a mais palatável ao mundo a nosso redor.

Eu moro na cidade de Dallas, no Texas, por desígnio de Deus Todo-Poderoso. As igrejas aqui são imensas. Existem auditórios de milhares de pessoas em todo lugar, alguns deles repletos de gente a cada semana para múltiplos cultos. As igrejas do Texas não são secularizadas como as igrejas no nordeste e noroeste norte-americano. Aqui existem muitas cruzes. Você vê muitos carros com o símbolo do peixe. Mas, se olhar as estatísticas de Dallas, e compará-las a cidades mais secularizadas, verá que tem tantos divórcios, tanto adultério e endividamento quanto em qualquer outra cidade no mundo em derredor. O único lugar que ganhamos é na frequência à igreja. Isso não significa que somos tão sincretistas quanto o Zé Comum de Manhattan ou Seattle ou São Paulo? Somos, e talvez pior. Simplesmente frequentamos mais a igreja aos domingos porque é um ato cultural mais do que um ato relacional com o Deus do universo.

Nessa veia, se sairmos da questão das mulheres para a da homossexualidade, vemos acontecer o mesmo. Para sermos mais agradáveis ao mundo a nosso redor, para ver mais pessoas conhecendo a Jesus Cristo, a questão homossexual deixa de ser uma questão. "Por que eles não podem fazer o que querem? Não é de nossa conta. Não estaríamos oprimindo as pessoas se disséssemos que o que elas fazem na privacidade de suas casas é errado? Com certeza a Bíblia é um livro antiquado e desgastado que não tem nada a ver com os dias atuais. Quem somos nós para dizer que alguma coisa é pecado?" E assim continuamos com a mesma argumentação. Não estou dizendo que, se você for igualitário, o próximo passo naturalmente será afirmar o homossexualismo como meio legítimo de viver, mas *estou sim* dizendo que foi o que aconteceu no protestantismo tradicional americano.

Considere os debates atuais sobre a existência do inferno. Rob Bell alavancou uma confusão nas mídias sociais entre evangélicos algum tempo atrás, quando fez algumas perguntas sobre o inferno e sobre quem vai para lá.[67] Muitos debates legítimos resultaram sobre como o discurso teológico deve ser conduzido, mas por baixo de tudo havia um fluxo firme de questionamento: "Será que o inferno não seria uma doutrina fora de moda? Realmente precisamos disso? A Bíblia ensina isso mesmo? Será que dois mil anos de tradição da igreja não podem estar errados?" De repente, o que a Bíblia diz sobre o amor e a ira de Deus não

---

67 Rob Bell, *Love Wins: A Book about Heaven, Hell, and the Fate of Every Person Who Ever Lived* (New York: HarperOne, 2011).

é tão central quanto como nos sentimos com respeito a essas ideias. Se nossa ideia do amor de Deus não combina com as muitas referências bíblicas sobre o inferno, talvez não sejam as referências bíblicas que precisem ser mudadas, mas nossa visão do amor de Deus.

A aversão que o protestantismo tem à visão tradicional de eterna e consciente tormenta no inferno derramou-se no evangelicalismo. Não gostamos de falar a respeito disso. Não queremos reconhecê-lo. Em muitos lugares, queremos negá-lo. Queremos fazer de Deus uma benevolente fada madrinha que ama a todos, de modo que todos os textos bíblicos sobre a ira e o juízo são negados.

Quando permanecemos no alto por tempo demais, perdemos o cerne do evangelho e corremos o perigo de deslizar abaixo pela encosta escorregadia até uma visão de redenção cósmica que coloca a cultura como centro. Quando revolvemos em volta de uma coisa, essa coisa é o que adoramos. Assim, um dos perigos de estar no alto por tempo demais é idolatrar nossa ideia de uma cultura redimida, e claro, a remoção da verdade de que Deus é Deus resulta em toda uma gama de outras mentiras.

PERIGO NÚMERO 4: ABANDONO DA EVANGELIZAÇÃO

Não estou certo se este é um novo fenômeno, mas parece que hoje muitos que se chamam cristãos têm aversão fundamental à ideia da conversão ou de que as pessoas tenham de se converter. Vemos muita gente, incluindo crentes, que se ofendem quando é falado sobre alcançar as pessoas com o evangelho. Se dissermos: "Queremos ver os judeus convertidos a Jesus" uma tempestade de fogo resulta na sua cidade, ou no noticiário, ou no jornal: "Quem são os cristãos que querem converter os judeus? O que lhes dá o direito de achar que os muçulmanos precisam de outra religião? Quem são os cristãos que querem converter as testemunhas de Jeová ou os mórmons?" A ideia que prevalece é caricatura da tolerância.

O que estamos vendo atualmente é a erosão da missão de Deus de reconciliar para si todas as coisas, isso necessariamente inclui a reconciliação das pessoas com Deus, e isso acontece por que a igreja tem renunciado o evangelho sobre o chão. Nós dizemos: "Vamos mudar nossa mensagem fundamental para ver pessoas conhecerem e amarem a Jesus Cristo". Isso, claro, não tem sentido. É o evangelho que salva.

A despeito do fato de a história do sincretismo demonstrar que remover as partes ofensivas da fé para ganhar mais seguidores apenas mata a fé, as pessoas continuam fazendo exatamente isso. Enquanto continua a descida pela encosta, vemos desaparecer a adesão à expiação substitutiva, porque é a doutrina mais ofensiva de todas. Uma vez removida a redenção sanguinolenta como sendo aquilo que satisfaz a ira de Deus pelo pecado, as rodas saem completamente do eixo. Onde a obra expiatória de Jesus é pregada e proclamada, missões não descambarão para uma casca liberal de mensagem sem vida, mas permanecerão fiéis ao que Deus ordenou nas Escrituras para a igreja.

Se achar que estou sendo muito rígido com respeito às principais linhas tradicionais do protestantismo, só precisa olhar os números declinantes. Perderam o *evangelho*, o que significa que eles não se interessam pela evangelização. Os que estão envolvidos destacam a transformação social, que pode ser obtida sem igreja. Além disso, não há necessidade de vir à igreja ou ser discipulado se você não tem pecado do qual se arrepender ou ser expiado. Se, afinal, não existe necessidade de santificação pelo Espírito Santo, certamente não existe razão para colocar-se sob autoridade de um colegiado de presbíteros ou pastores governantes que se atêm à Bíblia, que podem exercer disciplina, vigiar com cuidado por sua alma, e certificar-se de que você esteja crescendo no seu relacionamento com Deus. Assim, o que resta do Protestantismo da linha comum é uma exibição de instituições que estão diminuindo ao fazer o bem para as pessoas, ao custo de suas almas eternas.

Encher barrigas vazias, construir casas para os desabrigados, e colocar prata e ouro nas canecas dos mendigos, sem a mínima preocupação com a natureza eterna de suas almas, é um exercício de futilidade. Nossa esperança deve estar sempre no evangelho. Nossa esperança deve sempre ser que as pessoas ouçam, entendam e conheçam a Deus de maneira poderosa. Quando ficamos sincronizados ao estilo do mundo ao nosso redor, deixamos de estar na missão de Deus. Compartilhar o evangelho no chão é o lado afiado da missão do evangelho – se perdermos isso, perdemos a verdadeira missão. Se perdermos a evangelização, tanto faz estarmos na Cruz Vermelha ajudando as pessoas aqui e agora, não dando a mínima se elas vão para o inferno. Não criemos uma missão que nos faça sentir melhor quanto a nós mesmos, mas que não resolva nada em relação aos mais profundos sofrimentos do ser humano.

Sem corações transformados pela graça de Cristo, nós apenas continuamos gerenciando as trevas internas e externas. É como cortar as ervas daninhas junto com a grama sem primeiro arrancá-las. Aqui no Texas, o mato cresce antes da grama e aumenta dez vezes mais que o gramado plantado. Quando você passa o cortador de grama, tudo parece grama verde: tudo parece bem e saudável. Uns dois dias depois, porém, começamos a ver as ervas daninhas revelando que seu lindo quintal não é de grama, mas de mato. O único jeito de acabar com esse mato é arrancar as ervas daninhas uma por uma, não cortá-lo. Ora, a única coisa que tem esse efeito sobre a alma humana é o evangelho de Jesus Cristo. Quando realizamos atos de misericórdia sem o evangelho como motivador, sem que o evangelho seja nossa esperança a ser compartilhada, estamos, na realidade, correndo atrás do vento.

Quero ressaltar que estes exemplos dados só estão aqui para nos lembrar de que existem minas explosivas sobre as quais devemos vigiar e evitar, e que as falhas de outros no passado não deverão impedir-nos de obedecer à ordem de Deus de cuidar dos pobres, e de sermos presença fiel em todos os domínios de nossa cultura. Uma das grandes ironias do evangelicalismo moderno, algo que arrebenta meu coração como ministro do evangelho de Jesus Cristo, é ver amigos se alinhando a apenas uma dessas perspectivas, ou o evangelho no chão ou o evangelho no alto. Argumentam e lançam a culpa uns contra os outros quanto à razão de mais pessoas não se achegarem ao conhecimento do Senhor. As pessoas que se identificam mais com a perspectiva do chão olham para os que estão em missão com respeito a atos de justiça e misericórdia em suas cidades, dizendo que eles são parte do problema. Só de ouvir "evangelho do reino" pensam imediatamente: "Ah, isso é emergente. Isso é liberalismo". Ouvem dizer que algo é "para a cidade" e dizem: "Ora veja. É só questão de tempo antes de eles negarem a expiação".

No passado, isso poderia ser verdade, e talvez o seja ainda hoje em algumas localidades, mas a existência de perigos não significa necessariamente que aqueles irmãos que afirmam a necessidade de ver o evangelho no alto não amem a obra expiatória de Cristo assim como você. É ótima ideia simplesmente passar a conhecer tais irmãos e descobrir o que eles realmente creem, e se eles realmente proclamam a obra redentora de Cristo antes que joguemos granadas contra eles. Minha esperança é que vejamos muito mais debates caridosos e menos fogo amigo em volta de tais questões.

Igualmente, se conversarmos com as pessoas que se alinham mais com o evangelho no alto, vemos que eles são rápidos para acusar as pessoas alinhadas com o evangelho no chão de não amarem a missão de Deus, de serem frios e sem sentimentos com respeito aos sofrimentos do mundo em redor, de quererem simplesmente se agarrar à doutrina à maneira do "címbalo sonoro" (1Co 13.1). Mais uma vez, quero encorajar tais críticos a conhecer as pessoas antes de lançarem acusações. Tenho descoberto inúmeras vezes que nós pecadores amamos fazer homens de palha para atacar, ou considerar o pior exemplo de alguma situação como norma para tudo mais que possa tender para o mesmo lado. Espero que paremos de culpar aos outros, e comecemos a fielmente aprender um do outro sobre como evitar as armadilhas que podem explodir para todos nós.

Muitas vezes, não são os porta-vozes os culpados, e sim seus fãs e seguidores. Alguns dizem: "Não é realmente essa pessoa ou aquela, mas seus discípulos que são o problema". Ainda que possa ser legítima essa ideia, quero encorajá-lo a conversar com os outros. Falaram-me sobre alguns irmãos: "Eles não têm visão missional. Eles não se envolvem na cultura a seu redor. Disseram isto nesta conferência. Escreveram aquilo naquele livro". Pela providência de Deus, pude sentar à mesa com eles e fazer perguntas esclarecedoras. Descobri que algumas delas foram taxadas como não missionais, especialmente pela comunidade reformada missional, e na verdade elas o são.

Nossa semântica desmoronou. Os homens firmes, reformados e históricos apontam a outros dizendo: "Essa coisa de missional, essa coisa do reino de Deus, é liberalismo puro". Fazem essa acusação sem a mínima compreensão e sem ter conversado com as pessoas certas, para ver que existe forte paixão entre a comunidade missional reformada, defendendo a obra expiatória de Jesus Cristo, afirmando a justiça imputada, vendo o sangue da cruz como mensagem central de nossas igrejas, enquanto se envolvem na cidade e alcançam o próximo com atos de misericórdia e justiça.

A realidade é que nosso pecado colocou o perigo diante de nós, não importa onde aterrissamos filosófica ou metodologicamente. Ninguém está imune de deslizar por alguma encosta escorregadia. Não devemos, porém, descontar a verdade porque existem abusos. Se tal salto for requerido, então tanto faz a gente se juntar a Gandhi e rejeitar a fé cristã devido à hipocrisia dos cristãos.

Capítulo 11
IMPLICAÇÕES E APLICAÇÕES
MORALISMO E A CRUZ

Uma das primeiras lembranças que tenho da igreja é de quando vivia com minha família na área da baía de São Francisco, em Alameda, Califórnia. Em uma Escola Bíblica de Férias patrocinada pela Igreja Batista, que tentava alcançar famílias com o evangelho de Jesus Cristo, fizemos trabalhos manuais, tínhamos uma hora de histórias e jogávamos alguns jogos. Mas me lembro mais vividamente de quando nos ajuntávamos no pequeno templo para cantar corinhos. Eram corinhos infantis. Um cântico específico era sobre Deus odiar a mentira. Na verdade a Bíblia fala que Deus odeia os mentirosos, portanto, eles não fugiram de alguma espécie de amarra bíblica. Mas lembro de pensar, mesmo numa tenra idade, que eu estava com problemas. Lembro-me de cantar o corinho com uma voz alegre, batendo palmas e pensando: "ÃÃ, estou em apuros. Eu sou mentiroso". Com certeza, por via das dúvidas, tenho de dizer que eles compartilharam o evangelho e falaram sobre o amor de Deus, mas não me lembro de nada disso. Lembro-me simplesmente de que Deus odeia os mentirosos.

Essa foi minha primeira experiência com o deísmo moralista e terapêutico de que falei na introdução deste livro. Se você se lembra, o deísmo moral e terapêutico é a ideia de que conseguimos ganhar o favor de Deus e nos justificarmos diante dele em virtude de nosso comportamento. Na Escola Bíblica de Férias, de uma pequena igreja Batista, encontrei o *maior inimigo* do evangelho de Jesus Cristo. Este simples cântico sobre Deus odiar os mentirosos criou em mim o que teve intenção: o desejo de não mentir para ganhar o afeto de Deus. Eu lutaria contra acreditar nesse falso evangelho durante muitos anos que viriam, sem que soubesse disso.

Enquanto ia ficando mais velho eu tentava ser bom. Simplesmente não era bom nisso. A atmosfera evangélica da época, especialmente dentro da cultura de ministério aos jovens em que eu me encontrava estava bastante séria no mister de nos manter "os jovens santos". Desde a música até o cinema, desde o que podíamos frequentar ou fazer, desde a linguagem certa a usar até o que podíamos beber ou não, a ênfase que abarcava todo ensinamento era: "Não seja mau – seja bom".

Quando minha família mudou da área da baía de Los Angeles para o Texas, pela graça de Deus, acabei tendo como vizinho de armário no colegial um colega de nome Jeff Faircloth. Jeff era dinâmico quanto à sua fé. Tinha profundo amor pelo Senhor. Na verdade, ele começou a compartilhar o evangelho comigo quase imediatamente, dizendo: "Ei! Preciso lhe falar de Jesus. Quando você quer conversar sobre isso comigo?" Ele deixaria que eu escolhesse onde ter essa conversa, mas o fato de ter a conversa não era sujeito a debate.

Comecei a fazer-lhe perguntas sobre religião e a Bíblia, e Jeff começou a me levar para a reunião da mocidade. Quanto mais eu ia à igreja, mais confuso ficava e mais concluía que essa coisa de ser cristão realmente não era para mim porque parecia simplesmente deísmo moralista. Naquela época, claro que eu não conhecia esses termos, mas o evangelho parecia questão de ter um bom comportamento. Quero dar àquela igreja o benefício da dúvida e presumir que meus ouvidos estivessem fechados de forma a não ouvir o evangelho. Talvez meus olhos estivessem fechados para ver. Mas a mensagem esmagadora parecia ser: "Se você escutar *Journey* vai acabar se drogando e matando seus pais. Então, não vá escutar *Journey*. Se você gosta de *Journey*, certamente gostará desta banda cristã. Escute esta banda cristã em vez da mundana. E não assista essa espécie de filme no cinema, porque pode conduzir ao sexo fora do casamento e a uma linguagem de baixo calão". Tenho certeza de que eles apresentavam de alguma forma que Jesus perdoa, e que Jesus era minha justiça diante de Deus, mas tudo que eu ouvia era "Faça isso" e "Não faça aquilo".

Bem cedo, ficou claro para mim que eu não era atleta espiritual que conseguisse entrar para o time. Ficou claro como cristal, quando eu tentava fazer o bem, que eu simplesmente não tinha pernas para isso. Ia muito bem durante umas duas semanas, e então, caía em tombo muito feio. Decidia: "Não vou mais fazer essas coisas. Em vez disso, vou fazer coisas boas. Deus vai me amar, curar e convidar para entrar em sua família". Fiquei preso num maluco círculo vicioso aonde ia para alguma reunião da mocidade, enchia de lágrimas os olhos, pedia perdão a Deus, jurava por Deus que nunca mais ia fazer aquelas coisas erradas, e em seguida, dentro de duas ou três semanas, estava fazendo o mesmo que antes.

Acabei fugindo de Deus. Fugi porque, se antes havia vergonha, agora a vergonha era dupla pelo momento que dizia que não ia mais fazer aquilo e em seguida estava pecando do mesmo modo. Estava preso em uma pesada roda-viva comportamental, até que Cristo abriu meu coração para ele e comecei, no poder do evangelho, a amá-lo e segui-lo de maneira diferente. Contudo, o pecado que habitava em mim continuava. Lutava por um terreno moral, mas encontrava-me perdendo mais que ganhando. Embora nesse tempo eu estivesse crescendo na fé, a minha incapacidade de sustentar o arrependimento continuava pesando minha alma e me impedindo de adorar plenamente ou seguir completamente a Cristo com tudo que havia em mim. Estava preso pela vergonha de tropeçar constantemente, especialmente nas questões morais expressadas em nossa igreja como maiores do que outras.

Comecei a observar, ao compartilhar o evangelho com outras pessoas, que quando as levava para a igreja, elas ficavam confusas do mesmo jeito que eu me confundia. Procurava levá-los de volta à cruz, mas eles estavam ouvindo que o cristão tem de parecer Ned Flanders[68]: cabelo religioso cortado direitinho, um *cardigan* de Mr. Rogers, consumidor exclusivo de produtos cristãos. Mas não éramos Ned Flanders. Nossas casas não pareciam a casa de Ned Flanders. Nossas famílias não pareciam a dele. Nosso comportamento não era igual ao dele. Aumentava cada vez mais o sentimento de que algo muito grande estava *errado* na igreja.

A ROSA SUJA

Esse sentimento chegou ao ápice em meu primeiro ano de faculdade. Frequentei uma pequena faculdade Batista em Abilene, no Oeste de Texas, e quando comecei, tive de me matricular num curso de belas artes. Vou ser franco com você: não sou o tipo de cara que aprecia belas artes e realmente não sabia o que fazer. Tenho grande respeito por arte, mas não acho que eu seria excelente em qualquer tipo de arte que tentasse. O que coube dentro de meu horário foi uma escolha entre duas aulas. Uma delas era cerâmica e olaria. Isso me interessava por causa da imagem bíblica de Romanos 9, mas foi a mesma época em que o filme *Ghost* foi lançado no cinema, e tinha uma cena onde Patrick Swayze e Demi Moore se abraçam e se enlameiam na roda de olaria. Alguma coisa me deixou um sentimento estranho em tudo isso.

Ao invés de cerâmica, resolvi fazer o curso de artes dramáticas. Na aula de artes dramáticas, fiquei conhecendo uma mulher que vivera

---

68 Ned Flanders é o vizinho cristão bonzinho e hipócrita do programa de TV *The Simpsons*.

o tempo todo naquela área e estava tentando endireitar sua vida. Tinha vários anos a mais que eu (estava no final da casa de seus vinte anos), já tinha um filho e trabalhava num bar. Não era de igreja e nunca teve origem igrejeira. O que ela tinha era um senso de humor seco, sarcástico, que eu achava brilhante. Apenas o fato de estar em um curso de artes dramáticas já é estranho para começar. E quando seu professor diz: "Seja uma árvore. Não, seja uma árvore com movimento. Não, seja uma árvore irada!" e a gente tem de desempenhar esses papéis, ter alguém por perto com um senso sarcástico de humor é como bafo de ar refrescante. Kim e eu nos demos bem. Ríamos muito. Eu comecei a tentar compartilhar o evangelho com ela e ensinar-lhe sobre o amor de Jesus. Orava muito e desejava que ela viesse ao conhecimento salvador de Jesus Cristo.

Junto com outros dois amigos, começamos a servir e encorajá-la. Nós a convidamos para reuniões e encontros, e às vezes quando ela tinha de trabalhar cuidávamos de sua filha. No meio de tudo isso, um amigo meu estava prestes a dar um concerto numa cidade vizinha e íamos com a turma assistir. Convidei Kim para ir junto. Não era apenas um concerto. O concerto mesmo não começou até que o músico liderou o louvor na campanha *O Verdadeiro Amor Espera*. Engraçado, olhando para trás, sou grato pelo "desastre de trem" que aconteceu, porque mudou a maneira que apresento a verdade bíblica às pessoas e como proclamo a santidade à luz da cruz de Jesus. Àquela noite, pensei: "A Kim está aqui e esse cara vai pregar. Pode ser que isso leve Deus a salvar Kim por meio de todo esse trabalho que temos dedicado a ela, amando, encorajando e andando com ela".

O pregador assumiu o palco e foi um desastre. Não sei como descrever melhor o sermão. Havia muito pouco de Bíblia na pregação. Ele deu muitas estatísticas sobre doenças sexualmente transmissíveis. Muitos comentários como: "Você não quer pegar sífilis, não é?" e "Tudo parece divertido e brincadeira até seus lábios ficarem cheios de herpes".

E no meio de toda essa arenga moralista de botar medo, sua grande ilustração foi tomar uma grande rosa vermelha, cheirá-la dramaticamente, acariciar suas pétalas e falar como era linda essa rosa fresca que fora cortada hoje. Na verdade, era tão linda a rosa que ele queria que todos nós sentíssemos seu perfume e toque. Assim, ele jogou a rosa para a multidão dizendo que passasse adiante uns para os outros. Nós estávamos no fundo de um auditório de cerca de mil jovens, a rosa chegou até nós enquanto ele continuava a pregar. Ao se aproximar do fim da mensagem, pediu que a rosa fosse devolvida. Claro, quando chegou até ele a rosa estava murcha, despetalada e quebrada. Levantou então a rosa, agora feia, e perguntou: "E agora, quem vai querer essa rosa? Você teria orgulho dela? Quem quer uma *coisa dessas*? Essa rosa é bonita?" As suas palavras e seu tom continuavam sem misericórdia.

Eu fui tão idiota que o tempo todo eu estava orando pedindo a Deus que Kim estivesse escutando. Orava pedindo que Kim escutasse o que o pregador dizia sobre a rosa suja. Mas não havia um verdadeiro clímax para a mensagem. Sua mensagem, que deveria representar a mensagem de Jesus aos pecadores era em essência: "Não seja uma rosa suja".

Tal abordagem teve forte efeito em produzir vergonha, mas quase nada de esperança. No caminho de volta para casa Kim estava calada, ainda que nós conversássemos sobre o concerto e o que aconteceu. Perguntei-lhe muitas vezes se estava tudo bem e o que ela achou da mensagem. No percurso todo de carro ela estava quieta, contrário ao seu jeito usual, mas eu imaginava que, quem sabe, ela estivesse sendo tocada pelo Espírito Santo e mais tarde poderíamos conversar a respeito disso e ela diria que era nova criatura em Cristo.

Kim continuou agindo estranhamente perto de mim por algum tempo. Umas duas semanas depois, ela não apareceu para a aula. Passou uma semana e ela não apareceu mais. Telefonei para a sua casa e deixei mensagens na secretária eletrônica, mas não consegui falar com ela. Depois de umas três semanas comecei a ficar nervoso. Será que ela desistiu de estudar? Tinha um passado sombrio, e me perguntei se ela voltara aos hábitos antigos. Então recebi um telefonema de uma mulher que disse ser mãe de Kim. Kim sofrera um acidente e estivera no hospital bem em frente à universidade. Desliguei o telefone e atravessei a rua para visitá-la. Ela estava toda cheia de curativos. Havia caído de um carro que corria a cento e quarenta por hora, batera a cabeça no concreto e fraturara o crânio. O inchaço não foi tão grande que causasse danos permanentes, mas causou danos suficientes para ela passar várias semanas no hospital.

No meio da conversa, aparentemente do nada, ela me perguntou: "Você acha que eu sou uma rosa suja?" Meu coração afundou dentro de mim, e comecei a explicar o evangelho de Jesus Cristo, afirmando que o peso todo do evangelho é que Jesus deseja essa rosa! Jesus quer salvar, redimir e restaurar aquela rosa suja.

Aquele dia ficou selado em meu coração a verdade de que, a menos que o evangelho seja explicitamente exposto, e a não ser que articulemos claramente que nossa justiça nos foi imputada por Jesus Cristo, que na cruz ele absorveu a ira de Deus que estava sobre nós, nos lavou, tornando-nos limpos – mesmo quando pregamos palavras da Bíblia sobre obedecer a Deus – as pessoas acreditarão que a mensagem de Jesus seja que ele veio para condenar o mundo, e não salvá-lo.

Porém, o problema é mais sério e penetrante. Se nós não nos certificarmos de estar pregando um evangelho explícito, se não apresentarmos a cruz e a vida perfeita de Jesus Cristo como a nossa esperança, as pessoas se confundirão e dirão: "Sim eu creio em Jesus. Quero ser salvo. Quero ser justificado por Deus" e passarão a tentar merecer a salvação.

Tirando a cruz de sua equação funcional, o deísmo terapêutico promove a ideia errada de que Deus provavelmente precisa de nossa ajuda para a obra da justificação, e certamente precisa que carreguemos o peso para nossa santificação. O resultado é que cristãos sem número sofrem debaixo do peso da maldição da lei, porque não foram levados a ver que a vida centrada no evangelho é a única maneira de nos deleitarmos na lei.

ESFORÇO IMPULSIONADO PELA GRAÇA

Caminhemos por 1Coríntios 15.1-2. Paulo começa: "Irmãos, venho lembrar-vos..." Com quem ele está falando? Paulo fala aos que foram justificados, os que já creem. "Venho lembrar-vos do evangelho que vos anunciei". Esse é um hábito para Paulo. Repetidas vezes, ele anuncia o evangelho *àqueles que já creram nesse evangelho*. Ele faz isso também em Romanos 1.13-15, onde diz "não quero, irmãos, que ignoreis que, muitas vezes, me propus ir ter convosco... quanto está em mim, estou pronto a anunciar o evangelho também a vós outros, em Roma". Ele faz a mesma coisa em Gálatas, Efésios, Filipenses, Colossenses. Vez após vez, ele prega o evangelho a pessoas que já creem.

Por que faz isso? Em 1Coríntios 15.1-2 ele dá a razão: "Irmãos, venho lembrar-vos o evangelho que vos anunciei [tempo passado], o qual recebestes e no qual ainda perseverais [tempo presente]; por ele também sois salvos [tempo futuro]. O evangelho foi recebido, e agora os está mantendo firmes. O evangelho não só nos salva como também nos sustenta.

A realidade surpreendente aqui refletida é que o evangelho de Jesus Cristo – que Deus salva pecadores mediante a vida perfeita, morte substitutiva, e ressurreição corporal de Jesus – nos justifica, e também nos santifica. O que fazemos, então, com todos os mandamentos de Deus na Escritura quanto à santidade, pureza e alinhamento comportamental? D. A. Carson abre esse leque dizendo:

> As pessoas não vagueiam para a santidade. Sem um esforço impulsionado pela graça, as pessoas não gravitam em direção à piedade, oração, obediência à Escritura, fé e

deleite no Senhor. Vagueamos para o comprometimento e o chamamos de tolerância; vagueamos para a desobediência e a chamamos de liberdade; vagueamos para a superstição e a chamamos de fé. Estimamos a indisciplina da perda do autocontrole e a chamamos de relaxamento; relaxamos-nos na direção da falta de oração e nos enganamos dizendo que com isso nós fugimos do legalismo; deslizamos para a impiedade e nos convencemos que com isso fomos libertados.[69]

Não estaremos crescendo na vida cristã por meio da estase. Temos de nos mover. Como crentes em Cristo não levamos uma vida de ócio. Mas, onde nos movemos? E como? O que seria esforço impulsionado pela graça? Qual a diferença entre deísmo moralista e esforço impelido por graça? Existe, em essência, cinco componentes para um entendimento correto do esforço impulsionado pela graça, e todos eles giram em torno do desempenho salvador da cruz de Cristo – não nos cadarços de nossas botas.

AS ARMAS DA GRAÇA

Primeiro, o esforço impulsionado pela graça utiliza as armas da graça. Quando se anda pelo deísmo moralista, tentando merecer o favor de Deus, e seu acesso a Deus é construído em volta do seu bom comportamento, você é motivado a obedecer pela esperança de ser aceito mediante seu procedimento. O fruto perverso que isso produz é algo parecido com o evangelho da prosperidade. Deus não dá câncer às pessoas porque elas gastaram apenas cinco minutos de hora silenciosa. Deus também não dá riqueza e saúde às pessoas por elas terem fielmente guardado aqueles quinze minutos diários de hora silenciosa. Temos de

---

[69] D. A. Carson, *For the Love of God: A Daily Companion for Discovering the Riches of God's Word*, vol. 2 (Wheaton, IL: Crossway, 1999), 23.

abandonar a ideia de que *haja* condenação para os que estão em Cristo Jesus! Temos de rejeitar a ideia de que nossos pecados se amontoem sobre alguma balança e ganharão o castigo de Deus se o peso virar, como se Cristo já não tivesse tomado de nós toda essa ira sobre a cruz. Também temos de rejeitar a ideia de que nosso bom comportamento, de alguma forma, esfregue a lâmpada espiritual que inclina Deus, como algum gênio da lâmpada, a surgir e dar-nos as coisas que desejamos.

Como pastor, escuto essa espécie de absurdo o tempo todo. Quando coisas ruins acontecem – uma pessoa perde o emprego ou adoece – ela começa a pensar em todas as maneiras pelas quais ela falhou com Deus e que possam ser a razão dessa coisa ruim acontecer. Ouço também o reverso, quando acontecem coisas boas: aquele empreendimento deu certo; a moça disse sim e isso porque fiz a viagem missionária ou não perdi um culto sequer ano passado. Mas não é assim que funciona o esforço impulsionado pela graça. A pessoa que entende o evangelho e a cruz lutará contra o pecado com as armas que a graça nos dá. São três essas armas.

A primeira delas é o sangue de Cristo. Efésios 2.13 diz: "Mas, agora, em Cristo Jesus, vós, que antes estáveis longe, fostes aproximados pelo sangue de Cristo". Fomos aproximados pelo sangue de Cristo. Não ficamos mais perto por meio de nosso comportamento, mas unicamente por meio do sacrifício de Jesus. O marco daqueles que compreendem o evangelho de Jesus Cristo é que, quando tropeçam e caem, quando se atrapalham, correm *para* Deus e não se afastam dele, pois compreendem claramente que a sua aceitação diante de Deus não é predicada pelo seu comportamento, e sim, pela vida de justiça de Jesus Cristo e sua morte sacrifical.

A segunda arma da graça é a Palavra de Deus. Em 2Timóteo 3.16-17, Paulo escreve: "Toda a Escritura é inspirada por Deus e útil para o ensino, para a repreensão, para a correção, para a educação na justiça, a fim de que o homem de Deus seja perfeito e perfeitamente habilitado para toda boa obra". Quando começamos a conhecer bem as Escrituras, podemos identificar o que é verdade e o que é mentira. Eis uma verdade *a respeito da verdade* sobre a qual devemos pensar: o Espírito Santo e as acusações do diabo podem fazer a mesma coisa. Ambos nos tornam conscientes de nossas falhas e da impossibilidade de fazer por merecer o favor de Deus. A diferença entre o que o Espírito Santo faz e o que o diabo faz está no livramento pelo evangelho, através do Espírito. O diabo levanta as verdades do evangelho para acusar e condenar; o Espírito as traz à memória para nos convencer e consolar. Se você estiver olhando para seus pecados e falhas sentindo constante condenação – não o convencimento deles, mas a condenação – precisa usar a Palavra de Deus para repreender as acusações do diabo. Precisa usar a Palavra de Deus para repetidamente se lembrar de que o evangelho é a verdade.

A terceira arma da graça é a promessa da nova aliança. Hebreus 9.15 diz: "ele é o Mediador da nova aliança, a fim de que, intervindo a morte para remissão das transgressões que havia sob a primeira aliança, recebam a promessa da eterna herança aqueles que têm sido chamados". Para explicar o pacto antigo e o novo pacto da maneira mais simples possível, quero contar a respeito de uma permuta que ocorreu quando eu pregava em uma conferência de plantadores de igreja numa cidade perto da minha cidade de origem. Quando acabei de pregar, entrei no meu carro para dirigir as vinte milhas até minha cidade natal para dar uma olhada nas casas que eu me lembrava de conhecer quando era menino. Entrando na cidade, passei por um campo onde certa vez entrei numa briga com um garoto chamado Sean. Não foi uma briga justa, e eu fizera algumas coisas tenebrosas e sombrias, humilhando-o totalmente em frente de uma grande multidão. Onde quer que ele esteja, se alguém falar meu nome para o Sean hoje, e se Cristo não tiver feito uma obra na sua vida, com certeza ele ficará cheio de raiva. Passei então em frente da primeira casa em que morei, e pensei em todas as malvadezas que fiz ali. Passei pela casa de um amigo onde, numa festa, eu fiz algumas das coisas mais vergonhosas de toda a vida.

Depois disso, voltando com o carro até a conferência, senti-me sobrepujado pela culpa e vergonha da maldade que eu cometera antes de conhecer Jesus Cristo, bem como alguns pecados que cometi *depois* de conhecê-lo. Ouvia o sussurro de meu coração: "Você se chama de homem de Deus? Você vai ficar perante essas pessoas e dizer que devem ser homens de Deus? Depois de tudo que você fez?"

Ora, veja como essas três armas da graça colidem. Em meio a toda aquela vergonha e culpa, comecei a lembrar, pela Escritura, que o velho Matt Chandler morreu. O Matt Chandler que fez essas coisas, que pecou dessa maneira, foi crucificado com Jesus Cristo, e todos seus pecados – passados, presentes e futuros – foram plenamente pagos na cruz de Jesus Cristo. Fui santificado "de uma vez por todas" (Hb 10.10). Ele não se lembra de meus pecados (Hb 8.12). Não preciso mais sentir vergonha por essas coisas, porque elas foram totalmente expiadas por Jesus.

Quando lutamos contra o pecado, não o fazemos por nossa própria unção. Combatemos o pecado com as armas que a graça nos dá: o sangue de Jesus Cristo, a Palavra de Deus, e a promessa da nova aliança, de que Cristo pagou por todas as nossas culpas em obediência à lei, por meio de sua vida perfeita que nos foi imputada. Tal luta é o primeiro componente do esforço impelido pela graça.

AS RAÍZES, NÃO OS GALHOS

Segundo, o esforço impelido pela graça ataca as raízes de nosso pecado, e não apenas os galhos. A graça muda os corações, porque o comportamento é proveniente do coração. Onde estiver nosso coração, ali estarão nossos atos. Podemos gerenciar nosso comportamento até que as vacas voltem para casa sem nunca ter um coração que ame a Deus, que é como viviam os fariseus.

Deixe-me ser mais específico. Existe uma razão porque as pessoas têm questões sobre a pornografia. Alguns voltam vez após vez para a pornografia e isso provavelmente não é apenas porque realmente gostem de sexo. Somos feitos por Deus de modo a gostar de sexo. Isso seria apenas arranhar a superfície do problema da pornografia. Logo abaixo do desejo por prazer está a lascívia, mas a realidade é que nove entre dez vezes, o problema maior da pornografia não está na lascívia. Também vai mais fundo do que isso. A lascívia é sintoma de uma perversão mais central do coração.

Homens, existe uma razão baseada no coração pelo qual você é péssimo marido e pai. Mulheres, há uma razão de coração pela qual vocês sempre tem de rebaixar outras mulheres, ressaltando os seus defeitos e falhas. Existe uma razão para tais coisas acontecerem. As raízes são ruins; estão produzindo maus frutos.

O esforço impelido pela graça quer chegar à base do comportamento – não apenas gerenciá-lo. Se você estiver gerenciando o comportamento, mas não arrancando as suas raízes, as ervas daninhas simplesmente crescerão de novo em outro lugar. Pode cortar a grama, mas ela brotará de novo com mais mato. Pink (o teólogo, não o cantor) tem palavras instrutivas a respeito disso:

> A verdadeira mortificação consiste primeiro em enfraquecer a raiz e o princípio do pecado. Vale muito pouco cortar a cabeça das ervas daninhas enquanto as raízes permanecem; não se consegue fazer muito quando procuramos corrigir hábitos externos enquanto o coração permanece negligenciado. Alguém que tenha febre alta não pode esperar baixar a febre enquanto come demais; a concupiscência da carne igualmente não pode ser enfraquecida enquanto alimentamos ou "providenciamos" por ela (Rm 13.14).[70]

O esforço impulsionado pela graça não somente usa as armas da graça como também ataca as raízes, e não apenas os galhos, aonde o mo-

---

70 Arthur W. Pink, *The Holy Spirit* (Mulberry, IN: Sovereign Grace, 2002), 106.

ralismo procura apenas subjugar o comportamento. O moralismo diz: "Tenho um problema com pornografia. Preciso fazer o seguinte para vencer isso: instalar filtros de *internet*, falar com um amigo para que me dê um soco cada vez que eu estragar a coisa, e talvez até mesmo jogar fora meu computador se nada mais der certo". É óbvio que não existe problema em estabelecer salvaguardas. Tirar a bebida da cozinha não vai resolver o problema do alcoólatra, mas assim mesmo, você precisa fazer isso. Depois de tudo, porém, se não arrancarmos a raiz do pecado, continuaremos vendo os galhos daquele pecado. O esforço impelido pela graça deseja responder o desejo, os afetos do coração que resultam no uso da pornografia ou do alcoolismo. O que exatamente estamos medicando com aqueles pecados? Do que estamos tentando fugir ou escapar? Como o evangelho preenche essas necessidades?

Por exemplo, o uso da pornografia pode ser resultado de arraigados sentimentos de vergonha. Quando meditamos na verdade do evangelho de que Jesus encobre nossa vergonha, que ele não se envergonha de nos chamar de seus irmãos e suas irmãs, cultivamos novos afetos por ele ao invés do substituto mortal da pornografia. O abuso do álcool pode ser resultado de repetida espécie de dor: vida quebrada devido a traumas da infância, hábitos desenvolvidos em tempos de rebeldia da juventude, ou uma necessidade profunda de fuga de toda espécie de problemas pessoais. Mesmo enquanto procuramos ajuda prática para nos ajudar a evitar a bebida, também precisamos brilhar a luz do evangelho repetidamente sobre esses recantos sombrios de nossa alma. O evangelho declara que fomos reconciliados com um Pai perfeito, cujo amor por nós não vacila e é eterno. O evangelho nos ganha para uma aliança com Jesus Cristo, perdoando-nos de toda nossa rebeldia, tornando-nos prisioneiros da esperança e escravos da justiça. O evangelho traz esperança de cura de toda espécie de sofrimento. Sabedores disso, e de muito mais, estamos mais bem equipados para combater a idolatria com cura real, não apenas com uma modificação comportamental superficial.

Estamos em busca de transformação do coração, não apenas conformidade com determinado padrão moral ou religioso. Buscamos transformação pelo poder do Espírito Santo.

TEMOR DE DEUS

O esforço impelido pela graça luta por uma razão que vai além de consciência limpa ou de paz emocional. Uma das coisas que deparo sempre em meu papel de conselheiro são pessoas quebrantadas pelo pecado em usas vidas, mas geralmente, quando começo a cavoucar e cutucar, descubro que elas não estão tristes por terem pecado contra um Deus santo. Estão quebradas porque seu pecado está lhes custando alguma coisa. Foram descobertas e arrebentadas. Em sua grande misericórdia, Deus revelou os seus segredos. Um cônjuge os abandonou. De alguma maneira, estão sofrendo as doloridas consequências de seu pecado. Bem no fundo, estão apenas entristecidos porque foram "pegos", estão tristes porque está acontecendo alguma coisa desagradável. Estão naquilo que 2Coríntios 7.10 chama de "tristeza do mundo que produz morte". Estão tristes porque a sua rebeldia contra Deus levou-os a essas consequências na vida, mas na verdade não entendem que eles difamaram e desonraram o próprio Deus.

Caluniaram o nome de Deus e pecaram contra ele. Mas não estão preocupados primeiramente com isso. Enxergam o pecado como algo que complica sua vida, mas não se pasmam por terem difamado o Deus do Universo. Tais pessoas não entendem que, quando pecamos, estamos pecando contra Deus.

Davi, depois de adulterar com Bate-Seba e arranjar um jeito de Urias ser morto, viu claramente que seu pecado era contra Deus. A despeito de ter aviltado essas duas pessoas, ele confessou a Deus em viva voz: "Pequei contra ti, contra ti somente, e fiz o que é mal perante os teus olhos, de maneira que serás tido por justo no teu falar e puro no teu julgar" (Sl 51.4). Certamente ele pecou contra Urias. Certamente havia danos colaterais quanto a esse pecado, mas Davi entendeu que mais importante e primeiramente, havia pecado contra o Senhor. Seu coração se entristeceu pela sua rebeldia contra Deus, e não apenas pelas consequências de seus atos. O esforço impelido pela graça tem em vista não somente a paz de espírito, mas uma restauração à santidade de Deus que resulte em glória a Deus.

MORTE PARA O PECADO

Quarto, o esforço impelido pela graça não apenas abandona o pecado, como também está absolutamente *morto* para ele. O crente em busca de santidade, em esforço impelido pela graça, porque está vivo para Deus, não vai servir ao pecado. É a diferença entre o que os puritanos chamavam de "vivificação" e "mortificação". O que acontece com tantas pessoas é que gastam tanto tempo tentando fazer morrer o pecado, que não se esforçam para conhecer a Deus profundamente. Não procuram contemplar a maravilha de Jesus Cristo para que isso transforme seus afetos a ponto de seu amor e esperança estarem total e firmemente em Cristo. O alvo é este: que Cristo se torne mais belo e desejável do que qualquer fascinação do pecado.

> Na igreja em que cresci, cantávamos o seguinte coro:
> Volve os olhos a Cristo,
> Contempla sua face de amor,
> E as coisas terrenas desvanecerão
> à luz de sua glória e graça.[71]

São palavras maravilhosas. Você ouve o que está acontecendo aqui? Ao voltar nossos olhos para Jesus Cristo, quando *realmente vemos* e contemplamos a Jesus, enlevando-nos em sua infinita beleza e perfeição, as coisas terrenas perdem seu fulgor, e em contraste, começam a perder

---

71 Helen Lemmel, "Turn Your Eyes upon Jesus" (1922).

sua força em nosso coração e vida. Cristo se torna o que realmente desejamos, e as coisas terrenas ficam mortas para nós, indignas de nossos afetos. John Owen escreve:

> Aqui eu desejaria viver; aqui desejaria morrer. Aqui em diante desejo habitar meus pensamentos e afetos para com as murchas e esmaecidas belezas pintadas deste mundo, para a crucificação de todas as coisas daqui de baixo, até que me sejam algo morto e deformado, não digno de abraçar com afeto. Por estas razões e outras semelhantes, inquirirei primeiramente em nossa contemplação da beleza e glória de Cristo neste mundo pela fé.[72]

Owen sabia que para se crucificar para as coisas do mundo, primeiramente ele teria de "inquirir" sobre a beleza de Jesus.

O moralismo não faz isso. O moralista tende a abandonar o pecado para obter o amor de Deus, para conseguir merecer o favor divino. Todas as suas lutas e esforços tornam-se fundamento para sua esperança e consolo. Isso simplesmente não dá certo. Nada mais é que vergonha sobre vergonha, enquanto continuamos a fracassar.

VIOLÊNCIA DO EVANGELHO

Eis o quinto e último componente do esforço impelido pela graça, que distingue o evangelho de moralismo. O esforço impelido pela graça é violento. É combativo. A pessoa que compreende a mensagem do evangelho entende que, como nova criatura, sua natureza espiritual é agora contrária ao pecado, e ela procura não somente enfraquecer o pecado em sua vida, como também claramente destruí-lo. Por amor a Jesus, o homem quer ver o pecado morrer de fome; ele caçará e perse-

---

[72] John Owen, *The Glorious Mystery of the Person of Christ, God and Man* (New York: Robert Carter, 1839), 381.

guirá a morte de cada pecado em seu coração até que obtenha sucesso. Tal busca é muito diferente de apenas desejar ser bom. É o resultado de transferir os afetos todos para Jesus. Quando o amor de Deus nos "pega" por completo, ele expulsa o amor que tínhamos por outros deuses e liberta nosso amor de volta a ele em verdadeira adoração. Quando amamos a Deus, nós o obedecemos.

O moralista não é assim. Conquanto a verdadeira obediência seja resultado do amor, o legalismo moralista presume que o caminho seja o contrário, que o amor seja resultado da obediência. Do ponto de vista do legalismo moralista, a questão das raízes não é de máxima importância; a aparência de obediência é mais importante. O moralista está muito mais interessado em hábitos externos, embora o pecado ainda tenha alojamento em seu coração. O deísmo moralista terapêutico não se perturba com o pecado escondido nas trincheiras. O evangelho quer aniquilar com bomba nuclear tais trincheiras. Enquanto o mau comportamento não for visível ou tangível, o moralista tolera um pouco do que Jerry Bridges chama de "pecados respeitáveis".[73] O moralista não está caçando. Não busca agressivamente destruir o mal que nele habita; contenta-se em apenas lavar as mãos.

Em nossa igreja, patrocinamos todo ano um acampamento para as famílias. Fica situado nas montanhas *Ozark*, e existe um zoológico onde as crianças podem afagar os bichos. Tenho de ser sincero: é um zoológico de gueto. Tem um lhama de cara triste e alguns *cabritos desmaiantes* – se você fizer um barulho muito forte, o mecanismo de defesa desses cabritos faz com que caiam de lado como se estivessem mortos. Quando chegamos à parte do zoológico de afagar os bichos, os monitores dizem: "Por favor, não assustem os cabritos. Deixem-nos sozinhos. Não os deixem nervosos". O que você acha

---

[73] Jerry Bridges, *Respectable Sins: Confronting the Sins We Tolerate* (Colorado Springs, CO: NavPress, 2007).

que acontece? Todo ano, mesmo que vejamos um cartaz dizendo: "favor não assustar os cabritos" e a pessoa que está nos levando na turnê enfatize a necessidade de não assustar os animais, a gente consegue ver o pensamento ser formado por incontáveis homens – "Eu realmente quero dar um susto nesses cabritos". Claro que no fim das explicações iniciais, os homens de nossa igreja – homens malvados – geralmente conseguiram criar algum sistema para avaliar quem é melhor em deixar loucos e derrubar os cabritos. Batem as mãos, gritam, dão tapas nos traseiros dos pobres animais e tentam fazer o que podem para ver os cabritos desmaiarem. Todo ano eu penso: "Puxa, seria interessante se fossem *leões desmaiantes* e não cabritos!" Você acha que alguém vai bater no traseiro de um leão? Gritar na cara dele? Correr atrás dele para assustá-lo? Não, porque o leão é o apogeu do predador. Foi criado por Deus para comer qualquer coisa que queira. Esses homens não brincariam com um leão como querem fazer com os cabritinhos.

Quando pensamos que estamos apenas lidando com um chamado "pecado respeitável", imaginamos tratar de um cabrito, quando na realidade estamos atiçando um leão. Imagine programas de TV como "Quando os animais atacam". Às vezes eu me encontro torcendo pelos animais simplesmente porque as pessoas são tão *burras*. As testemunhas nos vídeos estão sempre dizendo coisas como: "Não sei como isso aconteceu". Mas eu penso: "Sei como aconteceu. É um leão. É isso que ele costuma *fazer*. É o que foi criado para ser".

As pessoas que compreendem o evangelho de Jesus Cristo procuram mortificar o pecado porque entendem que o pecado é um leão que acaba os destruindo e devorando. Pela graça e na graça, vasculhamos todo canto de nosso coração, cada centímetro quadrado de nossa vida, perscrutando nossa mente para descobrir se existe algo que não está submisso a Jesus Cristo, e o arrancamos pela raiz, para a glória de Deus, e por amor daqueles que nos cercam.

O VERDADEIRO CORAÇÃO DO PAI

Algo mágico acontece nos lares em todo o mundo. Quando você tem um filho, quer que a criança engatinhe e depois ande. Minha primeira filha, Audrey, puxou-se para cima na mesinha de café. Quando chegou até a mesinha, começou a se balançar nos joelhos e depois começou a andar em volta. De lá começou a soltar as mãozinhas e ficou toda bamba. Naquele momento, nos empolgamos porque Audrey estava prestes a dar os primeiros passos. No fim, tirou as mãos da mesinha de café e nós testemunhamos a física em movimento.

Deus criou as crianças, especificamente crianças pequeninas, com cabeças gigantescas e corpinhos pequenos. Assim, quando Audrey soltou as mãos da mesinha, sua cabeça gigante foi para frente e ela tinha de tomar uma decisão. Poderia por o pé para frente para se equilibrar, ou poderia morrer. Então, ela pôs o pé para frente, e agora tinha o *momentum* para ir em frente. Era passo, passo, passo, queda. Sabe o que nós fizemos? Explodimos em celebração! Pegamos no colo, giramos com ela, beijamos seu rostinho. Então a colocamos novamente sentada e pedimos que andasse de novo. Depois disso, começamos a mandar *emails*, compartilhar no *facebook*, tirar fotografias, *tuitar*, e toda espécie de comunicação, para que todos soubessem que nossa pequena Audrey dera seus primeiros passos. Estava andando. Fizemos a mesma coisa com nosso filho Reid quando ele começou a andar, e o fizemos com nossa filha Norah.

O que aprendi ao observar todos nossos amigos que tem filhos é que sempre há uma celebração épica quando a criança começa a andar. É uma notícia a ser declarada: essa criança está andando!

De todas as pessoas que tenho observado passando por essa fase, jamais vi alguém que visse o filhinho dar passinhos, passinhos, passinhos, cair, e dissesse: "Puxa essa criança é idiota. Só três passinhos? Puxa, consigo fazer o cachorro dar três passos. Querida, isso deve vir do seu lado da família, porque todos do meu lado são bens andadores.

Deve haver uma carga genética mais fraca e superficial do seu lado das coisas".

Nenhum pai diz isso. Todo pai rejubila com os primeiros passos de seu filho. O pai celebra os passos da criança. Temos aqui a figura de Deus Pai celebrando o fato de que estamos andando. Damos um passo, outro passo, outro passo, caímos, e o céu aplaude. Por quê? Pela obediência daqueles primeiros passinhos. O Pai no Céu exclama: "Ele está andando! Ela conseguiu fazer isso!" Talvez o acusador esteja dizendo: "É, ele só deu uns dois passos. Isso não é nada".

Mas a celebração está nos passos, mesmo que ainda trôpegos. Eis o que sei sobre todos os meus filhos: começaram a andar cada vez mais longe, depois começaram a saltar, a pular, subir nas árvores, a arrancar tudo na casa. É lindo. Sabia, mesmo quando era só passo, passo, queda! O processo era o início que resultaria em subir nas árvores, dançar e correr em mini maratonas. Tendo em mente o que viria, os três passinhos e o tombo foram causa para celebração.

Os moralistas veem o tombo e acham que Deus se envergonha e os acha tolos. Assim, com mais frequência, eles desistem de andar porque não enxergam a alegria do pai ao celebrar seu filhinho.

Igreja de Jesus, sejamos homens e mulheres que entendem a diferença entre o moralismo e o evangelho de Jesus Cristo. Sejamos cuidadosos em pregar os *façam e não façam* da Escritura à sombra da cruz que diz: *Feito!* Resolva nada conhecer senão a cruz de Jesus Cristo. Não queremos conformar as pessoas a um determinado padrão religioso, e sim, implorar ao Espírito Santo que transforme nossas vidas. Que nos movamos adiante de acordo com o chamado para cima, segurando firme no evangelho explícito.

O que vemos na Bíblia quanto ao coração do Pai é sua imensidão, sua infinda profundidade. O coração de Deus é tão complexo e insondável quanto ele. Não deveríamos ficar firmes no evangelho em que cremos e proclamamos, para refletir a grandeza do coração de Deus para um mundo caído? A cruz de Cristo e a sua ressurreição são eventos cataclísmicos dos insondáveis juízos e afetos de Deus. É este imenso evangelho que provoca em Paulo a oração:

> Por esta causa, me ponho de joelhos diante do Pai, de quem toma o nome toda família, tanto no céu como sobre a terra, para que, segundo a riqueza da sua glória, vos conceda que sejais fortalecidos com poder, mediante o seu Espírito no homem interior; e, assim, habite Cristo no vosso coração, pela fé, estando vós arraigados e alicerçados em amor, a fim de poderdes compreender, com todos os santos, qual é a largura, e o comprimento, e a altura, e a profundidade e conhecer o amor de Cristo, que excede todo entendimento, para que sejais tomados de toda a plenitude de Deus (Ef 3.14-19).

As perspectivas complementares que a Escritura apresenta do evangelho sobre o chão e o evangelho no alto, nos ajudam a compreender a altura, largura, comprimento e profundidade do amor de Deus. Nenhuma perspectiva dilui a outra, mas forma nossa visão dos propósitos salvadores de Deus na gama épica da revelação bíblica. Estamos atrás de um evangelho que está resolutamente centrado na obra expiadora de Cristo, na escala da glória de Deus. Permita que o evangelho explícito nos impulsione à adoração em "toda a plenitude de Deus" (Ef 3.19) e na maravilha da sua imensa glória, que inclui todo o universo, e seu amor profundo e pessoal pelos pecadores. Que jamais *presumamos* que as pessoas entendem esse evangelho, mas que fielmente vivamos e proclamemos com fidelidade esse evangelho explícito, com toda a energia e compaixão que nosso grande Deus e Rei nos têm dado graciosamente.

Apêndice
O EVANGELHO PRESUMIDO OU EXPLÍCITO?

O evangelho é presumido em seus relacionamentos? Ou o evangelho é explícito? Tenho pensado nessa distinção já há alguns dias. Os que vivem sob a bandeira de um evangelho presumido navegam as águas da vida com um fundamento pessoal e significativo. Um evangelho assumido muitas vezes significa que a pessoa valoriza profundamente o evangelho e procura viver sua vida de acordo com ele.

A questão com um evangelho presumido, porém, é que muitas vezes ele se torna pessoal demais e, portanto, privativo. Pessoas que vivem sob a presunção de um evangelho sabem como ele está relacionado às suas vidas, mas de ninguém mais. Seus filhos nunca percebem como o evangelho afeta suas decisões, argumentos, finanças, etc. Seus vizinhos nunca ouvem sobre a esperança contida nele. Seus colegas de trabalho se perguntam sobre o que os torna diferentes. As pessoas que vivem sob um evangelho assumido acham estranho mencionar e conversar sobre a obra de Cristo. Por quê? Porque nunca falaram sobre o assunto nem aprenderam a articular as implicações da obra expiadora de Cristo em suas vidas.

De maneira contrária, os que são explícitos quanto ao evangelho em seus relacionamentos produzem um efeito diferente. Vivendo o evangelho, falando do evangelho e trabalhando (verbalmente) através do evangelho, estão ajudando a ligar os pontos para as pessoas que os cercam. Seus filhos ouvem como o evangelho está relacionado às finanças, ou ao tempo, ou aos relacionamentos, ou às discussões da família. Seus vizinhos ouvem falar da esperança interna que possuem. Os colegas de trabalho estão inteirados sobre a verdade de que essa pessoa não é apenas um homem ou uma mulher moral, mas alguém que foi perdoado e transformado pela morte e ressurreição de Cristo.

Quero encorajá-lo a começar, e, no caso de alguns, continuar a tornar o evangelho explícito em seus relacionamentos. Não desperdice a vida vivendo apenas um evangelho presumido. Viva-o plenamente e ligue os pontos para você mesmo e para os outros a seu redor. Converse com seu cônjuge sobre como a pessoa e obra de Cristo estão relacionadas a todas as coisas. Transmita isso aos seus filhos. Mencione Cristo. Fale sobre Cristo. Relacione-se com Cristo. Frequentemente, quando o evangelho é apenas presumido, ele é rapidamente perdido.

Josh Patterson [74]

---

74 Josh Patterson, "The Gospel Assumed, or Explicit?" August 4, 2009, http://fm.thevillagechurch.net/blog/pastors/?p=308.

FIEL MINISTÉRIO

O Ministério Fiel visa apoiar a igreja de Deus, fornecendo conteúdo fiel às Escrituras através de conferências, cursos teológicos, literatura, ministério Adote um Pastor e conteúdo online gratuito.

Disponibilizamos em nosso site centenas de recursos, como vídeos de pregações e conferências, artigos, e-books, audiolivros, blog e muito mais. Lá também é possível assinar nosso informativo e se tornar parte da comunidade Fiel, recebendo acesso a esses e outros materiais, além de promoções exclusivas.

Visite nosso site:
www.ministeriofiel.com.br

Esta obra foi composta em Chaparral Pro Regular 12, e impressa
na Promove Artes Gráficas sobre o papel Apergaminhado 75g/m²,
para Editora Fiel, em Janeiro de 2021